아시아문화연구소 Asia<sup>+</sup> 시리즈 4

# 해상 실크로드와
# 동아시아 고대국가

# 해상 실크로드와 동아시아 고대국가

**초판** 1쇄 발행  2019년 10월 31일

**초판** 2쇄 발행  2020년 8월 12일

**지은이**  권오영

**펴낸이**  이방원

**기  획**  아시아문화원

**편  집**  윤원진·김명희·안효희·정우경·송원빈·최선희

**디자인**  박혜옥·손경화·양혜진

**영  업**  최성수  **마케팅**  정조연

**펴낸곳**  세창출판사

출판신고  1990년 10월 8일 제300-1990-63호

주소  03735 서울시 서대문구 경기대로 88 냉천빌딩 4층

전화  02-723-8660

팩스  02-720-4579

이메일  edit@sechangpub.co.kr  홈페이지  http://www.sechangpub.co.kr

블로그  blog.naver.com/scpc1992  페이스북  fb.me/scp1008  인스타그램  @pc_sechang

ISBN  978-89-8411-913-0  04910

　　　　978-89-8411-788-4  (세트)

이 도서의 국립중앙도서관 출판시도서목록(CIP)은 서지정보유통지원시스템 홈페이지(http://seoji.nl.go.kr)와
국가자료공동목록시스템(http://www.nl.go.kr/kolisnet)에서 이용하실 수 있습니다. (CIP제어번호: CIP2019043064)

이 저서는 국립아시아문화전당의 지원을 받아 수행된 연구입니다.

이 저서에 수록된 그림의 저작권 관련 책임은 저자에게 있습니다. 사용 허락을 받지 못한 일부 그림은 소장자나 소장처가 확
인되는 대로 절차에 따라 허락을 받겠습니다.

아시아문화연구소   Asia+ 시리즈 4

# 해상 실크로드와
# 동아시아 고대국가

권오영 지음

세창출판사   A·C·C
ASIA CULTURE CENTER

MARITIME SILK ROAD AND ANCIENT STATES IN EAST ASIA

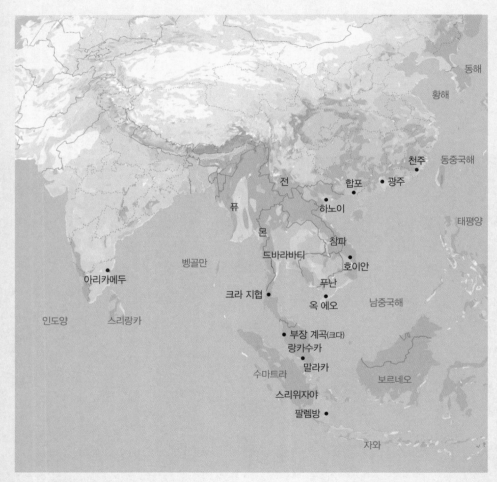

동해

황해

천주 동중국해

전 합포 광주

퓨 하노이

태평양

몬 참파

드바라바티 호이안

아리카메두 벵골만 푸난

크라 지협 옥 에오 남중국해

인도양 스리랑카

부장 계곡(크다)

랑카수카

말라카

수마트라 보르네오

스리위자야

팔렘방

자와

동남아시아의 중요 항시와 항시국가

아시아문화연구소는 2016년 개소하여 아시아 각국의 문화정체성과 다양성에 대한 조사연구, 신진 연구자 육성과 교류 협력 및 지원, 아시아의 인문지식을 대중화하는 콘텐츠 개발사업 등을 진행하고 있습니다. 특히 아시아 문화의 연구 활성화, 동시대 문화담론 형성, 연구 인력 육성을 위하여 교류 협력, 연구지원 사업을 지속해서 수행해 오고 있습니다.

「Asia+ 시리즈」는 틀과 경계를 넘어 아시아 문화의 다양성을 알리고 아시아 인문지식을 대중화하기 위하여 2018년 첫 출간하였습니다. 길하고 복을 불러온다고 믿는 중국의 전통문양들, 생활 한복처럼 국민 의상으로 되살아난 인도네시아의 바틱, 그리고 손주들에게 두런두런 옛이야기를 들려주는 듯한 필리핀의 바샹 할머니 사례들은 아시아 각국에서 전통문화가 오늘날에도 향유되고 삶을 풍부하게 만들고 있음을 잘 보여 줍니다.

이번에 발간하는 『해상 실크로드와 동아시아 고대국가』는 유럽과 아시아를 연결했던 고대 해상 실크로드의 역사를 한 한국인 학자의 시선으로 분석합니다. 흔히 실크로드라 하면 고대 중국과 서역을 이어 주었던, 중국 중원(中原) 지방에서 시작하여 타클라마칸 사막 (Taklamakan Desert)과 중앙아시아 초원을 지나 지중해에 이르는 교역길을 떠올립니다. 장장 6,000km에 이르는 이 실크로드를 통해 비단을 비롯하여 칠기, 종이와 유리 제조 기술, 기린, 사자와 같은 진귀한 동물들, 향신료 등이 동과 서를 오갔습니다. 불교는 말할 것도 없이 이슬람교, 조로아스터교 등도 이 길을 통해 전파되었습니다. 한마디로 실크로드는 단순한 육상 무역로가 아니라, 정치, 경제, 사상을 포함한 문명간 대화의 길이라 할 수 있습니다.

『해상 실크로드와 동아시아 고대국가』는 시선을 바다로 옮겨 와 해상을 통한 문명과 교역의 역사를 살핀다는 점에서 매우 흥미롭습니다. 해상 실크로드는 지중해에서부터 아라비아반도를 거쳐 인도, 동남아시아를 사이에 두고 중국, 한반도, 일본까지 이어지는 해상 교역로입니다. 비단은 물론 가장 대표적으로 오간 물품을 따라 "도자의 길 (Ceramic Road)"이나 "향료길(Spice Road)"이라고도 불립니다. 동남아시아 해양사에 대한 연구가 국내에서는 거의 이루어지지 않았거니와, 자와 나 일본에 그치는 해상 교역로의 연구를 한반도까지 확장하고 있다는 점에서 새로운 진전을 이루었다고 평가할 수 있습니다.

이 한 권의 책을 통해 아시아문화에 대한 대중의 관심이 확산되고, 공유되기를 기원합니다.

2019년 10월
아시아문화연구소

차례

# 1장
# 서장

　　최근 대한민국 사회는 급격한 변화를 겪고 있다. 외국에서 태어나고 자란 많은 사람이 혼인을 위하여, 또는 좀 더 나은 직장을 찾아 입국하고 있다. 그 결과 우리 사회는 급속하게 다문화사회에 진입하고 있다. 다른 한편으로는 경제적 성장에 힘입어 한국인의 해외여행이 폭발적으로 증가하고 있다. 여행의 대상지도 종전의 중국과 일본을 벗어나서 미주와 유럽은 물론, 서아시아, 남아시아, 중앙아시아 등으로 다양해지고 있다. 해외여행의 경험이 있는 한국인 중에서 동남아시아를 가 보지 않은 사람은 거의 없을 것이다. 동남아시아 여행은 초기에는 여행사의 단체관광상품이 주류를 이루었지만, 차츰 여행의 모든 일정을 스스로 계획하고 추진하는 방식으로 바뀌고 있다. 자연스

럽게 쇼핑만이 아니라 풍광, 먹거리, 그리고 역사와 문화에 대한 관심
도 높아지고 있다.

여기에서 한 가지 의문이 떠오른다. 한국인의 동남아시아 관광이
폭발적으로 증가하는 것에 비례하여 이 지역에 대한 우리의 인식과
지식은 확대되고 있는가? 결론은 "그렇지 않다"이다. 동남아시아의 역
사와 문화를 교육하는 과정을 갖춘 대학은 극소수이며 전문 인력도
매우 부족하다. 1964년부터 1973년까지 8년 6개월간 베트남 전쟁에
31만 2852명이 파병되어, 4,960명이 전사하고 1만 962명이 부상당한[1]
아픈 역사를 가지고 있는 대한민국에서 베트남사 전공자가 10명이 채
안 되는 현실을 어떻게 설명할 수 있을까? 근현대가 아닌 베트남의 고
대와 중세에 대한 연구자는 전무한 현실이다.

이뿐이 아니다. 2012년 통계청 자료에[2] 의할 때 국적별 결혼이민
자 수는 중국인 3만 5140명,[3] 한국계 중국인(조선족) 2만 7895명인 데[4]
비해 베트남인은 3만 9352명이다.[5] 중국인과 조선족을 합한 수치에
는 못 미치지만 베트남 출신 결혼이민자의 수는 어느새 조선족을 훨
씬 앞서고 있다. 한국계 중국인을 합한 중국인의 비중은 꾸준히 감소
하여 6만 명 선이 붕괴되어 2018년도에는 5만 8706명으로 떨어졌으나
베트남 출신은 4만 2460명으로 증가하였다. 베트남 출신 배우자와 꾸
린 가정에서 출생한 2세들의 교육을 위해서도 베트남 역사와 문화에
대한 연구가 활발히 진행되고, 그 성과가 각급 교과서에 반영되어야
하지만 현실은 전혀 그렇지 못하다.

해상 실크로드와 동아시아 고대국가

베트남과 한국은 지정학적 위치, 유교와 불교, 쌀농사를 기초로 한 경제행태, 문화적 전통, 중국과의 화전 양면의 교섭 등 많은 공통점을 가지고 있다. 고대로 시간대를 좁히면 청동기와 철기 문화를 바탕으로 한 사회발전 과정, 중국 문명의 영향, 진·한 제국의 침입, 중국계 주민의 이주와 국가체제 정비, 중국 군현의 설치와 이에 대한 저항, 육조문화의 영향, 수·당 제국과의 항쟁 등 매우 많은 사안을 공유하고 있다.

지중해에서 아라비아와 인도를 경유하여 이어지던 고대 바닷길은 대개 중국 남부에서 멈추는 것으로 인식되고 있으나 실제로는 한반도를 경유하여 일본열도까지 이어진다. 따라서 이미 고대에 베트남과 한반도는 바닷길을 통해 연결되어 있었던 셈이지만, 이 부분에 대한 관심은 희박하다.

그나마 베트남은 전문 연구자가 몇 명이라도 활동하고 있다는 점에서 사정이 나은 편이다. 캄보디아, 미얀마, 라오스, 말레이시아, 인도네시아의 역사와 문화 전문가는 눈을 씻고 보아도 찾을 수 없다.

과연 대한민국은 다문화사회에 진입한 지금도 동남아시아에 대해 이렇듯 무지하고 무관심하여도 괜찮은가? 사실 우리 역사에서 다문화사회는 이미 오래전부터 존재하였다. 고구려는 선비, 유연, 돌궐, 말갈, 거란 등 다양한 유목민족과 중국계 이주민을 포섭하여 국가를 운영하였다. 백제 역시 중국계 이주민과 왜인, 가야인이 사회의 한 축을 이루었다. 가야는 지리적 인접성으로 인하여 일본열도의 왜인이 집단으로 이주하여 정착하는 경우가 잦았다. 신라의 경우는 멀리 중앙아시아와 서아시아계 문물이 발견되는 점에서 서역인의 이주, 정착의 가능성이 제기되고 있다. 삼국시대에 활동하던 불교 승려들의 고향은 서역이라고 불리던 중앙아시아, 동남아시아, 남아시아였다. 백제의 마라난타, 신라의 묵호자가 대표적인 사례이다.

유럽과 미주에 대한 정보는 삼국시대에 없었지만 남아시아, 중앙아시아, 동남아시아에 대해서는 제법 많은 정보를 가지고 있었고 상호 교류도 진행되었다. 『일본서기(日本書紀)』에 의하면 백제는 동남아시아의 참파(Champa, 林邑), 푸난(Funan, 扶南), 곤륜(崑崙) 등과 교섭하였다. 〈양직공도(梁職貢圖)〉가 상징적으로 보여 주듯 남조의 양대(梁代)에는 서쪽으로 이란(波斯國), 남쪽으로 말레이반도의 랑카수카(Langkaska, 狼牙脩) 인근 도서부까지 미치는 광역의 교섭망이 형성되었으며 여기에 고구려, 신라, 백제가 모두 참여하였다. 이 과정에서 유라시아세계에 대한 인식은 매우 넓어졌을 것이다. 어떤 의미에서는 남아시아, 중앙아시아, 동남아시아에 대한 현재 우리의 관심은 삼국시대보다 나을 것이 없어 보인다.

동남아시아는 내륙부(대륙부)와 군도부(도서부)로 나뉘는데 베트남, 라오스, 캄보디아, 타이, 미얀마가 내륙부에, 필리핀, 말레이시아, 인도네시아, 브루나이, 동티모르가 군도부에 포함된다.[6] 밀림, 논, 바다 등 각각의 풍토에는 약간씩 차이가 있지만 해양과 하천을 무대로 배를 타고 각지를 왕래하면서 지역 간 교역활동이 활발히 진행되었기

해상 실크로드와 동아시아 고대국가

때문에 동남아시아라고 하는 공통성이 생기고 유지되었다.[7]

동남아시아 국가 중에서 한국인에게 친숙한 국가는 아무래도 관광과 통상이 활발히 이루어지는 국가일 것이다. 동남아시아를 대상으로 하는 관광에서 한국인에게 가장 친숙한 역사 관련 유산은 단연 캄보디아의 앙코르 와트이다. 국내 서점에서도 앙코르 와트에 대한 외국 서적의 번역서, 답사기 등을 쉽게 구할 수 있다. 그다음은 미얀마의 바간, 인도네시아의 보로부두르 등을 꼽을 수 있으며 역시 국내 서점에서 이와 관련된 서적을 구할 수 있다. 간혹 스리위자야(Srivijaya)나 말라카(Malacca) 등에 대해서 언급하는 경우도 있다.

그런데 이 유산과 국가들은 모두 9세기 이후에 등장하였다. 보로부두르 사원은 9세기에 만들어진 것이고, 바간 왕조를 세운 버마족이 중국에서 이주해 온 시기도 9세기이며, 이들이 세운 바간 왕조는 11세기부터 역사에 등장한다.[8] 앙코르 왕조의 창시자인 자야바르만 2세가 쿨렌산에서 즉위한 시기 역시 9세기 초이다. 이 시기는 중국사에서는 당송 교체기, 혹은 당송 변혁기라고 불리는 시기이며 우리 역사에서는 나말여초에 해당된다. 정작 고대, 혹은 삼국시대에 해당되는 동남아시아의 문화에 대해서 한국인 관광객들은 아무런 경험을 하지 못하고 귀국하는 것이다. 그 이유는 여러 가지가 있겠으나 동남아시아 고대의 역사와 문화에 대한 정보가 국내에서 매우 부족하기 때문일 것이다.

삼국과 거의 비슷한 시기에 국가를 형성하고 주변의 강대국과 전쟁과 평화로 이어지는 교섭을 행하면서 성장하다가 역시 삼국과 마찬가지로 7세기 무렵 큰 변화를 겪은 국가들이 동남아시아에는 많이 있다. 그중에서도 참파, 푸난, 랑카수카가 대표적이다. 이 국가들은 한국의 백제와 가야처럼 바다를 무대로 성장하였고 고대 해상 실크로드의 주역이었다.

백제와 가야를 해상강국이라 명명하고 수로왕비 허왕후가 인도에서 왔는지 여부에 대한 찬반이 벌어지면서도 정작 바닷길과 고대 동남아시아의 역사에 관심이 없었던 것은 기이한 일이다. 사실 아주 없었던 것은 아니고 이미 오래전에 백제와 남아시아, 동남아시아의 교섭에 대한 연구 성과가[9] 학계에 제출되었지만, 그다지 주목받지 못하였다.

삼국시대가 지나고 신라와 발해가 번성하던 남북국시대의 사정은 어떠할까? 이때에도 유독 남북국만 원거리 해상 교류에서 고립된 상태였던가? 혜초와 장보고의 활동을 볼 때, 그럴 리 없을 것이다. 당연히 통일신라 이후의 바닷길을 통한 교섭에도 관심을 기울여야 할 것이다. 고대 바닷길을 통한 교섭의 주체로는 중세 이후 이슬람의 역할이 증대된다. 통일신라와 고려의 유적발굴 과정에서 이슬람 도자기와 유리병이 출토되는 상황도 미리 대비하여야 한다.

바다라는 공간은 넓은 지역을 구성하는 다문화, 다민족, 다권력의 상호관계를 형성하고 대량의 물자나 인원 수송을 가능하게 한다. 자연히 해역세계는 육지와 달리 다원성, 다양성, 포괄성을 지닌 개방적이고 다문화적인 세계이다.[10] 따라서 바다를 통한 교섭의 역사는 동북아시아, 동남아시아를 넘어서서 세계사적 통찰력을 제공한다. 바다라는 관점에서 보면 유럽과 아시아는 단절이 아니라 여러 개의 해역과 해역문화가 연쇄되는 양상을 보여 주기 때문이다.[11]

한국의 고대국가와 동남아시아의 고대국가들이 서로 직간접적인 교섭을 진행하였음은 문헌기록만이 아니라 고고학적 유물을 통해서도 입증된다. 게다가 백제와 가야의 고대국가 형성 과정은 동남아시아 고대국가의 그것과 많이 닮아 있어서 비교연구가 필요하다. 동 시기 일본열도에서도 쓰시마, 이키, 후쿠오카, 오카야마, 오사카 등 고대 바닷길의 기항지에서 항구도시가 발전하고 이를 토대로 새로운 정치체가 성장하는 과정을 보여 준다. 역시 동남아시아의 양상과 비교된다.

중국의 절강, 복건, 광동, 광서 등 남부지역에는 백월(百越)이라 불린 종족이 살았고 이들 중 일부가 한족과 연합하여 세운 왕조인 남월국(南越國)은 우리의 위만조선과 같은 시기에 공존하였다. 한의 무제에 의해 이 지역이 중국에 속하게 된 이후에 백월 중 일부는 한 군현의 외곽에서 독자적인 발전을 꾀하게 되고 이 흐름이 현재의 베트남으로 이어지게 된다.

이렇듯 동북아시아 한·중·일의 고대사는 동남아시아와 무관하지 않다. 동북아시아사를 이해하기 위해서, 혹은 우리의 역사를 이해하기 위해서도 동남아시아의 역사와 문화를 알아야 한다. 중국을 중심으로 하는 조공-책봉체제론을 극복하는 하나의 방편은 중국의 주변에 있었던 여러 정치체들과 중국의 외교관계를 이해하고 이를 우리의 경우와 비교하는 방법이다.

현재 고등학교 교과 과정에는 동아시아사라는 교과목이 있으나 한·중·일이 주체가 될 뿐 정작 동남아시아의 역사에 대해서는 매우 소략하다. 이 교과서의 목적 자체가 한·중·일 역사분쟁의 극복이란 측면이 강하였을 것이므로 한편으로는 이해가 가지만, 동북아시아사가 아닌 동아시아사라는 이름에 걸맞게 서술하기 위해서는 동남아시아에 대한 서술이 대폭 늘어야 한다.

정치외교와 경제적인 측면에서 동북아시아와 동남아시아를 동아시아라는 하나의 단위로 묶는 작업이 필요하며 이를 위해서 동아시아적인 정체성의 추구와 확립을 목표로 하는 연구도 필요하다. 이런 점에서 동남아시아의 역사와 문화를 넘어서서 사회학, 인류학적 관점에서의 연구도 필요하다.

최근 중국이 야심 차게 추진하고 있는 일대일로(一帶一路: One Belt, One Road) 전략은 내륙과 바다를 통해 유라시아 전체를 하나의 경제권으로 묶으려는 시도이다. 여기에서 일대(一帶)는 중국 서부에서 중앙아시아를 거쳐 유럽으로 가는 벨트를 의미하고, 일로(一路)는 중국 연안에서 동남아시아를 거쳐 아프리카로 가는 바닷길을 의미한다. 전자는 전통적인 의미의 실크로드와 중첩되고, 후자는 해상 실크로드와 유사한 의미이다. 최근 중국 국영방송(CCTV)에서는 고대 해상 실크로드를 주제로 한 5부작 프로그램을 방영하며 유럽과 중국을 잇는 고대 교역의 실상을 강조, 홍보하고 있다. 그런데 그 내용을 보면 항상 고대 해상 교역로가 광주(廣州)나 양주(揚州), 영파(寧波)에서 시작한다고 한다. 과연 그럴까? 한반도와 일본열도는 무관한가?

실크로드의 동방 종착지를 서안이 아닌 경주로 확장하여야 한다는 국내 여론이나 나라(奈良)로 확장하여야 한다는 일본의 여론이 보여 주듯 유라시아의 동과 서를 연결하던 교통로는 단순하지 않다. 그럼에도 불구하고 기이한 점은 고대 해상 실크로드와 관련해서는 대개 중국의 광주나 영파에서 멈추는 것을 당연시한다는 점이다. 나주나 김해, 혹은 후쿠오카나 오사카로 바닷길을 연장하려는 노력은 미진하다. 이런 점에서 고대 바닷길의 확장 과정과 경로, 조선술과 항해술의 변화에 따른 항로의 변화, 항구와 해양세력에 대한 국내 학계의 관심이 필요하다. 앞에서 언급한 참파, 푸난, 랑카수카가 모두 동남아시아를 무대로 발전하였던 해양국가이다.

이러한 문제의식을 지닌 채 이 책은 작성되었다. 우선 고대 해상 실크로드의 개통과 실태를 추적할 것이다. 이 과정에서 고대 해상 실크로드는 중국의 해안가에서 그친 것이 아니라 한반도와 일본열도로 이어졌음을 논증할 것이다. 그다음은 바닷길을 무대로 성장하고 멸망하였던 고대국가들을 정리할 것이다. 중국 남부와 베트남 북부를 무대로 성장한 남월국, 베트남 중부의 참파, 베트남 남부와 캄보디아에 걸쳐 있던 푸난, 말레이반도의 랑카수카를 위주로 다룰 것이다. 이 과정에서 고대 해상 실크로드를 무대로 성장한 항시국가의 실체를 엿볼 것이며 고대 한반도와의 교섭 양상을 밝히려 한다. 나아가 동남아시아의 국가발전 모델을 한반도와 일본열도의 일부 정치체에 적용할 수 있는지 여부를 시험할 것이다. 마지막으로는 남북국시대에 접어들어 동북아시아의 교역망이 바닷길에 연결되면서 동남아시아, 서아시아, 남아시아의 사람과 물품이 들어오고 나가는 과정을 조감해 보려 한다.

이 책의 최종적인 목적은 고대 동남아시아의 역사와 문화에 대한 학계와 대중의 관심을 촉구하는 데에 있다. 나아가 동남아시아지역에 대한 앞으로의 관광행태가 이 지역의 고대 역사와 문화에까지 미치기를 바라는 데에 있다. 문재인정부가 추진하고 있는 신북방, 신남방 정책이 내실을 기하고, 가까운 미래에 성과를 얻기 위해서는 중앙유라시아와 동남아시아 전문가가 많이 배출되어야 한다. 이 책이 동남아시아의 역사와 문화에 관심을 갖는 소장 연구자의 육성에 조그만 도움이 되기를 기대해 본다.

# 2장

# 고대 해상 실크로드의 형성과 항시국가

# 1. 고대 바닷길의 개통

기원전 500년부터 기원후 500년 무렵까지의 동남아시아 사회는 철기시대로서 최초의 국가가 출현하고 국제 해상 교역이 발전하던 단계인 초기 역사시대(Early Historic Age)에 속한다.[12] 중국 남부와 베트남 북부에서는 동 손(Dong Son) 문화가, 베트남 중부에서는 사 휜(Sa Huynh) 문화가 발전하던 시기이며 각 지역 내에서 교섭이 이루어지던 시기이다.

동 손 문화는 타인 호아(Thanh Hoa)성의 동 손 지역에서 최초로 청동 북, 즉 동고(銅鼓)가 발견되면서 동 손이란 지명에 따라 붙인 이름이다. 동 손은 1924년에 처음 알려지면서 베트남 북부의 청동기시대를 대표하는 유적으로 자리 잡게 되었다. 그러나 과학적이지 못한 방법을 통해 무차별적으로 조사되면서 유적의 훼손이 심해졌고, 1954년 이후 비로소 베트남 정부의 체계적인 조사가 진행되었다. 1960-1970년대에 걸쳐 3회의 대규모 조사가 진행되면서 베트남 북부에서만 동 손 문화 유적이 50개 이상 확인되었는데 대부분 홍강, 마강, 카강 유역에 분포하고 있다. 유적은 취락과 무덤으로 구성되는 경우가 많다. 특히 무덤의 경우 부장품의 양이 압도적으로 많고 종류도 풍부한 경우, 전혀 없는 경우, 토기와 두세 점의 청동기를 부장하는 경우 등 변이가 심하다.[13]

사 휜 문화는[14] 꽝 나이(Quang Ngai)성의 한 옹관묘 유적에서 비롯된

그림 1 베트남 중부의 사 휜 문화(옹관과 각종 장신구) − 호이안 사 휜 문화 박물관 (촬영: 필자)

이름으로서 베트남 중부-남부에서 발전한 금속기문화의 명칭이다. 사 휜 문화의 무덤은 대개 해변가 모래언덕에 위치하며 달걀이나 원통 모양에 얇고 뚜껑이 달린 옹관으로 구성되어 있다. 그 내부에는 유리, 보석, 철기와 청동기, 소형 토기 등이 부장된다(그림 1). 시간 폭은 기원전 600년에서 기원후 200년 사이로 추정하는 것이 일반적인데 이

해상 실크로드와 동아시아 고대국가

보다 훨씬 올려서 기원전 10세기 이전으로 보는 견해도 있으나 그 가
능성은 낮다.

기원전 500년을 전후하여 철기 제작기술의 보급이 동남아시아 내
륙부와 군도부 모두에서 급격한 사회변동을 초래하였다. 생활의 모
든 측면에 영향을 끼친 가장 강력한 현상은 소규모의 평등한 사회에
서 복잡하고 확대된 사회로의 전환이었다. 이러한 변화는 이 지역에
서 초기 국가가 출현하고 발전하는 과정의 기초가 되었다. 그 원인과
과정은 매우 다양하며 내부적인 요인과 외부적인 요인 모두를 포함한
다. 베트남 중부에서 가장 넓고 비옥한 유역인 투 본강 계곡(Thu Bon
Valley)의 유적과 유물 분포 양상을 통하여 지역 내부, 지역 간(사 휜과
한, 북부 베트남의 동 손 문화, 동 시기 남아시아와 동남아시아 각지)에 전개된 교역
의 양상과 그 본질을 파악할 수 있다.

한편 인도에서는 마우리아 왕조 이후 경제가 급속히 발전하고 무
역을 직업으로 삼는 상인계급이 형성되었다. 그중에는 카스트 제도의
정점에 위치한 브라만 계급이 지도자가 되는 경우가 있었으며 이들에
의해 본격적인 원거리 항해가 시작된다. 마우리아 왕조의 아소카왕
(기원전 273-232년)이 재위 당시 남인도 동안의 카링가 왕조(현재의 오디샤
주 부근)를 멸망시키자 많은 지배층과 상인들이 동남아시아 각지로 망
명하였다고 한다. 이들은 항해술에 능했는데 벵골만과 말레이반도 곳
곳에 정착하고 고국이 있던 인도 동남부와의 교역에 종사하였다. 이
들은 금과 향신료, 식량을 구하고 그 대가로 견직물과 구슬을 가져왔

다. 이윽고 마노와 유리를 원재료로 가져와서 현지에서 구슬로 가공하여 판매하였다. 그 결과 동남아시아 곳곳에는 마노와 유리 등의 구슬 공방이 들어서게 된다.[15]

산스크리트 설화에 등장하는 영웅들은 대부분 상인들로서 이들은 무역을 통해 부를 축적하였다. 인도의 설화문학은 인도와 동남아시아 사이에 열린 항해로를 언급하는 경우가 잦다.[16] 선진적인 문명을 지닌 인도인들은 동남아시아에 들어와 이 지역 특산품을 구입하여 인도로 운반하였다. 인도양의 해역세계에서 오래전부터 해양 네트워크가 형성되는 배경은 필요로 하는 교역물자의 상이성이다. 이는 자연생태계의 차이, 인구 거주분포의 차이, 문화문명 간 차이에서 비롯되며 그 차이를 보완하는 방향으로 도시와 그 주변의 경관이 형성된다.[17]

한편 내륙 연안부에서는 몬족, 크메르족, 참족 등이, 군도부에서는 자와족이 인도인의 상대였다.[18] 교역은 단기간에 종료되는 경우도 있었지만 질병이나 혼인 등 다양한 이유로 현지에 정착하게 되는 인도인들이 발생하면서 그들을 위한 거주지가 별도로 형성되었다. 동남아시아의 수장층은 자신의 누이나 딸을 인도인과 혼인시키면서 그들의 영구 정착을 권유하기도 하였다. 그 결과 인도인들이 왕래하고 거주하는 항구도시가 발생하게 되는데 이를 항시(港市, Port City)라고 한다. 원래 항시라는 개념은 15세기 이후 동아시아, 동남아시아, 인도양의 교역권에 있던 교역 거점 항구와 그것에 부속된 도시에 한정하였지만 현재는 포괄적인 의미로 사용되고 있다.[19]

한편 동북아시아에서는 기원전 3세기 후반 중국을 통일한 진(秦)이 광동성(廣東省), 광서장족자치구(廣西壯族自治區), 북부 베트남 등지를 정복하고 남해군(南海郡), 계림군(桂林郡), 상군(象郡)을 설치하였다. 진시황 사후 방치된 상태의 삼군(三郡)에서 남해군(南海郡) 용천현령(龍川縣令)이었던 조타(趙佗, 찌에우 다)가 독립하여 기원전 203년 남월국을 세우면서 중국과 동남아시아를 잇는 징검다리가 마련되었다. 남월국은 기원전 111년 한에 의해 멸망당하고 광동성에서 중부 베트남에 걸쳐 칠군[七郡: 남해(南海), 합포(合浦), 창오(蒼梧), 울림(郁林), 교지(交趾), 구진(九眞), 일남(日南)]이 설치되었다. 이듬해(기원전 110년)에 해남도에 담이군(儋耳郡)과 주애군(珠崖郡)이 마저 설치됨으로써 이른바 영남구군(嶺南九郡)이 완성되면서 새로운 국면에 접어들었다. 현재의 베트남 북부-중부에 걸친 교지삼군(交趾三郡: 교지, 구진, 일남)은 한(漢)과 동남아시아 간 해상 교섭의 중요 경로였다. 한편 한은 기원전 109년 위만조선을 침공하기 시작하였으며, 기원전 108년에 위만조선이 멸망하자 그 영토에 사군을 설치했다. 교지삼군을 통해 베트남 북부-중부와 중국 서남부 사이의 교섭이 급속히 진전되었고 낙랑군을 통해 한반도 및 일본열도가 원거리 바닷길에 연결되었다.

기원후 1세기 이후 동남아시아의 지배자들은 자신의 권위와 권력을 강화하기 위하여 산스크리트어, 인도 문자, 힌두교, 불교를 적극적으로 수용함으로써[20] 동남아시아의 인도화를 가속화하였다. 이러한 변화는 항시에서 현저하게 일어났으며 거점적인 항시는 항시국가로 발전하였다. 대표적인 사례가 푸난의 옥 에오(Oc Eo), 그리고 참파의 호이안(Hoi An)이다.

인도와 동남아시아를 잇는 해상 교역로는 서로는 아라비아반도와 홍해를 거쳐 알렉산드리아로 이어졌고 동으로는 중국과 한반도, 일본 열도로 이어졌다. 이 장거리 해상 교역로를 "바다의 실크로드",[21] "해상 실크로드"라고 부른다. 지중해에서 아라비아를 거쳐 인도, 동남아시아, 동북아시아로 연결되는 장대한 교통로이다. 이 길을 통하여 실크가 이동하였지만 그 외에도 다양한 향료, 도자기가 오갔기 때문에 "도자의 길(Ceramic Road)", "향료길(Spice Road)"이라고도 불린다.[22]

기원전 3세기 무렵에는 인도와 말레이반도 사이에 교역이 시작되었고, 기원 전후한 시기에는 그 범위가 훨씬 확장되었다. 이러한 정황은 『에리트라이해(海) 안내기(Periplus of the Erythraean Sea)』와[23] 『한서(漢書)』에 잘 나타나 있다. 이 책에 의하면 당시 유럽인들에 의해 남인도 동측 해안가에서 이미 국제무역이 행하여지고 있었으며 그들은 그 동측의 동남아시아와 중국에 대해서도 알고 있었다. 『한서』에 표현된 당시 중국인의 해상 교역로는 번우(番禺: 현재의 광동성 광주)에서 동남아시아를 거쳐 남인도에 이르는 길이다. 두 책의 내용을 종합하면 기원전 2세기경 알렉산드리아를 출발하여 홍해 입구에서 아라비아해를 횡단하여 인도의 말라바르 해안에 도착해 그곳에서 코로만델 해안, 벵골만을 횡단하여 말레이반도에 도달하고 그곳을 육로로 횡단한 후 베트남 동부 해안을 거쳐 중국의 번우에 도달하는 무역로가 복원된다.[24]

이 해로를 이어 주는 항시에서 보석과 면직물 위주의 인도 물품, 물소, 코끼리, 대모(玳瑁: 바다거북 등껍질), 과일, 은, 동 등의 동남아시아 물품이 거래되었다.

지중해에서 동북아시아에 걸친 이 장거리 교역로는 각 지역 간의 해로가 서로 연결되면서 마침내 완성된 것이다(그림 2). 동남아시아와 중국이 이어지게 되는 계기는 기원전 3세기 이후 진·한 세력이 인도차이나반도에 진출한 것이지만 중국과 동남아시아를 연결하는 해로는 이전의 동 손 문화와 사 휜 문화 당시의 해로를 기반으로 삼은 것이다.

이러한 해로를 통해 지중해세계와 서아시아, 남아시아의 문물이 동남아시아를 거쳐 중국에 전해졌다. 중국의 입장에서는 인도·동남아시아·파르티아산 유리, 도기, 금은기, 진주, 로마유리 등 진귀한 물품을 확보할 수 있었다. 광주의 남월왕릉(南越王陵)에서 출토된 파르티아산 은제 합(盒)은[25] 이란과 이라크 지역에서 바다를 통해 번우로 이어지던 바닷길의 작동을 증명한다. 이 길을 통하여 131년에는 북부 베트남의 일남군(日南郡)에 엽조왕(葉調王: 자와 혹은 실론)의 사절이 내방하였고, 159년과 161년에는 천축(天竺: 현재의 인도) 사신이 일남군을 경유하여 후한에 입공하였다. 166년 대진(大秦: 현재의 로마)의 왕인 안돈(安敦: 마르쿠스 아우렐리우스 안토니우스, 161-180년 재위) 사절단이 일남군을 경유하여 입공하였는데 직접 파견은 아니더라도 인도에 체류하던 그리스나 로마 상인이 로마 황제의 사절이라 칭하고 방문한 것으로 이

그림 2   해상 실크로드를 통한 교섭 – 목포해양유물전시관 (촬영: 필자)

해된다.[26]

　　226년에는 로마의 상인인 진론(秦論)이 오(吳)의 지배하에 있던 교지를 거쳐 건업(建業: 현재의 남경)에 들어와 손권(孫權)을 만났다. 그가 돌아가던 229년 교주자사 여대(呂岱)는 강태(康泰)와 주응(朱應)을 동행시켜 참파(林邑)와 푸난(扶南) 등을 순방하도록 하였다.

　　당시 중국은 위·촉·오가 대립하는 삼국시대로서 사막과 오아시스의 실크로드는 위(魏)가, 사천-운남-미얀마-인도로 이어지는 서남 실크로드는 촉(蜀)이 장악하고 있었다. 오(吳)는 서방세계와의 고립을 타개하는 방책으로 바다를 통한 해상 교역로의 개발에 나섰다.[27] 오를 이어서 동진(東晉)과 남조 국가들 역시 사치품과 보석을 찾아 남방의

해상 실크로드와 동아시아 고대국가

바닷길을 통한 동남아시아와의 교섭에 더욱 힘을 기울이게 된다.

강태의 『부남토속전(扶南土俗傳)』, 『오시외국전(吳時外國傳)』, 그리고 주응의 『부남이물지(扶南異物志)』가 편찬되면서 중국에서는 동남아시아에 대한 지식이 크게 확충되었고 본격적인 교섭이 시작되었다. 이러한 변화는 동북아시아에도 연쇄적인 파동을 일으켰다. 이는 동남아시아산 소다유리가 이때부터 한반도와 일본열도에 광범위하게 유통되는 현상에서 유추된다.

동남아시아와 중국을 연결한 해상 교역로는 번우에서 그치지 않고 중국의 동해안을 따라, 그리고 황해를 건너 한반도와 일본열도로 이어졌다. 한반도의 초기철기시대 이후 삼국시대에 걸쳐 수만 점이 출토된 구슬류는 이 길을 통하여 유통되었을 것이다.

이러한 바닷길의 개통과 확장 과정을 이해한다면 금관가야 시조 수로왕의 배필인 허황옥이 인도의 아유타(아유디아)에서 왔다고 하는 『삼국유사』 가락국기의 기사도 재검토할 필요가 있다. 이 전승을 그대로 인정하는 입장도 있으나, 학계의 주류 입장은 불교의 전래 과정을 설명하기 위한 일종의 연기설화(緣起說話)로서 후대에 만들어진 것으로 간주한다. 그런데 부정론은 고대 바닷길의 개통 과정에 대한 구체적인 이해 없이 인도에서 한반도의 동남쪽까지 가냘픈 여인이 항해하여 왔을 리가 없다는 막연한 정황론을 근거로 삼고 있다.

필자도 이 설화를 액면 그대로 믿는 입장은 아니다. 그러나 당시에 이미 로마에서 알렉산드리아를 거쳐 홍해와 아라비아반도, 인도, 말레이반도, 베트남을 경유하여 번우로 연결되는 항로가 개통되어 있었음을 주목하고자 한다. 인도의 여인이 직접 김해를 향해 항해하여 왔는지는 알 수 없으나, 한반도 동남부에도 이미 인도에 대한 정보, 인도로 가는 항로에 대한 지식이 들어와 있었을 가능성이 있는 것이다.

한반도 중부 이남, 특히 영남지역과 일본열도에서는 기원전 1세기부터 종전의 납-바륨유리를 대신하여 새로운 계통의 포타시유리가 확산된다. 포타시유리는 중국 서남부의 양광(兩廣: 광동, 광서)지구, 베트남 북-중부, 동남아시아와 인도 등 다양한 공방에서 제작된 것으로 추정된다. 따라서 남아시아와 동남아시아의 물품이 동북아시아로 확산되는 과정을 상정한다. 동북아시아에서 포타시유리는 동경(銅鏡), 동정(銅鼎) 등 한식(漢式) 물품과 함께 이동하며, 그 과정에서 낙랑군의 역할을 고려하여야 한다. 낙랑군과 거의 비슷한 시기에 설치된 베트남 북부의 중국 군현과 낙랑군 사이의 네트워크도 중요한 역할을 하였을 것이다.

인도 등 남아시아와 동남아시아를 연결하는 초기의 바닷길은 말라카 해협을 이용하는 것이 아니라 동서 길이가 44km에 불과한 크라지협(Isthmus of Kra)에서 육로를 횡단하는 것이었다.[28] 그 결과 좁고 긴 말레이반도의 서안과 동안에는 각기 짝을 이루는 항구가 생기고 그 사이의 육로를 이용하여 물자가 운송되었다.

그런데 법현(法顯)의 인도 유학기인 『불국기(佛國記)』에 의하면 그는 412년, 200명 이상을 태운 인도의 상선을 타고 실론을 출발하여 귀국

해상 실크로드와 동아시아 고대국가

길에 올랐다. 자와로 추정되는 섬에 표착한 후 중국으로 돌아가는 과정을 보면 말라카 해협을 이용한 몬순항해가 이미 시작되었음을 알 수 있다. 몬순항해는 계절풍인 몬순(Monsoon)을 이용한 항해술의 발달과 함께 원양 항해용 조선술에 의해 뒷받침된다. 7세기 이후 중국에서 당 왕조가 등장하고 서아시아에서 이슬람제국이 출현하면서 몬순항해는 더욱 발달하였다.[29]

말라카 해협을 통과하는 신항로가 발달하면서 대부분의 선박은 크라 지협을 통한 운송을 중단하게 되었다. 그 결과 항로에서 푸난의 중요도는 급감하게 되고 새로이 수마트라에 기반을 둔 스리위자야 왕국이 대두한다. 스리위자야의 왕도이자 수마트라 남부의 항구인 팔렘방(Palembang)은 몬순을 이용해 항해하는 무역업자들에게 바람이 바뀔 동안의 기항지(寄港地: 선박이 목적지로 가는 도중에 잠깐 정박하는 항구) 역할을 하였다. 7세기에 중국 승려 의정(義淨)이 인도에 구법행할 때에도 스리위자야에 7년간 머물렀다고 한다.

스리위자야의 세력은 10세기까지 유지되었고, 그 결과 이 지역에 대한 발굴조사에서 당의 도자기, 10세기대 불상, 가네샤(코끼리 모양의 힌두교 신)상 등이 발굴되었다.[30] 말라카 해협을 이용한 항로는 그 후 동서 해상 교역의 간선로가 되었고, 이것은 말라카라는 해상왕국의 출현으로 이어졌다.

## 향신료

후추(Pepper)는 인도 남부가 원산지로서 지금은 동남아시아에서 널리 재배되고 있는 상록 덩굴식물이다. 추운 북부 유럽에서는 겨울 동안 가축을 사육하는 것이 곤란하였으므로 겨울이 오기 전에 도축한 후 말리거나 염장하였다. 무미건조하거나 악취가 나는 고기를 맛있게 먹기 위해서는 향신료가 필요하였는데 이때 그들의 눈에 뜨인 것이 바로 후추이다. 고기를 비롯한 음식물에 후추를 첨가하면서 잡내가 사라지고 풍미가 더하여졌다. 귀족들은 자신의 신분을 과시하는 도구로서 후추를 비롯한 향료를 애용하게 되었고 새로운 향료를 찾아 나섰다. 그 결과 정향(丁香)이나 육두구(肉荳蔲), 나아가 더욱 비싼 향료도 유럽인의 식탁에 등장하게 되었다.[31]

정향은 인도네시아 동부의 몰루카 제도가 원산지로서 봉우리와 열매에서 짜낸 기름인데, 살균력이 좋고 부패 방지에도 효과적이며 묘약으로도 사용되었다. 육두구는 몰루카 제도 원산의 높이 20m 가량의 상록 활엽교목으로서 씨가 건위제, 강장제, 향미료 등으로 사용되었으며[32] 유럽에서는 매우 고가에 판매되었다. 계피(Cinnamon)는 동남아시아에 널리 분포하는데 향료, 방충제, 약재로 사용되었다. 향신료는 단지 식용으로만 사용된 것이 아니라 병을 치료할 수 있는 의약품, 때로는 악마나 귀신을 쫓아내는 특효약, 악취를 없애는 방향제의 기능도 담당하였다. 이렇듯 다양한 기능을 지니고 있기 때문에 고대 동북아시아에서는 향료와 약물을 합한 의미로서 향약(香藥)이라는 용어가 사용되었다.

향료는 분향료, 향신료, 화장료로 세분된다. 유럽에서는 식용의 향

해상 실크로드와 동아시아 고대국가

신료가 중요시된 반면, 고온다습하고 더위가 심한 인도와 동남아시아에서는 심신의 청정을 지키기 위한 목적이 더 중요하였다. 불교가 성행하던 고대 동북아시아에서는 향불을 피우기 위한 분향료가 가장 중요하였다.[33]

유럽에서는 향신료가 나지 않았다. 알렉산더 대왕의 동정 결과 인도의 다양한 향신료, 사탕수수, 향수가 유럽에 전해졌는데 이때부터 후추가 유럽인들의 식탁에서 소중히 대접받게 되었다. 중세에 들어와 아라비아 상인들이 향신료의 유통망을 장악하면서 가격이 폭등하고 좀더 좋은 가격에 다량의 향신료를 확보하기 위한 욕망이 유럽인들로 하여금 인도와 그 동방으로 진출하게 한 것이다. 그 결과 포르투갈과 스페인, 네덜란드와 영국 등이 차례로 동방세계를 향한 항해에 나서면서 이른바 대항해시대가 열리게 되었다. 이후 유럽의 여러 나라와 인도, 동남아시아 여러 나라와 중국, 일본이 상업적인 목적으로 긴밀한 관계를 유지하고 때로는 치열한 경쟁을 벌이게 되었다. 후추를 비롯한 향신료가 세계사의 흐름을 바꾸었다고 해도 과언이 아닌 것이다.

## 2. 항시의 번영

바닷길이 점차 확산되면서 사람들의 이동도 활발해졌다. 특히 인도에서는 아소카 왕국의 영토 확장 과정에서 멸망한 동부 인도의 칼링가 왕조 주민들이 대거 벵골만과 말레이반도로 이주하면서 인도와 동남아시아 사이의 교역이 급성장하였다. 인도인들은 금을 비롯한 지역 특산품을 구입하기를 원하였고[34] 현지 주민들은 철기, 면직물, 유리 등의 공예품을 원하여서 양자 사이의 교역이 시작되었다. 특히 말레이반도의 사금이 중요 교역품이 되면서 동남아시아 어딘가에 황금의 나라 수완나부미(Suvannabhumi)가 있다는 믿음이 생겨났고 인도인들의 동남아시아 진출은 더욱 활성화되었다. 당시의 주요 교역품으로는 금 이외에도 유리구슬, 진주, 수정, 약재와 향신료, 목재, 상아 등이 거래되었다.[35]

인도 상인 중에는 배를 수리하고 유리한 계절풍을 기다리거나 질병 등의 이유로 장기 체류하는 자가 나타나게 되었다. 그들은 현지 주민의 습격으로부터 자신을 방어하기 위하여 책(柵)을 둘러 거주하게 된다. 이를 본 현지의 수장은 인도인에게 교역의 장소를 제공하고 안전을 보장하는 것이 자신에게도 유리하다고 판단하였다. 수장이 인도 상인에게 식량을 공급하고 자신의 누이나 딸과 혼인시키면서 본국으로 귀국하지 않는 인도 상인들이 발생하게 되었다.

동남아시아에서 여성이 비록 정치, 경제의 전면에 나서는 경우는 그리 많지 않으나 교역에서는 중요한 역할을 한다. 13세기 크메르의 상황을 기록한 주달관(周達觀)의 『진랍풍토기(眞臘風土記)』를 보면 상업 행위는 여성의 직무로 간주되고 있으며, 교역을 위해 그곳에 간 중국인은 원활한 업무 추진을 위해 반드시 현지의 여성과 혼인한다고 한다.[36] 예나 지금이나 현지 여성의 도움 없이 외국인 남성이 당지에서 경제활동을 전개하기는 매우 어렵다고 한다. 그 결과 지금도 동남아시아에서 경제활동을 하는 한국인들이 현지 여성과 혼인하는 모습을 아주 흔하게 볼 수 있다. 이러한 독특한 분위기 속에서 혼혈이 발생하며 새로운 사회집단이 발생하게 되고, 이들은 지역 수장의 도움을 받아 물질적 부, 무력과 정신적 지배력을 갖추게 된다.

현지의 수장층이 자신의 권위와 권력을 강화하기 위하여 산스크리트어, 인도 문자, 힌두교, 불교를 적극적으로 수용함으로써[37] 동남아시아의 인도화는 가속화되었다. 이로써 시장이 만들어지고 그 주변에는 항구, 항만을 갖추게 되었다. 이 과정에서 인도인들이 왕래하고 때로는 거주하는 항구도시가 발생하게 되는데 이를 항시라고 한다.[38]

원거리를 항해하는 것이 아니라 연안을 따라 항해할 경우에는 암초에 좌초할 위험성이 있기 때문에 야간에는 항해를 멈추어야 하며 바닷길을 잘 아는 현지인의 조력이 필수적이다. 게다가 배 안에는 식수와 식량을 많이 적재할 수가 없기 때문에 수시로 육지나 섬에서 공급받아야 한다. 그 결과 풍랑을 피하고 순풍을 기다리며, 화물을 집산하고 물과 식량을 공급받는 등 다양한 기능을 담당하는 항구가 발달하게 되었다. 이 항구는 자연스럽게 부와 권력, 문화와 정보가 집중되는 공간이 되었고, 배후의 도서, 내륙지역은 바다와 산의 자원을 제공하는 원료공급지의 역할을 맡게 된다.[39]

항시에서 이루어진 교역은 외부에서 온 인도인이 일방적으로 주도하는 것은 아니고 현지 수장층의 적극적인 간여가 있었다. 15세기 이후의 사실이지만 말라카 왕국시기에도 외국인들은 환대를 받음과

그림 3  말라카 왕국의 왕궁 (촬영: 필자)

동시에 말레이 관리들에 의해 통제되고 관리되었다. 말라카의 종족
대표 격인 4명의 샤반다르(Syahbandar)가 물품 보관, 육상 운송, 관세 지
불, 지배자와 관리들에 대한 선물 증여, 기타 모든 교역 관련 행위를
감독하였다고 한다.[40]

　　항시에서 교역되는 물품은 매우 다양하다. 왜냐하면 중간에 물건
을 모은 상인과 작업에 참여한 노동자에 대한 보수와 교환품으로 다
양한 물건이 필요하기 때문이다.[41] 따라서 이들이 거주할 숙박업소, 물
품을 보관할 창고 등의 시설만이 아니라 식당, 도박장, 유곽 등 다양한
형태의 소비와 향락을 위한 시설도 등장하게 된다. 사막과 오아시스
의 길에서 오아시스 도시가 가지고 있던 기능과 동일하다.

해상 실크로드와 동아시아 고대국가

어느 정도의 한계는 있지만 항시에서는 외부인이라도 자유를 누릴 수 있었다.[42] 해상 무역의 무대에서 국적은 그다지 중요한 변수가 아니었기 때문이다. 후대의 인도 구자라트인(Gujarati)들이나 페라나칸(Peranakan)들의 활동이 그 대표적인 예이다.

인도 상인들은 금의 확보를 위해 더 동쪽으로 항해하여 마침내 중국에 진출하기에 이르렀고 번우와 합포(현재의 광서성 북해)를 비롯한 중국 해안가는 당시 바닷길을 통한 국제무역의 최전선으로 자리 잡게 된다.

이렇듯 인도적인 분위기에서 발전한 대표적 항시가 푸난의 옥 에

그림 4　중국계 페라나칸 – 싱가포르 페라나칸박물관 (촬영: 필자)

오, 그리고 참파의 호이안이다. 이런 의미에서 바다의 역사는 황량한 대양이 아니라 항시를 오간 사람들이 주인공이 되어 만들어 간 네트워크의 역사라고 할 수 있다.[43]

## 페라나칸

동남아시아는 지리적인 위치로 인하여 세계 각지에서 진귀한 물건을 구하러 다양한 국적의 상인들이 몰려든 곳이었다. 고대에는 인도의 상인들이 많이 내방하여 현지인과 결합하면서 곳곳에 항시가 형성되었다. 인도 상인의 역할은 훗날 중국, 일본, 타이, 유럽인들이 대신하였다. 동남아시아를 방문한 외국인 중 일부는 현지에서 혼인하고 동남아시아에 정착하게 된다. 외지의 남성과 현지의 여성 사이에서 태어난 이들을 일컫는 페라나칸은 말레이어로서 "현지에서 태어난 아이"란 뜻이었지만 곧 다양한 종족적 기원을 지닌 사람을 부르는 말로 바뀌었다. 처음에는 외국인과 현지 여성 사이에서 태어난 모든 혼혈인을 의미하였으나, 15세기 이후 중국 남부의 남성 노동자들이 동서 교섭의 최대 거점인 말라카로 몰려들면서 중국계 페라나칸의 수가 압도적 다수를 점하게 되었다. 이들은 자와, 수마트라, 말레이반도의 중요한 동서 교섭 요충지에 자리 잡았다. 현재도 싱가포르와 말레이시아는 말레이계, 인도계, 중국계와 함께 페라나칸이 평화롭게 공존하고 각자의 고유한 문화를 계승, 발전시키는 모범적인 사례라고 할 수 있다.

중국계 페라나칸 남성을 바바(Baba), 여성은 논야(Nonya)라고 부른다. 중국 문화와 말레이 문화가 혼합된 바바-논야 문화는 지금도 싱가

해상 실크로드와 동아시아 고대국가

포르, 말레이시아(페낭과 말라카)에 남아 있다. 페라나칸 문화는 관습, 음식, 언어와 종교 등에 남아 있는데 싱가포르와 말레이시아 페낭(Penang)에 개설된 페라나칸박물관 전시실에는 화려한 귀금속 장신구, 섬세한 지갑과 신발, 밝은 색조의 주방용 도자기 등이 전시되어서 동남아시아 문화의 다양성과 개방성을 상징하고, 문화상품의 역할도 톡톡히 하고 있다. 페라나칸 문화는 다양한 인종의 혼혈과 문화 접촉의 결과란 점에서 외부와의 혼종문화 형성을 꺼리는 우리를 되돌아보게 한다.

항시의 발전을 좌우하는 요소는 여러 가지이다. 우선 항시와 관련된 여러 정치체, 국가의 내부와 외부 사정을 들 수 있다. 항시와 관련된 경제적, 정치적 리더들의 리더십에 약간이라도 변동이 생기면 해안가의 중심은 급격히 이동하게 된다. 항시국가 내에서 중심적인 위상을 점하는 항시가 변화하듯이, 항시국가 사이의 우열관계도 뒤바뀌게 된다. 거래되는 물품의 변화,[44] 조선술과 항해술의 발달에 의한 항로의 변화, 항해 시점과[45] 기간의 변화[46] 등도 중요한 변수이다. 이러한 양상은 15세기 이후 동남아시아의 대표적인 항시국가로 발전한 말라카(그림 5)에서 잘 나타난다. 말라카 왕국은 자체 생산품이 거의 없이 동남아시아 곳곳에서 생산된 물품들을 거래하는 중계무역국가의 시초라고 할 수 있다.[47] 이런 측면에서 그곳은 항시국가의 또 다른 형태라고 할 수 있다.

그런데 항구와 항만은 자연적 조건이라는 또 다른 변수를 맞게 되어 있다. 해안선과 지형의 변화에 의해 항구가 기능을 다하거나 이동

그림 5 　중세 항시국가 말라카의 왕정에서 전개되는 교역(말레이시아 말라카) (촬영: 필자)

하는 양상을 자주 볼 수 있다.

　　환경의 변화에 의해 항구와 교역 장소가 이동하는 전형적인 사례
는 말레이반도 서안의 크다(Kedah)에서 찾아볼 수 있다. 이 지역에서
는 현재 넓은 범람원에서 쌀 위주의 관개농업이 이루어지고 있지만
크다에서 항시가 발전할 당시의 농업 형태는 구릉의 경사면을 이용
한 쌀과 수수의 집약적인 경작이었다고 한다. 구릉 표토층의 유실로
인해 대량의 실트(미세한 점토)와 점토가 교역망인 강에 퇴적되면서 기
존 항구의 기능이 정지되고 항구의 이동이 급격히 진행되었다는 것
이다.[48] 현재의 넓은 범람원은 퇴적의 결과물이고 많은 유적이 내륙에
입지하는 것처럼 오인하게 되는 이유가 여기에 있다. 그 결과 캄퐁 숭

해상 실크로드와 동아시아 고대국가

아이 마스(Kampung Sungai Mas), 펭칼란 부장(Pengkalan Bujang), 캄퐁 시레 (Kampung Sireh) 등 3개의 유적이 크다 지역에서 중심적인 관문의 역할을 번갈아 가며 맡게 되었다.[49] 말레이반도 동안에 위치한 야랑(Yarang) 지역의 경우도 항공촬영을 통한 지형분석의 결과 퇴적물에 의해 강의 하구가 계속 변화하는 양상이 확인된다.[50] 번성하던 항구나 항만이라 도 실트의 퇴적과 해안선의 변화로 인해 더 이상 기능할 수 없게 되면 이를 대신하여 다른 항시가 발전하게 된다.

이러한 양상은 말레이반도만이 아니라 동남아시아 전체의 공통적 운명이었을 것이다. 동북아시아의 중요 기항지들의 운명도 유사한 모습을 보여 준다. 중국에서는 한때 장강유역의 경제 중심지였으나 강으로 유입되는 대규모 토사로 인해 항시의 기능이 저하되면서 쇠퇴한 양주(揚州)가 대표적인 경우이다.[51] 금관가야의 중심이자 항시인 김해의 경우도 토사의 퇴적으로 인하여 항만의 기능을 상실하게 되면서 국가의 흥망이 좌우되는 모습을 볼 수 있다.

## 3. 항시국가의 흥망성쇠

동남아시아에서 항시들의 연합체인 항시국가, 혹은 항구도시국가 가[52] 등장한 시기는 1세기경으로 추정되고 있다.[53] 항시국가란 오로지 해상 중계무역을 국가의 존립 기반으로 하며 항구를 중심으로 거대한 배후지를 갖는 인구 집약지역적 형태를 띠게 된다.[54]

### 항시국가의 특징[55]

○ 바다나 하천에 접하여 바다를 매개체로 한 교역에 적당한 입지조건

○ 부두에 자리한 상관(商館)

○ 소규모 권력 중심과 방어를 위한 성벽

○ 상업을 담당하는 사람들의 주거구역(차이나타운 등)

○ 물자 교환의 장으로서의 시장의 존재

이러한 조건을 갖춘 동남아시아의 수많은 항시국가들이『양서(梁書)』해남전(海南傳)에 소개되어 있다. 그중 대표적인 사례가 참파, 푸난, 랑카수카 등이다. 이 국가들은 등장한 시점과 전성기, 문화적 지형 등에서 뚜렷한 공통점을 지니고 있다. 중국과 인도의 영향, 불교와 힌두교의 공존, 고대 바닷길의 성쇠에 따라 국가의 운명이 좌우된 점, 전형적인 항시국가,[56] 해상왕국의 면모 등이 그것이다. 이 외에도 유사한 성격을 지닌 국가, 혹은 정치체로서 남월, 영남칠군, 그리고 퓨(Pyu, 驃) 사회를 들 수 있으며 비교적 늦은 시기의 베트남 하노이 탕롱(Thang Long, 昇龍)도 항시국가의 범주에 포함된다.[57]

항시와 항시국가가 흥망성쇠를 밟게 되는 원인은 여러 가지이다. 우선적으로 내부의 정치적 변동, 대외관계의 변화를 예상할 수 있다.

해상 실크로드와 동아시아 고대국가

전형적인 항시국가라고 할 수는 없으나 일부 유사한 성격을 지닌 남월국이 한에 의해 멸망당하고 육로와 해로를 통한 교역 기능이 구군으로 이행한 것이 대외관계라는 변수의 전형일 것이다.

복수의 항시가 네트워크를 형성하는 방식으로 구성된 항시국가에서는 정치경제적 중심이 한 군데에 고정된 것이 아니라 옮겨 다니는 모습을 보인다. 후술할 푸난이나 스리위자야의 경우도 영토적 경계가 뚜렷하지 않고 일정한 범위 안에 서로 다른 비중을 가진 몇 개의 권력 중심이 존재하는 형태였다고 한다.[58] 항시는 급격히 이동하는 특성을 보이며 항시국가는 정치적 중심을 여러 곳에 두거나 옮겨 다니는 모습을 보인다. 베트남 중부에서 발전한 참파의 경우 4개의 작은 세력이 연합하였다고 한다.[59]

항시국가의 흥망성쇠를 가속화시킨 또 하나의 변수는 항로의 변화이다. 항해술과 조선술의 발달에 의해 연안 항해를 극복하게 되고 이에 따라 항시와 항시국가의 흥망성쇠가 이어지게 된다. 몬순을 이용한 항해의 실상을 잘 보여 주는 사례가 법현의 여행이다. 그가 저술한 인도 유학기인 『불국기』에 의하면 그는 412년에 200명 이상의 상인을 태운 인도의 상선을 타고 광주로 향하는데 이때 이미 몬순을 이용하고 있다. 몬순항해가 본격화되면서 계절풍을 이용할 수 있는 기간에 집중적으로 항해가 이루어지고, 중간의 기항지를 생략하고 장거리를 이동하게 된다. 많은 수의 선박이 말라카 해협에 집중되면서 7세기 이후에는 동남아시아의 대륙부를 대신하여 군도부(해양부)에서도

스리위자야 같은 항시국가가 발전하게 되고 기항지로서의 중요성을
상실한 푸난은 큰 타격을 받게 된다.[60] 크라 지협을 통해 말레이반도
서안과 동안을 연결하는 방식으로 발전하던 돈손국(頓遜國), 반반국(盤
盤國), 단단국(丹丹國), 간타리국(干陀利國)은 쇠락하게 되고 랑카수카의
운명도 동일한 상황에 처하였을 것이다. 반면 베트남의 긴 해안선을
따라 위치한 여러 항시들의 연합체 격인 참파의 경우 대표급 항시의
교체는 있었어도 장기간 존속할 수 있었다. 랑카수카라는 항시국가가
쇠락하고 항시로서 축소되는 배경을 짐작할 수 있다. 동남아시아에서

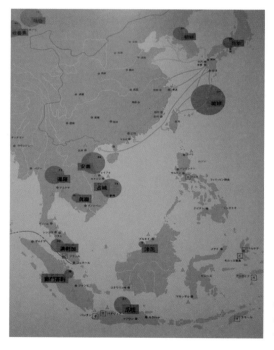

그림 6  동아시아의 다양한 항
시국가들 – 일본 역사민속박물
관 (촬영: 필자)

해상 실크로드와 동아시아 고대국가

항시 및 항시국가의 출현은 대륙부가 빨랐지만 결국 군도부가 주역으로 부상하게 되는 이유가 여기에 있다.

해로와 교역품의 변화, 항시 및 항시국가의 흥망성쇠는 비단 동남아시아에만 한정되지 않고 동북아시아에도 연쇄적인 변화를 가져왔다. 그 결과 동북아시아에서도 고대에서부터 중세와 근세에 이르기까지 많은 항시가 명멸하고 항시국가의 흥망이 이어지는 것이다.

# 3장

# 동남아시아의
# 다양한 항시국가들

# 1. 반 랑과 어우 락

베트남은 54개의 종족으로 구성된 다종족국가이다. 대다수는 비엣(越), 또는 킹(京)으로 불리는데[61] 중국 남부와 베트남 북부에 거주하던 월족의 후예로 인식되고 있다. 그들의 건국신화는 동북아시아의 것과 마찬가지로 중국의 신화에 연결되어 있다. 중국 남부의 절강-복건-광동-광서와 베트남 북부에 분포하던 집단은 백월(百越)이라 불렸는데 반드시 하나의 종족에 대한 명칭은 아니었다. 절강의 월은 상대적으로 이른 시기부터 중원문화의 영향을 받으며 중국사의 일부로서 존재하였으며 복건에는 동월, 혹은 민월이라 불리는 집단이 발전하고 있었다.

광동, 광서의 월족과 베트남 북부의 월족은 지역적인 차이는 있으나 많은 공통성을 가지고 있었다. 이들이 국가를 형성하고 중국 왕조와 관계를 맺어 나가는 과정에 대해서는 베트남 측의 전승 및 후대의 사료, 그리고 중국 측의 사료를 통해 추정할 수 있다. 하지만 후자의 경우는 중국 중심적인 편향이 심하여 월족이 중국의 한족에서 기원한 듯 서술되어 있으며, 그들을 "중국의 고대 남방 소수민족"으로 분류한다. 국가 형성 이후에도 중국의 제후국으로 시종하였던 것처럼 묘사되어 있다. 특히 월족이 문명화된 것은 한무제의 침입 이후라는 관점이 일관되어 있다.

그러나 고고학적인 자료를 볼 때에 이러한 관점은 문제가 있다. 홍강유역에는 신석기시대 이후 초기 금속기시대를 거치면서 수많은 도작 농민들이 거주하였는데, 그들의 생산량은 엄청났고 이를 기반으로 초기 문명이 발생하였다. 이들은 박 보(Bac Bo) 시기와 동 손 시기부터 중국 방면에서 오는 영향을 받았지만, 이 외에도 이미 운남지역의 전(滇), 베트남 중부의 사 휜, 라오스, 캄보디아, 타이 등지의 영향을 받고 있었다. 박 보만 지역에서의 문명화는 한 군현 이전에 시작되었음이 분명하다. 이는 기원전 3세기 어우 락(甌雒)의 성립으로 확인되며, 중국의 영향이 들어오기 이전에 이미 동 손 문화를 기초로 삼아 국가와 유사한 정치체가 등장한 사실을 여실히 보여 준다.

## 동 손 문화

기원전 4세기 무렵부터 기원후 1세기까지 베트남 북부와 중국 남부에서 발전하였던 금속기문화이다.[62] 홍강유역에서 발생한 최초의 금속기문화인 동 다우(Dong Dau) 문화와 그 뒤를 이은 고 문(Go Mun) 문화에 이어 등장한다. 동 손이란 명칭은 베트남 북부의 동 손이란 지명에서 유래하였다. 이 문화가 처음 알려졌을 때 가장 강렬한 인상을 남긴 것은 거대한 의례용 동고였다. 동고는 베트남 북부와 중국 남부만이 아니라 더 넓은 범위에 걸쳐 분포하고 있으며 그 사용도 면면이 이어져서 청대(淸代)를 거쳐 현재도 중국 광서성의 장족(壯族)과 요족(瑤族)이 사용하고 있다.[63] 그러나 고대 동고문화권의 중심은 베트남 북부 박 보만 지역으로 추정된다. 동고의 존재로 인해 동 손 문화를 영위한 사회가 계층화된 복합사회임을 알게 되었다. 현재 동 손 문화 유적은 북부 베트남에서만 70군데 이상이 알려져 있다.

동 손 문화의 특징은 청동기의 다양성이 급증하고 유리와 철기가 등장한다는 점인데 이는 한반도의 세형동검문화와 유사하다. 시간적으로도 세형동검문화와 거의 병행하며 중국의 침략과 지배가 강고해지면서 소멸하게 된다. 한나라의 침략과 지배에 저항하여 40년 무렵 발생한 쯩(徵) 자매의 반란을 무력진압한 마원(馬援)이 그곳에서 사용하던 동고들을 모두 모아서 녹여 버린 사건이 동 손 문화의 종언을 말하는 상징적인 사건이다.

그림 7　베트남 북부 출토 동고 – 하노이 국립박물관 (촬영: 필자)

베트남의 건국신화는 신농씨(神農氏) 염제(炎帝)의 후손인 데 민(帝明)이 자신의 아들인 록 똑(祿續)을 낀 즈엉 브엉(涇陽王)으로 봉하여 남방을 다스리게 하였다는 시점부터 시작된다. 낀 즈엉 브엉이 다스린 나라가 씩 꾸이(赤鬼)국이고, 그의 아들인 락 롱 꿘(貉龍君)의 치세가 씩 꾸이의 전성기라고 한다. 락 롱 꿘의 부인 어우 꺼(嫗姬)는 커다란 알을 낳았는데, 그 알에서 100명의 아들이 태어났으니, 이들이 백월족의 선조가 되었다고 한다. 백월을 모두 한 부부에서 기원한 것으로 인식하고 있는 것이다. 락 롱 꿘과 어우 꺼는 50명씩 아들을 데리고 각기 바다와 산으로 갔는데, 산에 간 50명의 아들 중 가장 강한 이가 최초의 홍 브엉(雄王)으로 봉해져 왕위를 계승하니 이것이 반 랑(文郎)국의 시작이다.[64] 50명의 아들이 산으로, 50명의 아들이 바다로 갔다는 이야기는 월족이 거주하는 자연환경에 의해 분화되는 모습을 보여 준다. 현재 락 롱 꿘과 어우 꺼는 베트남의 시조, 반 랑국은 최초의 고대국가로 인식되고 있다.[65] 한국사에서 단군이나 고조선에 대응되는 셈이다. 반 랑국은 청동기문화를 기반으로 성장하였고 점차 철기문화의 영향권에 들어가는데 이 역시 고조선과 동일하다.

베트남 측 전승에 의하면 기원전 258-257년 무렵 어우 락국의 안 즈엉 브엉(安陽王: 뚝 판)은 반 랑국을 통합하고 하노이 인근에 군사요새를 축조하여 자신의 왕성으로 삼았다고 한다. 반 랑국과 어우 락국은 운남성에서 발원하여 베트남 북부를 거쳐 남중국해로 들어가며, 중국 남부와 베트남을 연결하는 요충지인 홍강유역에서 성장하였다. 이 시기는 고고학적으로는 동 손 문화기에 속한다. 안 즈엉 브엉이 왕성으로 삼았다는 성이 바로 하노이 인근 꼬 로아(Co Loa, 古螺)성[66]으로 이해되고 있다(그림 8, 9). 역시 베트남 측 전승에 의하면 어우 락은 기원전 170년경 조타의 남월에 굴복하고 통합되었다고 한다.

어우 락의 실체를 보여 주는 좋은 단서가 꼬 로아성이다. 이 성은 내성, 중성, 외성으로 구성된 삼중구조로서 각각의 성벽 바깥에는 해자가 둘려져 있다. 성의 안팎, 그리고 주변에서 동 손 문화기, 그리고 이후 한의 영향을 받은 유물까지 다양한 유물이 출토된다. 고고학적인 발굴조사를 통하여 성의 축조시기와 구조에 대한 내용이 차츰 밝혀지고 있다.[67] 꼬 로아성에 대한 발굴조사는 베트남의 연구진 이외에도 미국의 위스콘신 대학팀, 그리고 한국의 국립중앙박물관 발굴팀이 참여하여 중요한 성과를 내었다.

이 성은 홍강의 북안에 위치하는 토성으로서 하노이 북방 17㎞ 되는 지점에 위치한다. 이 지역에서는 동 손 문화 이전의 풍 웅웬(Phung Nguyen, 기원전 1600-1200년) 문화부터 계기적인 문화의 발전이 보인다.

현재 삼중성벽이 남아 있는데, 가장 바깥의 외성은 그 둘레가 7.8㎞에 달하는 거대한 규모이고 해자가 감싸고 있다. 성벽은 보통 3-4m 높이이고 가장 높은 곳은 8m에 달한다. 성벽 바닥의 폭은 20m 정도이다.

중성은 둘레가 6.3㎞, 폭은 20m 정도인데 성벽 내부에 의도적으로 돌과 기와편을 채워 넣은 흔적이 보인다. 외성과 중성이 부정형인 이

그림 8 꼬 로아성과
해자 (촬영: 필자)

유는 자연지형을 최대로 이용하였기 때문이다. 2007-2008년도에 위스콘신 대학팀이 중심이 되어 중성의 북문 근처 지점과 외부 해자에 대한 발굴조사가 실시되었다. 성벽 단면을 보면 최초 축성 시에는 토제와 같은 시설을 한 후 그 사이를 점토괴로 채워 수평을 맞추고 그 위에 물성이 다른 흙을 교대로 다진 모습이다. 그 후 수축하면서 상부를 평탄화하고 그 위에 판축과 유사한 형태로 수십 개의 얇은 층을 쌓아 올렸음을 확인할 수 있었다. 아마도 중국식 판축이 현지의 풍토에 맞게 변형된 것으로 판단된다. 이 작업은 남월 단계에 진행되었던 것으로 판단되며 중국식 판축(夯土) 기법이 남월을 통해 북부 베트남에 들어오면서 현지의 환경에 의해 일부 변형된 양상을 관찰할 수 있다. 중성 단면조사를 통하여 중성의 축조가 어우 락 단계에 축조된 것이지 한무제 이후가 아니란 점이 확실해졌다.

내성은 둘레가 1.7㎞ 정도이며 장방형 평면을 취하고 있다. 장변인 남벽과 북벽에 각각 7개, 단변인 동벽과 서벽에 각각 2개, 즉 총 18개의 치(雉), 혹은 마면이라고 불리는 돌출부가 마련되어 있다. 그 기능은 방어력을 높이기 위한 것이다. 내성의 축조 시점은 아직 알 수 없으나 자연지형을 고려하여 부정형이 된 외성, 중성과 달리 정연한 장방형 평면을 갖춘 점에서 중국의 영향이 보다 강해진 시점으로 추정해 볼 수 있다. 꼬 로아성이 후한(後漢)대에는 교지군 봉계현(封谿縣)에 비정되는 점을[68] 고려할 때 내성이 이와 관련된 시설일 가능성이 있다.

한편 내벽의 동남 모서리 부근에서 무게가 72kg이나 되는 대형 동고, 그리고 200점에 달하는 청동제 농공구와 무기가 발견되었다. 시기적으로는 동 손 문화기에 속하는데 꼬 로아성에서 발견되었다는 점은 이 유적이 베트남 문명의 중심이었음을 상징적으로 보여 준다. 동 손 문화기에 청동기 제작이 고도로 발전하고 전문화되었음을 보여 주므로 이미 이 단계에는 고대국가 직전 단계로 올라섰음을 의미한다.

한편 남문 바깥에서는 청동 노(弩: 활)가 1만여 점이나 발견되어 이 성이 외적에 대한 방어를 최대의 목적으로 하고 있었음을 잘 보여 준다. 방어력을 극대화한 대규모 성이 축조된 사회적 배경은 내부적인 성장과 주변 집단과의 경쟁이라고 할 수 있다. 아울러 성을 축조할 수 있는 토대로서 대규모 인력 동원, 이들을 먹여 살리는 쌀농사, 그리고 토목기술의 발달이 이미 이루어졌음을 알 수 있다. 자원의 동원 과정에서 높은 수준의 정치적 집중화가 이미 이루어지고 있으며, 국가적 차원의 대규모 노동력의 동원, 그리고 강력한 군사적 강제를 확인할 수 있다. 기원전 1000년기에 성벽과 해자를 갖춘 취락은 동남아시아에서 계층화된 사회가 출현하였다는 증거이다. 꼬 로아와 유사한 유적은 타이와 캄보디아에서도 발견되는데 말레이반도의 카오 삼 케오(Khao Sam Kaeo) 유적이 대표적이다. 베트남에 세워진 가장 이른 시기의 본격적인 방어용 성이면서 동시에 왕성이란 점에서 위만이 찬탈하기 이전 고조선 준왕의 왕성과 대비된다.

꼬 로아성은 출토된 봉니(封泥), 와전(瓦塼)류, 그리고 탄소연대 측

그림 9  꼬 로아성의 단면과 유물 – 꼬 로아성 박물관 (촬영: 필자)

정치를 종합해 볼 때, 대략 기원전 3세기경에 축조된 것으로 보이므로 베트남 측 사서에서 말하는 안 즈엉 브엉의 왕성일 가능성이 높다. 이 시기는 중국사에서는 전국(戰國) 말과 진대(秦代)에 걸쳐 있다. 따라서 한무제에 의해 영남칠군이 설치되기 이전에 이미 이 지역에서 동남아시아적 특성을 지닌 초기 국가가 발생하였음이 분명하다. 오히려 운남지역의 전, 베트남 중부의 사 휜 문화와의 상호작용이 확인된다.

압인문(押引文) 도기, 청동 노기, 기와 등의 유물을 통하여 중국 문화의 영향이 유입되는 단계도 그려 볼 수 있다. 우선 어우 락이 존재하면서 중국 문화의 영향이 유입되는 단계이다. 그다음은 월족과 한족의 연합 왕조인 남월에 의해 어우 락이 멸망하고 남월을 통하여 중국 문명이 유입되는 단계이다. 마지막 단계는 한무제에 의해 영남칠군 중 교지군이 하노이 일대에 설치된 이후이다.

## 2. 남월(南越)과 구군(九郡)

### 1) 남월국

진이 중국을 통일하고 남방에 군사적 압박을 가하자 백월 중 일부가 남하하여 어우 락에 합류하게 되었다. 진은 기원전 221년(혹은 214

해상 실크로드와 동아시아 고대국가

년) 영남지역에 남해(南海), 계림(桂林), 상(象) 등 3개의 군을 설치하였다. 영남이란 남령(南嶺)산맥, 혹은 오령(五嶺)산맥의 이남으로 현재 중국의 광동과 광서에 해당된다. 전통적으로 북부 베트남과 동일한 문화권이다.

진한 교체기에 접어들면서 진승(陳勝), 오광(吳廣)의 난이 발발하는 등 중국이 혼란에 빠지자 남해군 용천현령이던 조타가 계림군과 상군을 군사적으로 제압하고 독립하였다. 그는 번우를 도성으로 삼고 남월이라 국호를 정하였으며 스스로 무제(武帝)라 칭하였다.

남월은 기원전 170년 무렵 어우 락을 통합하고 꼬 로아 지역을 자신의 영역으로 편입하였다. 조타를 중심으로 한 소수의 중국계 지배층과 다수인 재지세력이 결합한 국가란 점에서 위만조선에 대응된다. 조타가 어우 락을 멸망시키는 과정을 전하는 전설은[69] 고구려의 호동왕자와 낙랑공주 이야기와 매우 흡사하다.[70]

조타가 건국 초기부터 한과 대등한 관계를 원했던 사실은 한에 대한 침략이나 자존의식 등을 통해 알 수 있다.[71] 베트남 역사에서 황제를 칭한 최초의 왕인 조타는 자신이 한의 고조(高祖)에 못지않은 권세와 능력을 가지고 있음을 과시하였다. 그의 이러한 인식은 후대에도 이어져 베트남의 역대 왕들은 대개 황제를 칭하였다.

6세기에 양나라에서 독립한 리 본(李賁)이 독립국을 세우고 황제를 칭한 것은 남북조시대에 중국의 황제가 항상 남북으로 둘 이상 존재함을 보면서 중국의 황제가 유일무이한 초월적 존재가 아니란 인식을 가지게 되었기 때문이다.[72] 이는 중국이 남북으로 분열된 남북조시대에 다원적인 천하질서를 목격한 삼국시대 지배층의 천하관과 비교할 만하다.[73]

남월은 5대에 걸쳐 100년 가까운 기간 동안 세력을 유지하였다. 남월의 왕성이 위치한 광주에서는 남월왕릉, 궁서(宮署)유적, 조선(造船)유적, 수갑(水閘: 방조제)유적 등이 발견되었다. 그중 조선유적을 제외한 나머지 3개 유적이 유네스코 세계문화유산에 잠정 등재되어 있는 상태이다. 위만조선의 왕릉과 왕성이 아직 발견되지 않은 상황에서 남월의 고고학적 유적은 위만조선의 문화를 이해하는 데에 큰 도움이 된다.

베트남의 역사만이 아니라 바닷길의 확장이란 거대 변화를 고려할 때에도 남월국(기원전 203-111년)의 성립과 멸망은 중대 사건이다. 남월국의 성립으로 인해 비로소 동남아시아와 동북아시아가 본격적으로 연결되기 시작하기 때문이다. 남월국은 한족과 월족의 연합왕조라고 부를 수 있는데 이 왕국의 성립을 계기로 한의 문화가 양광(광동, 광서)지역과 북부 베트남으로 확산되기 시작하였다.

이러한 변화를 잘 보여 주는 물적 근거가 남월왕 궁서유적(그림 10)과 남월왕릉(그림 11)이다. 궁서란 궁궐과 관서를 합한 용어인데 도심 한복판에 대한 발굴조사 결과 궁궐에 딸린 정원, 그리고 관청시설이 발견되었다. 정원시설은 비가 많이 내리는 기후에 맞추어 배수에 크게 공을 들인 특징을 보인다. 전돌과 다듬은 돌을 이용하여 유상곡수

그림 10   남월왕 궁서유적 (촬영: 필자)

의 형태로 곡선을 그리며 설계된 배수구, 정원건물 등이 조사, 복원된 상태이다. 전반적으로 한나라의 기와, 전돌, 건축기술이 대거 유입된 양상을 보인다.

복건성 무이산시(武夷山市)의 성촌(城村)이란 곳에 위치한 한성(漢城)은 민월왕성(閩越王城)으로 추정되는데, 판축한 성벽, 초석을 갖춘 건축물, 한식 도기, 다양하고 풍부한 와전의 사용 등이 역시 한나라 문화가 유입된 양상을 보여 준다.[74] 민월왕의 무덤으로 추정되는 대규모 고분이 주변에 존재하는데 구체적인 내용은 아직 알려지지 않았다.

남월왕릉은[75] 무제 조타의 손자인 조말(趙眜)의 무덤으로서 그는 문제(文帝)를 칭하였고 그 결과 남월왕릉에서는 "문제행새(文帝行璽: 문제의 새)"라는 글자가 새겨진 금인(金印)이 출토되었다.[76] 중국에서는 공식적으로 이 무덤을 남월왕묘(南越王墓)로 격하시키고 있지만 조말(문제)은 조부인 조타와 마찬가지로 황제를 칭하였으므로 남월왕릉이라 불러 마땅하다.

이 무덤은 1983년에 도굴되지 않은 채 발견되었는데 구조적으로는 측실과 전·후실 구조를 갖춘 굴식돌방무덤에 속하며 월족의 전통적인 묘제와는 판이하게 다르다. 월족의 한 부류인 민월이 분포하는 복건성의 인산 월왕릉(印山 越王陵)은 거대한 분구 안에 다듬은 각재로 단면이 인(人) 자처럼 생긴 목곽을 만든 구조인데 이 지역 민월의 수장, 혹은 왕의 무덤으로 추정된다. 이러한 형태의 목곽묘가 민월과 남월을 포함한 백월의 공통적인 묘제인 것인지, 유사한 무덤이 광주 일

해상 실크로드와 동아시아 고대국가

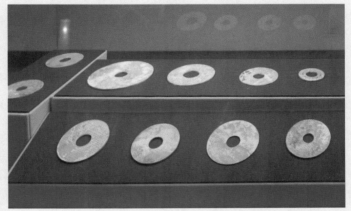

그림 11 남월왕릉과 출토 유물 – 남월왕릉 박물관 (촬영: 필자)

대에도 분포하고 있다.[77] 그런데 남월왕릉은 이와는 전혀 다른 횡혈식 석실묘이다.

유물은 수적으로나 질적으로 매우 탁월하다. 우선 한대 황제와 황족의 무덤에서 보이는 금루옥의(金縷玉衣)가 발견되었다(그림 12). 구리나 비단실이 아닌 금실을 사용하였다는 점에서 이 옥의는 최고 위계에 해당된다. 한식 도기의 영향을 받은 수많은 토기류와 함께 재지적인 전통을 잇는 토기도 부장되었다. 외래 기성품, 혹은 그 영향을 받은 기물도 주목된다. 특히 파르티아계 은합, 대상아(大象牙), 상아기(象牙器), 유리 용기(琉璃器), 마노제와 수정제 구슬, 평판유리 등은 서아시아-동남아시아의 영향을 강하게 보여 준다. 동쪽의 측실에서 발견된 2,100점의 유리구슬은 대부분 수입품으로 판단된다.[78] 그런데 화학조성분석이 실시된 4점은 납-바륨유리로 판정되었다. 납-바륨유리는 중국의 특징이므로 일부 유물은 중국 남부에서 들여온 것으로 보아야 할 것이다.

번우성은 현재 그 규모와 구조를 알 수 없고, 정방형 평면에 둘레가 5,000m 정도 될 것으로 추정될 뿐이다. 궁서유적은[79] 왕궁, 관청, 정원 등으로 구성되어 있다. 1995년, 1997년에 발굴조사가 진행되어 석조연못과 곡류하는 돌물길(석거)이 발견되어 그해의 중국 10대 발굴의 하나로 선정되었다. 2000년 조사에서는 2기의 궁터, 회랑, 배수시설과 우물 등이 발견되었다. 2004년에는 우물 속에서 남월국시기의 목간 100여 점이 발견되어 큰 주목을 받았다. 전체적으로 건축물의

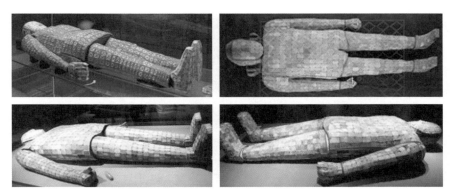

그림 12　서한대의 옥의 각종(좌상이 남월왕릉) (촬영: 필자)

구조는 물론이고 기와, 전, 도기 등 출토 유물의 형태와 제작기법에서 한화(漢化)가 상당히 진행된 모습을 보여 준다. 아직 발견되지 않은 위만조선의 왕검성이 어떤 모습을 보여 줄지 예상해 볼 수 있는 좋은 비교자료이다. 목간 중에는 "폐하(陛下)"와 "공주(公主)"라는 표현이 남아 있어서 남월왕릉의 "문제행새"와 마찬가지로 남월국이 칭제하였음을 보여 준다. 그 외에도 "번우", "남해" 등의 지명, "당태오십(當笞五十)", "부당태(不當笞)" 등의 법률 관련 용어도 중요하다.[80] 부장된 유물 중에는 동남아시아·남아시아의 향신료, 아프리카의 상아가 주목된다. 이미 이 시기에 원거리 교역이 진행되었음을 보여 주기 때문이다.

　남월을 와해시키기 위한 오랜 공작을 거쳐 한무제는 기원전 112년 노박덕(路博德)과 양복(楊僕)을 파견하여 침공을 개시하였고 이듬해 남월은 멸망하였다. 누선장군(樓船將軍)으로 참전하였던 양복은 기원전 109년 위만조선 공격에 나선다. 남월 멸망 후 곧바로 위만조선 침공에 나선 셈이다. 한의 입장에서 남월과 위만조선은 대외정책에서 동일한 침공 대상이었으며 두 국가는 공동운명체였던 셈이다. 이는 위만조선과 한의 교섭관계를 이해하는 데에 남월과 한의 관계에 대한 이해가 선행되어야 함을 말해 준다.

나아가 중국계 이주민인 조타 집단과 월족의 연합정권인 남월에 대한 이해가 역시 중국계 이주민과 조선의 연합정권인 위만조선의 국가적 성격과 지배층의 구성을 이해하는 데에 좋은 참고자료가 됨을 알 수 있다.

### 2) 영남구군

남월을 정복한 한은 기원전 111년 광동지역에 남해(南海), 광서지역에 합포(合浦), 창오(蒼梧)와 울림(鬱林), 베트남 북부에 교지(交趾), 구진(九眞), 일남(日南) 등 칠군을 설치하였다. 그다음 해에는 해남도에 주애(珠崖)와 담이(儋耳) 이군을 설치함으로써 영남구군이 완성되었고 이를 교지자사부(交趾刺史部)가 통괄하게 하였다. 남월의 영토에 설치된 구군과 위만조선 영토에 설치된 사군은 좋은 비교 대상이 된다.

교지라는 명칭은 남월국시기부터 시작되었고, 한무제가 남월국을 멸망시킨 후 그 영토를 교지자사부(후한 말에 '交州刺史部'로 개칭)의 통괄 아래에 두었는데 현재 베트남 영토에 설치된 것은 교지군, 구진군, 일남군이다. 하노이 인근의 루이 라우(룽 케)성은[81] 교지자사부의 치소로 거론되는 유적이다(그림 13, 14). 이 유적은 중국 운남성에서 기원한

그림 13   루이 라우성의 성벽 문지 (촬영: 필자)

홍강이 하노이 부근에서 두 개의 강으로 갈라지며 형성된 충적평야에 위치하는데 육로와 수로 모두 교통의 요충지이며 전략적으로 중요한 곳이다.

이루(嬴陲)등 총 10개의 현이 교지군 아래에 속해 있었다. 군치는 이루현에 두었는데 이루가 곧 루이 라우이다. 이곳에는 내지에서 부임한 교지군 태수에 의해 중국 문화가 빠르게 유입되었다. 특히 40-43년 사이에 치열하게 전개된 쯩 자매의 저항을 무력으로 진압한 복파장군 마원(馬援) 이후 안정적인 후한의 통치가 시작된 듯하다. 마원은 운남과 베트남을 연결하는 홍강 루트, 그리고 광서와 베트남을 연결하는 육로를 개척하였다. 후한 말 혼란기에 교지군 태수로 부임하여

그림 14   하노이 인근 루이 라우성 내부 전경 (촬영: 필자)

40년간 이 지역을 통치한 사섭(士燮)에 의해 그 일족의 지배력이 강화되었고 루이 라우는 남해 교역의 중심이 되었다.

## 루이 라우성[82]

베트남 북부 박 닌성에 소재하는 루이 라우성은 다우(Dau) 강변의 완만한 자연제방 위에 있다. 이 성은 한이 설치한 교지군에 속하는 현 중에서 가장 앞에 나오면서 군치의 역할을 한 영루현(嬴陵縣)으로 여겨지며, 3세기경 베트남 북부에서 반자치적인 세력을 형성하였던 사섭의 거점이기도 하다. 장기간의 발굴조사를 통해 중국의 군현지배를 이해

그림 15  루이 라우성 옆에 세워진 교지군 관련 중국 관리의 비 (촬영: 필자)

하는 데에 도움을 주는 자료가 출토되었다. 주변에는 많은 무덤이 분포하는데 중국적 영향과 재지적 요소가 혼재하여서 한반도 서북지방의 낙랑, 대방의 전실묘와 비교된다. 전한대에 해당되는 무덤의 비중은 그리 높지 않으나 왕망(王莽)의 신대(新代)를 지나 후한대의 무덤은 급증한다.[83]

　토성이 축조되기 이전에 해당되는 동 손 문화기 동고가 발견되어 교지군 이전부터 중요한 곳이었음을 알 수 있다. 성의 형태는 평면 장방형이며 외성과 내성으로 구성된 이중구조로서 외성 바깥에는 해자가 둘러져 있다. 외성 북벽은 603m, 남벽 512m, 동벽 268m, 서벽 290m이고 잔존 높이는 2-5m, 성벽 기저부 폭은 20-40m, 정상부의 폭은 5-10m 정도이다.[84]

이 성에 대한 고고학적 조사는 1937년 프랑스 학자에 의해 시작되었고 그 후 1954년부터 베트남 측 연구자들에 의해 장기간 발굴조사가 진행되었다. 조사 지점은 성 안과 바깥에 걸쳐 광범위하게 퍼져 있으며 발견된 유구도 주거지, 무덤, 신앙종교시설, 금속기 공방, 도로 등 다양하다. 성의 동편에는 대규모 고분군이 위치하고 있다. 20세기까지는 100기 이상이 분포하였지만 현재는 도굴로 인해 많이 훼손되었다. 무덤의 시기는 한대(漢代) 이후 육조, 당에 이르는 장기간에 걸쳐 있는데, 그중에는 문자전(文字塼)과 화상전(畵像塼)으로 축조한 무덤도 포함되어 있다.

성 내부의 약간 볼록한 지점은 내성으로 추정되는데 이곳에서 많은 와전류와 도자기가 발견되었다. 와당의 문양은 운문, 연화문 등과 함께 중국 남경의 동오-동진시기 유적에서 출토되는 인면문(人面文)이 포함되어 있다. 인면문 와당은 이 유적 이외에 베트남 중부의 짜 끼에우(Tra Kieu)성, 타인 호아(Thanh Hoa)성의 탐 토(Tam Tho) 가마와 한묘에서 발견된다. 남경의 동오-동진대에 이와 유사한 와당이 많이 발견되었기 때문에 중국적인 영향으로 보아야 할 것이다. 반면 일부 토기와 다리가 달린 돌접시는 인도에서 기원한 것으로서 베트남 남부의 옥 에오에서 유사한 유물이 발견되기 때문에 인도 기원의 물자가 옥 에오를 거쳐 루이 라우에 도달한 것으로 볼 수 있다.

후한 말-동오대의 사섭 정권기에 루이 라우는 크게 발전하였으며 그에 대한 추앙은 장기간 이어져서 지금도 루이 라우성 안팎에 사왕묘(士王廟와 士王墓)가 남아 있다. 서진 이후 교지지역은 쇠락해 갔고 남

해상 실크로드와 동아시아 고대국가

쪽으로부터 참파의 공격을 받으면서 더 이상 예전의 모습을 찾지 못하였다. 544년 리 본이 스스로 남월제(南越帝)를 칭하면서 독립하였으나(萬春國, 前李朝) 곧 진압되었고, 679년 하노이(宋平縣)에 안남도호부가 들어서면서 교지군, 루이 라우는 쇠락하게 되었다.

합포군이 설치된 중국 광서성 북해시 합포 일대에도 수많은 한묘가 분포하며 많은 수가 발굴조사되었다. 무덤의 구조는 전형적인 한묘의 범주에 포함되고 유물 부장 양상도 유사하다. 다만 지역적인 특색도 보이며 광주와의 공통적인 요소도 강하다. 여기에서 주목되는 것은 다른 지역에서 볼 수 없는 다량의 유리구슬이다.

한대 이후 무덤 부장품으로 유리구슬이 집중되는 지역은 광동성과 광서성이다. 2004년도 중국 남방지구에서 출토된 총 2만 1점의 유리제품에 대한 집계 결과, 광서가 1만 3407점, 광동이 5,271점이어서 3위인 운남의 1,151점을 압도하고 있다.

중국의 북부 베트남 지배와 관련하여 직접지배가 이루어지는 지역은 제한적이었고 대부분의 지역은 낙장(雒長)과 낙후(雒侯) 등 재지세력을 통한 간접지배였다.[85] 이런 까닭에 고유의 전통과 습속이 유지될 수 있었다. 하지만 한의 지배방식에 저항하는 쯩 자매 주도의 대규모 항쟁이 발생하고 이를 토벌한 마원은 군현지배를 강화하여 낙장과 낙후를 폐지하였다.[86] 군현제의 실시, 지배방식 등에서 칠군과 사군은 공통점이 많다. 이런 점에서 답보 상태에 빠진 한사군 연구는 칠군에 대한 이해를 통하여 돌파구를 찾을 수 있을 것이다.

## 쯩 자매의 항쟁

하이바 쯩이라고 불리며 베트남 국민들에게 민족적 영웅으로 추앙받는 쯩 짝(徵則)과 쯩 니(徵貳) 자매는 교지의 낙장층(雒長層) 출신이다. 역시 같은 낙장층인 티 싸익(詩索)과 쯩 짝이 혼인하자 교지군 태수 소정(蘇定)은 재지인들의 연합과 항거를 두려워하여 티 싸익을 체포하고 살해하였다. 이에 분노한 쯩 짝과 쯩 니 자매는 40년 무렵 반란을 일으켰고 이에 교지는 물론이고 구진, 일남, 합포까지 호응하여 단기간에 65성을 차지했다. 쯩 짝은 자립하여 왕이 되었고 여장군인 도 즈영, 낫난, 레 쩐 등이 그녀를 도왔다. 42년에 후한은 당대 최고 명장인 복파장군 마원을 파견하였고, 결국 쯩 짝의 군대는 패배하여 43년에 쯩 자매는 살해당하였다. 하지만 베트남 민중들 사이에는 쯩 자매가 죽은 것이 아니라 한나라 군대를 피하여 깊숙이 숨었다는 전승이 생겼다. 외세에 저항한 민족적 영웅의 비극적인 죽음을 인정하고 싶지 않은 마음에서 비롯된 이야기일 것이다. 현재도 하노이 시에 쯩 자매를 모시는 하이바 쯩 사당이 있어서 참배객의 발길이 끊이지 않으며, 음력 2월 6일에 큰 제사를 지낸다고 한다.

마원은 지배방식을 전환하여서 재지의 수장층에게 일정 부분 통치권을 위임하던 종전 방식에서 벗어나 낙장·낙후제도를 폐지하고 그 자리를 한인으로 채웠다. 농업 생산력을 높이기 위하여 제방을 쌓는 등 치수사업에 성공하여 홍강의 만성적인 범람을 해결하였고, 동물의 분뇨를 이용한 농업을 보급시켰다. 그러나 한의 침략에 대한 재

해상 실크로드와 동아시아 고대국가

지인의 저항은 이후에도 계속되었다.[87] 248년 구진에서 일어난 찌에 우 어우(趙嫗)라는 여성 주도의 항쟁 역시 쯩 자매의 난의 복사판이라고 할 수 있다.

한을 이어 삼국과 서진, 동진으로 이어지는 시기의 베트남 북부와 한반도의 양상은 유사한 점이 많다. 재지세력의 성장, 중국 문화의 확산과 선택적 수용 등이 그것이다. 이 점에서 교지삼군의 남측에서 성장하던 재지집단의 양상은 한반도 중부 이남 한족(韓族)의 성장 과정과 대비된다.

월족의 중심지 중의 하나인 광주에는 전한 이후 많은 중국계 이주

그림 16  하이바 쯩 사당 (촬영: 필자)

민이 이주해 오면서 한 문화가 이식되었다. 삼군이 설치된 북부 베트남에는 교지를 중심으로 많은 중국계 이주민이 정착하였다. 이들은 한의 지배에 편승하여 가혹한 수탈의 앞잡이 노릇을 한 부류와, 현지화하여 재지인들과 함께 학정에 반항하는 부류 등 다양한 스펙트럼을 보인다. 184년에 교주자사가 된 이진(李進)은 이 지역에 이주한 한인의 후예로서 중앙 정권에 대항하여 독자적인 세력을 구축하려는 움직임을 보인다.

여기에서 사섭과 그 일족의 동향이 주목된다. 사섭은 2-3세기에 활동한 인물이다. 원래 그의 집안은 산동 출신인데 왕망시기의 혼란을 피하여 남으로 이주하여 광서에 자리 잡았다고 한다. 아버지 사사(士賜)는 일남태수(日南太守)를 거쳤으며 사섭은 186년 교지태수가 되었다. 사섭과 그 일족은 중국이 삼국시대로 접어든 이후에 교주지역의 지배권을 장악하고 있었다. 동오의 손권은 사씨세력을 제거하기 위하여 사섭 사후 그 아들들을 살해하고 교지를 직접 지배하게 된다. 이때 일남에서는 참족에 의한 침략이 시작되면서 참파가 건국되었고 교지와 대치하게 된다.

### 얀세자료와 전실묘

스웨덴의 올로브 얀세(Olov R. T. Janse)는 1930년대에 3회에 걸쳐 베트남에서 고고학적 조사를 실시하였다. 그 유물이 현재 하버드대학 피

해상 실크로드와 동아시아 고대국가

바디박물관과 베트남 호찌민박물관에 분산 수장되어 있다. 돈 손 문화로 대표되는 베트남 북부의 고유한 청동기문화에 한의 문화가 유입되면서 어떠한 변화를 겪었는지를 보여 주는 좋은 자료이다. 특히 각지의 한묘에서 출토된 부장품들이 함께 보관되어 있어서 무덤의 변화 과정에 따른 부장품의 변화 양상을 파악할 수 있는 장점이 있다. 이 자료에 대해서는 일본인 연구자들이 미국과 베트남을 방문하여 상세한 정리작업을 진행하여 연구에 활용할 수 있도록 하였다.

얀세가 3차 조사에서 발굴한 베트남 북부 타인 호아성의 한묘는 2-3세기경에 축조된 것으로서 공간적으로는 구진군의 범위에 포함된다. 시기가 올라가는 목곽묘도 있으나 대부분은 전실묘이며 길이는 10m 이하의 중소형급, 구조는 터널형 단실묘가 많다. 이 점에서 홍강 델타 주변에서 발견된 대형이며 다실(多室)의 전실묘와는 차이가 있다. 중국 영토의 동 시기 전실묘와 비교할 때 유사한 점도 많지만 유물 부장 양상은 현저한 차이를 보이고 있어서 동 손 문화 이후의 전통적인 사회구조와 장례풍습이 유지되었음을 알 수 있다.

후한에서부터 동오를 거쳐 서진, 동진에 이르는 시기에 이 지역에 지속적으로 중국 문물이 유입되었다. 이를 상징하는 가시적인 유적이 광주에서 베트남 북부에 걸쳐 있는 한묘들이다. 목곽묘와 전실묘로 구성되어 있는데 후자의 수적 비중이 더 높으며 시기적으로 2세기 중엽-3세기 초에 해당되는 것이 많다. 무덤에서 출토된 부장품(도기, 청동용기, 철기, 오수전 등)과 무덤의 구조는 중국 남부의 한묘와 강한 공통성을 띠고 있다. 그럼에도 불구하고 베트남 북부만의 고유성이 관찰되

그림 17   베트남 북부에서 발견된 한대 이후 중국 유물 – 하노이 국립박물관 (촬영: 필자)

는데 이는 당시 사섭 정권의 성격을 반영하는 셈이다.[88]

베트남 북부에서 발견되는 한식 도기, 박산로(향로)와 거울 등의 문물은 교지삼군의 설치에 의한 변화로서 낙랑군과 대방군을 경유하여 중국 문물이 고구려, 백제, 가야, 왜 등으로 확산되던 동북아시아의 양상과 대비된다.

---

### 전문도기(錢文陶器)와 계수호(鷄首壺)

전문도기란 유약을 바른 중국제 시유도기 중 표면에 동전무늬를 눌러 찍은 부류를 말한다. 아직 구운 온도가 자기(磁器)의 수준으로까지는 올라가지 못하여 도기로 분류되며 겉은 단단하지만 단면의 벽심은 푸석푸석한 수준이다. 그런데 중국제 전문도기가 무슨 연유인지 마한과 백제 유적에서 자주 출토되고 있다. 대표적인 예가 서울의 몽촌토성과 풍납토성이다. 특히 풍납토성에서 많은 양의 완형 전문도기가 출토되면서 이 유물을 통하여 마한(백제)과 중국 왕조의 교섭 시점, 백제의 국가 형성 과정을 추적하는 연구가 진행되었다.[89]

---

과거에는 한반도 출토 전문도기의 연대를 대부분 서진대에 국한시켜 파악하였으나 발굴조사 성과가 축적되면서 이러한 견해가 잘못되었음을 알게 되었다. 우선 한반도에서 전문도기가 출토된 사례가 홍성 신금성 유적, 공주 수촌리 고분군, 부안 죽막동 제사유적 등 4-5세기 유적으로 확산되었다.[90] 심지어 6세기 전반에 해당되는 해남 용

두리와 함평 마산리의 전방후원형 고분에서도 전문도기가 출토되면서 지역적으로는 영산강유역, 시기적으로는 6세기까지 내려옴을 알게 되었다. 중국의 남경에서도 4-5세기에 해당되는 자료가 많이 보고되면서 전문도기의 시간 폭은 넓어졌다.

상한에 대해서는 동오가 주목되었지만 시야를 넓혀 보면 광동성 광주의 남월시대 가마에서 전문도기가 발견된 바 있으며[91] 광서성 합포의 한묘에서도 전한대부터 등장하고 있다. 따라서 중국에서 전문도기의 제작과 사용은 전한대부터 남조까지 이루어진 것으로 보아야 한다. 그런데 전문도기가 현재의 중국 영토 바깥에서 발견되는 것은 베트남 북부와[92] 마한-백제권역에 한정되어 있다.

하노이 국립박물관에는 수 점의 중국 육조 청자가 전시되어 있는데 그중에는 닭의 머리를 붙인 일종의 주전자인 계수호, 즉 천계호(天鷄壺)가 있다. 전체적인 형태를 볼 때 동진대에 제작된 것으로 보이며 이와 유사한 유물이 광주의 동진묘에서 발견된다.[93] 그런데 청자와 흑자 천계호는 천안 용원리, 공주 수촌리 등 4-5세기 백제 고분에서 자주 발견된다. 동진대의 천계호가 광주와 베트남 북부, 그리고 백제권역에서 발견되고 있는 것이다.

## 3. 참파(Champa, 林邑)

### 1) 역사

한반도 서북지방에 설치된 군현을 통하여 한반도의 나머지 지역과 일본열도에 중국계 문물이 유입되고 중국 문명이 확산되었듯이 베트남에서도 교지, 구진, 일남과 현지인의 교섭을 통하여 중국 문명이 확산되었다.

참파는 일남군의 남쪽, 베트남 중부의 해안지대를 무대로 성장한 참(Cham)족이 주체가 된 국가이다. 참족은 오스트로네시아어(Austronesian Language)를 사용하였으며,[94] 기원전 500년 이후 발전한 초기 금속문화인[95] 사 휜 문화를 기초로 발전하였다.[96] 오스트로네시아어족은 아시아 바다의 주역으로서 아시아를 넘어 동으로는 이스터섬, 북으로 하와이 제도, 남으로 뉴질랜드, 서로는 아프리카의 마다가스카르까지 확산되었다.[97]

참족이 주체가 된 집단은 중국 역사에서 "임읍(林邑)"으로 나타난다. 남월을 멸망시킨 한이 영남구군을 설치하면서 이들과 중국과의 교섭이 시작되었는데, 교지·구진·일남이 주요 대상이었다. 137년 일남군 외곽의 쿠 리엔(區憐, 區蓮) 등 수천 명이 교지군을 공격하였고, 192년에도 공격하여 일남을 점령하고 구진을 침입하는 등 세력을 떨

그림 18  다양한 참파 조각 – 호찌민 국립박물관 (촬영: 필자)

쳤다. 참파는 3세기 중엽경 일남의 대부분을 점령하고 구진의 변경까지 침입하였으며[98] 마침내 베트남 중부를 거점으로 삼아 남부의 메콩강 델타지대를 차지하고 중국, 말레이반도, 인도를 연결하는 항시국가로 성장하게 된다. 『양서』와 『수서(隋書)』 등 중국 사서에 나타난 참파의 모습은 인도적인 색채가 강하게 나타나며, 인도 문화의 영향 속에서[99] 산스크리트어인 참파를 국명으로 삼게 된다.

4세기 이후 참파는 동진과 화전 양면의 교섭을 전개하였다. 372년 백제의 근초고왕이 동진과 공식적인 국교를 개시한 바로 그해에 참파왕도 동진에 사신을 보내고 있다.[100] 5세기에 접어들면서 교지를 공격하고, 6-8세기에도 중국과의 공방전이 이어졌다. 참파의 전략적 목적은 해상 교역로의 지배를 위해 베트남 북부로 진출하는 것이었다.

『남제서(南齊書)』에 의하면 "남이(南夷) 임읍국은 교주의 남쪽에 있는데 바닷길로 3,000리를 가고 북으로는 구덕군(九德郡)과 연하여 있는데 진대의 고임읍현(故林邑縣)이었다. 한말에 왕을 칭하고 진(晉) 태강(太康) 5년(284년) 처음으로 공물을 헌납하였다. … 금산(金山)이 있는데 금즙이 물가로 흘러나온다. 이건도(尼乾道: 자이나교)를 신봉하여 은으로 된 사람의 형상을 주조하였는데 크기가 열 사람이 껴안을 정도였다. 원가(元嘉) 22년(445년) 교주자사 단화지(檀和之)가 참파를 정벌하였는데, 그 왕인 양매(陽邁)가 금 1만 근, 은 10만 근, 동 30만 근을 내고 일남의 땅으로 돌아가려 하였다. … 영명(永明) 9년(491년) 사자를 보내어 금실로 짠 돗자리 등의 물품을 공물로 바치니 조서를 내려 지절도독연해제군사 안남장군임읍왕에 제수하였다.

영명 10년(492년) 저농(諸農)을 지절도독연해제군사 안남장군임읍왕으로 봉하고 건무(建武) 2년(495년)에 진남장군으로 승진시켰다. 영태(永泰) 원년(498년) "저농이 조회에 참여하여 나아가다가 익사하자 그 아들 문관(文款)을 가절도독연해제군사 안남장군임읍왕에 봉하였다"고 한다.

참파와 남조 국가들과의 사이에서는 평화와 분쟁이 반복되었다. 『양서』에 의하면 무제 천감(天鑑) 11년(512년) 4월에 참파국이 푸난, 백제와 함께 사신을 보냈다고 한다.

한편 『일본서기』에는 641년 곤륜 사신과 백제 사신 사이에서 벌어진 분쟁이 소개되어 있는데 분쟁의 원인은 기록되지 않았다. 곤륜은 동남아시아를 포괄적으로 지칭하는 명칭이다. 실제로 베트남 남부에는 곤륜도라는 섬이 있다. 베트남 명칭으로는 꼰 다오(崑島)이며 서양인들에게는 뿔로 꼰도르(Pulo Condor)라고 불리는데 동남아시아와 동북아시아를 잇는 해상로에서는 매우 중요한 이정표 역할을 하였다고 한다.[101] 이런 까닭에 곤륜은 동남아시아를 포괄적으로 칭하는 명칭이 된 것이다.

그런데 641년의 사건에서 곤륜은 참파를 가리킬 가능성이 높다. 이 시기에 푸난은 이미 멸망하였고 스리위자야는 아직 전성기를 맞지 아니하였기 때문이다. 736년 참파 출신의 불철(佛哲, 佛徹)이 일본 나라의 대안사(大安寺)에 거주하면서 일본인들에게 범어와 참파 음악인 임읍악(林邑樂)을 가르친 사실, 그리고『속일본기(續日本紀)』에 전하는 견당사 평군광성(平群廣成)이 표착한 곤륜이 바로 참파일 가능성이 크다는 점도 참고된다.

중국에서는 참파를 8세기 후반-9세기 전반에는 환왕(環王), 9세기 후반 이후에는 점성(占城)이라 불렀다.[102] 점성은 인도풍 국호인 참파나가라(占婆城)의 약칭일 것이다.『송사(宋史)』점성국조(占城國條)에 "장미수를 의복에 뿌려 두면 향이 그치지 않고 석유에 물을 부으면 화세가 점점 더 왕성해진다. 장미수나 석유 모두 유리병에 담아 둔다"라는 기사가 있는데, 이 유리병은 이슬람 유리로 추정되므로 바닷길을 통해 이슬람세계와 연결되었음을 보여 준다. 9세기에는 중국의 무역도자를 취급하여 월요 청자(越窯 靑磁), 정요 백자(定窯 白磁)를 운송하였는데 당시의 대표적인 항구가 호이안이다. 호이안에는 중국과 일본의 상인들이 거주하던 시가지가 지금도 남아 있다. 고려 정종 6년(1040년)에는 대식국(大食國), 즉 아랍의 상인인 보나합(保那盍, Barakah) 등이 수은, 용치(龍齒: 거대 포유동물의 치아로서 약재로 사용됨), 점성향, 몰약, 대소목(大蘇木) 등을 바쳤다고 하는데,[103] 이때의 점성향은 참파에서 생산된 향일 것이다.

9세기 후반에 인드라브라만 2세는 꽝 남(Quang Nam)의 돈 즈엉에 새로운 수도인 인드라푸라(Indrapura)를 건설한다. 이 도성은 동서 길이가 1,300m로서 그곳에 커다란 힌두-불교사원이 건설되었고, 짜 끼에우와 미 썬(My Son)에서도 사원의 조영이 계속된다. 미술사가들은 이

그림 19 미 썬 E1 양식 제단
(좌)과 돈 즈엉 유적 출토 여인
상(우) (고정은, 2010; 2012에서)[104]

8-10세기의 미 썬 E1양식(그림 19의 좌), 돈 즈엉 양식(그림 19의 우), 후기 짜 끼에우 등을 참파 조각의 최성기로 본다.[105] 988년 무렵 인드라브라만 5세는 남방의 비자야(현재의 빈 딘성)에서 즉위하고 이후 15세기까지 이곳이 참파의 중심이 된다. 중국 사료에서는 이곳을 신주(新州), 꽝 남 방면을 구주(舊州)라고 부른다. 당시 남중국해 교역은 급속히 발전하고 있었고 고급 침향의[106] 산지인 중부고원을 차지하기에는 꽝 남보다 빈 딘(Bin Dinh)이 더 유리하였다고 한다.[107]

10세기 이후에는 베트남 북부의 대월(大越, 다이 비엣), 캄보디아의 크메르(眞臘, Zhenla)와 치열한 항쟁을 전개하면서 영토와 중심지의 변화를 겪었지만 참파는 망하지 않고 1832년까지 그 명맥을 유지하였다. 참파가 쉽게 망하지 않은 이유는 그들이 하나의 단일한 정치체가 아니라 각지에 거점을 둔 항시의 연합체였기 때문이다.[108] 장기간에 걸친 참파의 역사에서 왕통이 하나로 이어졌을 가능성은 매우 적다. 왕계의 대체, 주도적인 항시의 교대 등이 근본적인 원인이다.

참파는 유역(流域)권력의 연합체이고 삼불제(三佛齊)는 해협항시의

해상 실크로드와 동아시아 고대국가

연합이었다. 자와 왕조, 타이, 독립 초기의 북부 베트남 역시 소규모 지방권력의 위에 군림하는 형태였다. 이러한 국가 형태를 "만다라"로 표현한다. 동남아시아에서는 해상 교역을 기반으로 한 경우와 농업을 기반으로 한 경우 모두 공통적으로 "약하게 유동하는 전근대국가, 왕권"으로 표현할 수 있다.[109]

1225년에 작성된 『제번지(諸蕃志)』는 점성, 즉 참파의 속국으로서 여러 명칭을 나열하였는데, 그중에는 짜 끼에우, 인드라브라만 등 옛 정치 중심지도 있고, 일정한 독립성을 지닌 정치체들도 있다. 따라서 천도, 혹은 정치 중심지의 이동이 순조롭게 진행되었음을 알 수 있다.

15세기 무렵의 참파의 사정을 전해 주는 자료가 『영애승람(瀛涯勝覽)』이다. 이 책은 정화(鄭和)의 원정에 수행하여 통역 임무를 담당하던 마환(馬歡)이 찬하였으며, 그는 자신이 목격한 지역(동남아시아, 남아시아, 서아시아)의 인물, 풍속, 물산, 제도 등을 정리하였다. 책에는 총 20개국에 대한 설명이 있는데 그중 점성, 즉 참파에 대한 내용을 요약하면 아래와 같다.

"그 나라는 복건의 복주에서 배로 출발하여 풍향이 잘 맞으면 10일이면 도착한다. 남으로는 진랍, 서로는 교지의 경계에 접하고 동북은 대해에 임한다. 국왕은 불교를 신앙하고 머리에는 뾰족한 금세공이 3개 붙어 있는 아름다운 화관을 쓴다. 기후는 항상 덥고 … 초목은 언제나 푸르다. 산에서는 오목(烏木),[110] 가람향(伽藍香),[111] 관음죽(觀音竹),[112] 강진향(降眞香)[113] 등이 생산된다. 오목은 아주 검은색이어서 다른 나라 산품보다도 뛰어나고 가람향은 이 나라 어떤 큰 산에서만 산출되는데 천하 어디에도 다른 곳에서는 나오지 않으므로 그 값이 매우 높고 은으로 교환한다. 관음죽도 다른 곳에서는 나지 않는다. 서각(犀角: 코뿔소의 뿔)과 상아도 많다. 서(犀)는 수우(水牛: 물소)와 비슷한데 큰 놈은 700-800근이나 되고 전신에 털이 없고 비늘이 있어서 두꺼운 가죽을 입고 있고 발굽은 3개로 나뉘고 머리에는 뿔이 코 위에 하나 나 있다. … 사람들은 대부분 어로에 종사하고, 농경에 종사하는 자는 드물며 도미(稻米)는 적다. 토산의 쌀은 입자가 가늘고 길며 홍색이다. 이곳에서 이루어지는 매매교역에는 칠분금 혹은 은을 사용한다. 중국의 청자 그릇, 비단, 구슬 등을 소중히 여겨 칠분금과 교환한다. 항상 서각, 상아, 가람향 등을 중국에 진공한다."[114]

역시 정화의 원정에서 통역을 담당했던 비신(費信)은『성차승람(星槎勝覽)』을 저술하였다. 여기에도 참고할 내용이 많은데『영애승람』과 대동소이하다.

참파가 10세기 이후 북으로 대월의 지속적인 압박에도 불

그림 20  압사라이(힌두교의 무희) – 다낭 참 조각박물관 (촬영: 필자)

해상 실크로드와 동아시아 고대국가

구하고 쉽게 망하지 않은 또 하나의 이유로는 당송 변혁기 이후 새로운 경제 중심으로 부상한 양자강 하류역에서 복건과 광동을 거쳐 바다로 나아갈 때 가장 먼저 도착하는 곳이 참파라는 점, 그리고 참파의 특산물인 침향이 당시 국제무역에서 큰 비중을 차지하였다는 점을 들 수 있다. 참파와 크메르(진랍)의 향은 중국으로 집산되었다.[115] 1156년 참파가 송에 보낸 6만 5391근의 각종 향목 가운데 저품질의 침향인 오리향(烏里香)이 무려 5만 5020근이나 포함되어 있던 점이 주목된다. 참파가 완전히 멸망한 시점은 1832년이고 멸망 후에는 참족이라 불리는 소수민족의 형태로 베트남 남부 산간지대에서 명맥을 유지하고 있다.

## 2) 중요 유적

참파의 중요 유적으로는 왕성인 짜 끼에우 유적,[116] 건축유구인 고깜 유적[117]을 들 수 있지만, 참파 문화를 대표하는 사원유적은 다양하다.[118] 그 대표적인 것이 다낭의 미 썬 유적이며[119] 이 외에도 많은 사원 건축과 우수한 조각을 남겼다.[120]

### (1) 짜 끼에우성

짜 끼에우성은 투 본(Thu Bon)강 유역에 입지하며 항구인 호이안에서 내륙으로 18km 정도 들어온 지점에 해당된다. 투 본강의 지류인 바 렌(Ba Ren)이라는 작은 하천의 둑을 따라 유적이 입지하는데 부 차우(Bu

그림 21  부 차우 언덕에서 바라본 짜 끼에우성 (촬영: 필자)

Chau)라는 언덕에 인접해 있다. 이 언덕은 고대 심하푸라(Simhapura)성
으로 인정되며 이곳에서 주변이 모두 조망된다(그림 21).

짜 끼에우성에 대한 조사는 프랑스 지배시기에 프랑스 학자들에 의
해 시작되었다. 그들은 19세기 후반부터 베트남 중부 꽝 남성 투 본현
에 위치한 한 성에서 산스크리트어와 참족 언어의 조상 격인 오스트
로네시아어로 적힌 석비, 시바와 부처에게 바친 사원을 다수 발견하
였다.

프랑스 학자들은 사 휜 문화와 참파의 관련성을 부정하였지만
1954년 베트남이 해방된 이후 베트남 학자들은 짜 끼에우 유적을 조
사하면서 사 휜 문화의 발전과 북쪽으로부터 중국의 영향이 더하여져
서 2세기 무렵부터 참파가 대두한 것이라고 주장하였다. 사 휜 문화

해상 실크로드와 동아시아 고대국가

그림 22  짜 끼에우성 출토 중국 거울(상)과 인면문 와당(하) (촬영: 필자)

와 참파의 연속성에 대한 주장은 1990년대 이후 영국과 일본 연구자들이 조사에 합류하면서 정설로 인정받게 되었다.

짜 끼에우성은 동서가 긴 장방형 평면을 띠고 있는데 동서 1,500m, 남북 550m의 규모이다. 사용시기는 2-4세기 무렵으로 추정되며 전돌을 이용하여 성벽을 축조하였다.[121] 몇 차례의 발굴조사를 거쳐 많은 유물이 출토되었다(그림 22). 중국 한의 도기, 송의 도자기, 17세기 일본 자기 등 시기 폭이 매우 넓은데, 기원전 3세기에서 기원후 1세기 무렵의 인도-로마식 점선문 토기가 주목된다. 이 토기는 동인도 아리카메두(Arikamedu)에서 많이 발견되며 발리, 자와 서북지역에서도 발견되어 원거리 교역을 증명하는 중요한 유물이다.[122] 이 외에 이 유적에서는 인도-태평양 유리구슬도 다량 발견되었다.

중국에서 수입된 유물은 도자기, 동경 등이 있고 와전류도 주목된다. 특히 인면문 와당은[123] 건강성(建康城: 현재의 강소성 남경) 일대에서 동오-동진대에 많이 사용되었는데 앞에서 언급한 교지군치(交趾郡治)인 루이 라우성, 그리고 백제 한성기 왕성인 서울 풍납토성에서도 발견되었다. 교지군치, 참파의 왕성, 그리고 백제 왕성에서 공통적으로 동오-동진의 영향을 받은 인면문 와당이 출토되는 점은 중국 육조문화가 동남아시아와 동북아시아에 유사한 형태로 확산됨을 보여 준다는 점에서 매우 흥미롭다.

『남제서』임읍전에 의하면 "서진대에 일남 오랑캐의 우두머리 범치(范稚)의 노복 문(文)이 자주 장사를 하면서 중국의 제도를 보고 입음

왕 범일(范逸)을 가르쳐 성지누전(城池樓殿)을 건설하도록 하였다"고 한
다. 이러한 기록은 당시 참파가 중국의 영향을 받은 성곽을 축조하게
된 배경을 보여 준다.

성 내부에서 채집된 목탄시료의 탄소연대를 측정한 결과, 그 연대
가 기원전으로 올라갈 가능성이 있는데 이는 성의 축조시기를 말하는
것은 아니고 성 내부에서 사 휜 시기부터 이미 인간의 거주가 시작되
었음을 말해 주는 것이다.

7세기 이후 짜 끼에우는 거대한 성벽을 갖춘 도시로 발전하는데
이것이 바로 중국 문헌에서 이야기하는 참파의 왕성인 심하푸라일 것
이다. 프랑스 학자들이 부 차우 언덕 주변에서 발굴한 석상, 주춧돌,
링가(Linga: 힌두교 시바 신의 상징으로서 남성 성기의 모습을 띤다)와 요니(Yoni:
여성 성기의 모습을 띤 링가의 대좌) 등이 이와 관련될 것이다. 이 중 일부는
현재 다낭의 참(Cham) 조각박물관에 전시되고 있다.


### (2) 미 썬 사원

참파는 힌두교와 불교를 믿었고 그 결과 수많은 사원건축이 베트
남 중부의 후에(Hue)에서부터 남부의 판 랑(Phan Rang)에 이르는 지역에
남아 있다. 대개 7세기부터 16세기에 걸쳐 축조된 것이 많다. 방형의
탑에 피라미드형 상층지붕을 올린 석조건축물이 참파 건축의 특징이
다. 참파 건축은 미 썬 유적군, 꽝 남 유적군, 빈 딘 유적군, 뽀 나가르
(Po Nagar) 유적군, 뽀 하이(Po Hai) 유적군, 그리고 왕궁 멸망기 유적군

그림 23  미 썬 유적(상)과 참 조
각박물관의 조각상(하) (촬영: 필자)

으로 나뉜다.[124]

이 중 가장 중요한 것이 미 썬 유적이다(그림 23). 이 유적은 짜 끼에 우의 남서쪽 14㎞ 거리에 위치한다. 주변은 산으로 둘러싸여 있고 북측에는 짜 끼에우에서 호이안으로 흐르는 투 본강의 지류가 흐른다. 982년 북쪽의 대월과의 전쟁에서 많은 건물이 파괴되었고, 베트남 전쟁 기간에도 미군의 폭격으로 심하게 파괴되었다. 현재 유네스코 세계문화유산에 등재되어 있으며 7-13세기에 걸쳐 축조된 40기 정도의 건축물로 구성되어 있다. 여러 국가의 지원 속에서 일부 복원이 이루어졌지만 가장 규모가 크고 중심적인 건축물이 위치한 A그룹에는 폭격의 피해가 아직도 남아 있다.

### (3) 호이안 항구

참파의 항구는 호이안으로 추정된다. 호이안의 배후에는 꽝 남이라는 넓은 평야지대와 베트남을 남북으로 달리는 산맥이 있어서 임산물과 농산물을 집산하여 수출하기에 아주 좋은 지형조건을 갖추고 있다.[125] 이곳은 사 휜-참파시대를 거치면서 중세에도 중요한 항시로 기능하면서 다양한 국적의 외국 상인들이 교류하던 장소였다(그림 24). 특히 17세기에는 중국과 일본, 동남아시아 여러 지역을 연결하는 최대 무역항으로 기능하였다.[126] 중세의 사실이지만 호이안 주변에서 생산된 물자에는 황금, 계피, 침향, 고급 목재, 후추,[127] 제비집, 상아, 코뿔소 뿔, 생사, 사탕 등이 있으며 외부에서 들어온 물품으로는 향료(말

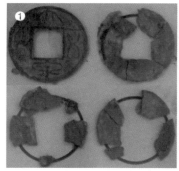

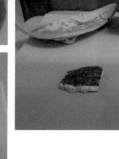
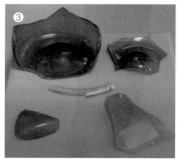

그림 24 호이안 일대 출토 각종 유물(❶ 한대 화폐, ❷ 각종 구슬류, ❸ 이슬람 유리 용기, ❹ 중국 및 이슬람 도자기) ─ 호이안 사 휜 문화 박물관 (촬영: 필자)

루쿠), 사슴가죽(타이, 캄보디아), 비단(중국), 도료(캄보디아) 등이 있었다.[128]

한편 『일본서기』 권22 추고천황(推古天皇) 3년 하4월조(夏四月條)에 의하면 595년에 아와지시마(淡路島)에 침목(沈木)이[129] 표착하였다고 한다. 처음에는 용도를 몰라서 땔감으로 이용하려고 하였으나 그윽한 향에 놀라서 천황에게 진상했다는 것이다. 이는 동남아시아산 침향(沈香)일 것이다.

침향에 대한 기사는 『삼국사기(三國史記)』에서도 찾을 수 있는데 신라 사회에서도 침향의 수요가 매우 높았음을 알 수 있다. 당시 최고급

해상 실크로드와 동아시아 고대국가

의 침향은 참파에서 생산되었고, 그 수출항이 호이안이었다. 한반도
와 일본열도에 수입된 침향의 산지에 대한 본격적인 연구는 아직 없
으나 참파산일 가능성이 가장 높으며 그 출항지는 호이안일 것이다.

## 4. 푸난(Funan, 扶南)

### 1) 역사

푸난은 현재의 베트남 남부와 메콩강 하류를 무대로 1세기 무렵부
터 흥기하였다. 이때는 초기 역사시대로서 푸난은 동남아시아에서 가
장 이른 시기에 등장한 국가 중 하나이다(표 1 참조).

표 1  동남아시아의 고대 및 중세의 시대구분 및 그 내용[130]

| 시대명 | 시기 | 문화적 발전 양상 |
|---|---|---|
| 초기 역사시대<br>(Early Historic) | 기원전 500–기원후 500년 | 최초의 국가 출현 및 국제 해상 교역의 발전 |
| 전(前) 앙코르<br>(Pre–Angkorian) | 500–800년 | 고유문자의 채택과 초기 국가의 확산 |
| 초기 앙코르<br>(Early Angkorian) | 802–1000년 | 크메르제국의 건설과 확산 |
| 성숙 앙코르<br>(Mature Angkorian) | 1001–1250년 | 크메르제국의 번영 |

그들의 건국신화는 인도인과 재지 수장의 딸, 혹은 여동생의 결합으로 구성되어 있다. 『남제서』와 『양서』 같은 중국 남조의 사서에 의하면 "부남국은 일남의 남쪽 큰 해만에 자리하는데 사방이 삼천리이고 큰 강이 서쪽에서 바다로 흘러 들어간다. 그 조상에 여인이 있어 왕이 되니 리우 예(柳葉)라 이름하였고 … 격국인(激國人) 혼전(混塡)이라는 사람이 배를 타고 푸난으로 향하여 리우 예를 처로 삼았다"고 한다. 혼전은 인도의 브라만인 카운디냐(Kaundinya, 훈티엔)로서 토착인 수장의 딸인 리우 예와 혼인하여 이 지역을 다스렸다는 것이다. 신화의 내용은 약간씩 변형되어서 캄보디아 측의 전승에서는 인도에서 이주해 온 브라만이 프레아 타옹(Preah Thaong), 공주가 메콩강의 용녀(龍女) 소마(Soma)로 표현되기도 한다. 프레아 타옹은 "육지를 덮고 있는 물을 마셨다"고 하는데 이는 농경을 위해 델타의 배수를 실시한 사실을 상징한다. 앙코르 보레이(Angkor Borei)의 동남쪽에 있는 저수지의 이름이 프레아 타옹인 점은 우연이 아닐 것이다.[131] 물을 삼킨 주체는 리우 예의 아버지인 나가(Naga: 코브라의 모습을 한 신)로 표현되거나,[132] 때로는 이주해 온 카운디냐로 표현되기도 한다.[133] 건국신화에 나타난 인도의 영향은 실제로도 광범위하게 퍼져 있어서 도작, 관개농법, 종교의례, 법률, 왕권의 개념, 산스크리트어와 문자, 미술양식, 무기 등에 미친다.[134]

참파와 마찬가지로 푸난 역시 인도에서 이주해 오는 바라문들이 새로운 왕계를 여는 일이 자주 있었다. 『남제서』와 『양서』에 의하면 푸난의 왕인 교진여(橋陳如)는 원래 천축(인도)의 브라만이었다고 한다.

푸난은 발전된 조선술과 항해술을 밑바탕으로 강력한 해군을 소유하여 해상왕국으로 발전하였는데 그 전성기는 200년부터 600년 무렵까지이다.[135] 3세기 전반, 4대 왕인 범사만(范師蔓)은 "부남대왕(扶南大王)"을 칭하며 베트남 남부와 캄보디아를 기반으로 타이 일부로까지 세력을 뻗치고 말레이반도의 10여 국을 정복하였다. 나아가 말레이반도 서해안으로부터 갠지스강 하구를 경유하여 쿠샨 왕조의 수도인 푸르샤푸라(현재의 폐샤와르)까지 가서 통교하였다. 훗날 등장할 스리위자야, 사일렌드라, 말라카와 같은 동남아시아 중계무역국가의 선구자인 셈이다.[136]

동오의 손권은 229년에 통상사절로서 주응과 강태를 푸난에 파견하였고 이후 양국 간 본격적인 교섭이 전개되었다. 이때 인도 쪽에서 월지(月氏)의 말(馬)이 푸난에 들어온 사실을 알게 되는데 이는 쿠샨과 교섭한 결과일 것이다.

푸난의 중요 유적 중의 하나인 옥 에오에서 출토된 유물 중에는 안토니우스 피우스(138-161년 재위), 마르쿠스 아우렐리우스 안토니우스(161-180년 재위) 등 로마 황제와 관련된 금화, 청동 불상, 힌두교 신상, 산스크리트어 각문(刻文) 석판(錫板), 반지, 한경(漢鏡: 중국 거울) 등이 포함되어 있어서,[137] 푸난이 원거리 동서 교섭의 중심지 중 하나였음을 보여 준다.

중국의 입장에서는 장식품이나 불구(佛具)의 소재로서 백단향, 대모, 유리, 상아에 대한 수요가 높았다. 인도에서 수입되어 중계된 것으로 추정되는 홍보석, 녹보석, 산호, 유리 역시 중국 지배층이 선망하던 물품이었다. 인도와 동남아시아의 국가들이 험한 바닷길을 넘어 중국과 교섭한 것은 그들에게도 그만큼의 실리가 있었기 때문이었다.[138]

위문제(魏文帝) 조비(曹丕)는 235년 동오에 사자를 보내어 대모를 구하였다고 한다. 낙랑 고분에서 대모로 만든 빗과 반지가 출토되는 것을 보아 남해 물산이 장거리 이동하였음을 알 수 있다.[139]

중국에서 통일왕조인 서진이 들어선 이후에도 푸난과의 교섭은 계속 이어져서 무제대(武帝代)인 268·285·286·287년에 사신을 파견한 사실이 『진서(晉書)』에 기록되어 있다. 그런데 이 시점은 마한의 여러 국(國)이 서진에 자주 사신을 보내던 시점과 거의 일치한다. 특히 286년에는 "이해에 부남 등 21국, 마한(馬韓) 등 11국이 사신을 보내어 왔다"[140]고 하여 중국 외교무대에서 푸난과 마한의 사절단이 조우하였을 가능성이 있다. 설령 직접 조우하지 못하였더라도 간접적인 교섭이나 정보 교환의 가능성은 있다.

이 과정에서 푸난에서 생산하거나 푸난을 경유한 인도-동남아시아 물품이 마한지역에 전해지고 일부가 진·변한과 일본으로 유통되었을 수 있다. 왜냐하면 3세기 후반에 한국과 중국, 일본에서 모두 앞 시기의 포타시유리를 대신하여 새로운 계통의 고(高)알루미나 소다유리가 급격히 확산되기 때문이다. 베트남 남부의 종 까 보(Giong Ca Vo) 유적이 이 시기를 대표하는 유리 생산지이다.

푸난과 중국 왕조의 교섭은 이후에도 지속되어 357년에는 동

진의 목제(穆帝)에게 순상(馴象)을 공헌하였고, 송문제(宋文帝, 424-453
년 재위)대에도 방물(方物)을 공헌하였다고 한다(434·435·438년). 484
년에는 인도 승려 나가세나(那伽仙)를 제(齊)에 파견하였고, 제에 의
해 안남장군부남왕에 봉해졌다. 제를 이은 양(梁)과 푸난의 교섭
은 매우 긴밀하여서 503년 푸난은 양에 산호와 불상을 공헌하였고,
511·514·517·519·520·530·535·539년에도 사신을 보냈다. 『양서』
무제기에는 512년 4월에 푸난이 참파, 백제와 함께 양에 방물을 바쳤
다고 되어 있다.

　『남제서』에 의하면 푸난의 "주민은 금, 은, 비단을 가지고 교역하
며 … 금제 반지와 팔찌, 은식기를 만든다. … 유리소립(琉璃蘇鉝: 식기 이
름) 2구를 보냈다"고 하였다. 『일본서기』에 의하면 543년 백제 성왕이
왜에 푸난산 물품과 노예를 보냈으며, 544년에는 인도산으로 추정되
는 탑등(氍毹)을 왜와 거래하였다. 『일본서기』에 의하면 흠명(欽明) 14년
(553년)에 백제에 약물을 보내 달라고 하는 기사가 있는데 이는 백제가
동남아시아와 교섭하여 약물을 확보하고 있었음을 의미한다. 595년
(추고 3년)에는 아와지시마(淡路島)에 침목이 표착하였는데 불에 태우니
향이 나서 조정에 바쳤다고 한다.[141] 동남아시아산 침목을 적재한 배가
침몰되는 과정에서 유실된 것으로 판단되며 백제가 중개무역을 실시
한 흔적일 가능성이 있다. 추고(推古) 6년(598년) 8월에 신라가 공작을
보낸 사실은 신라도 별도의 경로를 통하여 동남아시아산 물품을 확보
하였음을 의미한다.[142]

푸난의 경제력은 해상 교역만이 아니라 배후의 메콩강 델타지대를 농경지로 이용한 농업 생산력에 기초한 것이다.[143] 메콩강은 티베트고원에서 발원하여 사천, 운남의 산악지역을 거쳐 미얀마, 타이, 라오스, 캄보디아, 베트남으로 이어지는 동남아시아 최대 하천이다. 이 강은 논에 물과 비옥한 토양을, 바다에는 대규모 영양소를 제공함으로써 동남아시아 농업의 기초를 제공하며 '어머니의 강'이라 불린다.[144] 메콩강의 효과적인 관리가 유역국가들의 흥망성쇠와 연결되었음은 당연한 이치이다.

당시 캄보디아 지역과 인도 사이의 해상 교류는 매우 빈번하였는데 남인도 마드라스 인근에서는 댐식 저수에 의해 내륙농업이 발전하였고, 대소 저수지의 축조가 빈번하였는데 그 영향이 푸난에 미친 것으로 추정된다.[145]

하지만 인도와 중국 사이의 교역이 감소하면서 푸난은 점차 약화되었다. 게다가 말라카 해협을 이용하는 해로가 새로 발달하게 되면서 푸난과 크라 지협을 연결하는 과거의 교역로는 쇠퇴하게 된다. 그 결과 과거에 속국이었던 메콩강 중류의 크메르의 공세에 직면하게 된다. 이에 더하여 참파와의 충돌, 국내 혼란 등의 원인으로 푸난은 멸망하고 크메르에 흡수된다.[146] 그 결과 7세기 이후 푸난을 대신하여 크메르가 중국에 사신을 보내기 시작하게 된다.

푸난이 중국에 끼친 영향 중 빠뜨릴 수 없는 것이 불교이다. 교지와 광주를 연결하는 교광도(交廣道)는 전한 말부터 동진대에 걸쳐 불교

그림 25 푸난의 각종 불상 – 호찌민 국립박물관 (촬영: 필자)

전래의 가장 중요한 경로이다. 『고승전』에 의하면 동진대에 담마야사(曇摩耶舍)가 광주에 들어와 백사사(白沙寺, 王園寺)를 창건하였다고 한다. 이 절은 영남지역에서 최초로 문헌에 나타나는 사찰이며 송대에 광효사(光孝寺)로 개칭되어 현재에 이른다고 한다. 하지만 이곳에서는 이후 사원과 교단의 형성이 지체되어 출가자는 교지 출신의 강승회(康僧會)를 제외하면 동진 말까지 한 명도 보이지 않다가 남북조시대 이후 본격적인 출가자가 발생하였다고 한다.[147]

강승회는 그 성을 볼 때 사마르칸트 출신으로 여겨지는데 중국에 사리를 처음으로 들여온 인물이다. 혜교(慧皎, 497-554년)가 찬한 『양고승전』에 의하면 강승회가 동오의 손권에게 사리의 영험, 아육왕탑의 유래, 불법홍륭 등에 대해 설법하고 손권의 명령에 의해 사리를 감응하기 위해 건초사(建初寺)를 세웠다고 한다. 강승회는 사마르칸트 출신 이면서 교지(하노이 인근)에서 오나라의 수도 건업으로 들어갔다.

중국에 사리가 들어오는 일은 그 후에도 몇 차례 있었는데 대개 동남아시아를 경유하였다. 말레이반도에 위치한 반반(槃槃)은 529년, 532년에 부처님의 이와 화탑(花塔)을 보냈고, 534년에도 진신사리 등 을 바쳤다.

사리신앙은 아육왕(阿育王) 전승과 함께 동진, 남조로 이어진다. 『고승전』에 의하면 동진 성화(成和) 연간(326-334년)에 장후교(張侯橋) 주 변에서 금동상(金銅像)을 팠는데 광배와 대좌(台座)는 결실되었지만 매 우 정교하며 정면에 범자(梵字)로 아육왕의 넷째 딸이 만들었다고 기 록되어 있었다고 한다. 그 후 불상은 장간사(長干寺)에 안치되었고 임 해현(臨海縣)의 어민이 대좌를 걸어 올려 금동상을 앉혔다고 한다.

장간사는 건강(남경)의 남측에 위치하는데 양나라 때에는 동태사와 함께 매우 중요한 사찰이었다. 혜달(慧達)은 영강(寧康) 연간(373-375년) 에 탑의 기둥 아래를 파서 3개의 석비를 얻었다. 중앙의 비의 위에 철 함(鐵函)이 하나 있고 그 안에 은함, 다시 그 안에 금함이 있었으며 금 함의 안에는 사리 3개, 손톱과 모발 한 줌이 있었다. 이것이 아육왕이 세운 8만 4000탑 중의 하나라고 한다.

『양서』에 의하면 대동(大同) 3년(537년) 양무제는 '아육왕사'에 행차 하였는데 이 절이 곧 장간사일 것이다. 양무제는 아육왕탑을 개수하 면서 사리와 조발을 얻었다. 이처럼 중국 남조에서 불사리신앙이 성

해상 실크로드와 동아시아 고대국가

행하면서 아육왕탑의 비중은 매우 높았다. 이 탑은 후대에 다시 발굴되었고 유물 대부분이 현재 남경시립박물관에 전시되고 있다.

## 2) 중요 유적

### (1) 앙코르 보레이

푸난의 정치적 중심지는 현재의 캄보디아 영토 내에 위치한 앙코르 보레이이다. 이곳의 유적, 유물이 학술적으로 최초로 인식된 것은 1911년 프랑스의 고고학자들에 의해서였다.[148] 그들은 이 유적이 푸난의 중요 유적 중의 하나임을 인식하였다.[149] 1931년에 피에르 파리스(Pierre Paris)는 항공사진을 판독하여 앙코르 보레이 남쪽에 5개의 운하가 분포함을 발견하고, 그 기능은 또 다른 중요 고대도시와의 교역, 교통이며, 연대는 5-6세기일 것으로 추정하였다.[150] 훗날 집중적인 탄소연대 측정과 열발광연대 측정의 결과 그의 추정은 대부분 들어맞았다.[151] 그 후 장기간에 걸친 캄보디아 내전으로 인해 조사가 중지되었다가, 1995년부터 본격적인 조사가 재개되었다.[152]

앙코르 보레이는 해발고도가 2-10m에 불과한 저지대로서,[153] 옥 에오보다는 내륙으로 들어가고 메콩강 본류의 서편에 위치하며 평면 D자형의 성을 중심으로 삼고 있다. 구운 전돌로 성벽의 속심을 만들었는데 그 폭은 2m, 벽돌층은 18층, 높이는 4.2m에 달한다.[154] 성벽의 둘레는 6km에 달하고, 성벽 안팎으로 돌아가는 해자를 한 줄씩 갖추고 있으며 내부 면적은 최소 300헥타르,[155] 안팎으로 수십 채의 벽돌건물, 100개 이상의 저수시설이 확인되었다.[156]

유적의 연대는 대체로 기원전 5세기에서 기원후 5세기에 속하면서,[157] 기원전 200년에서 기원후 200년 사이에 집중적으로 사용되었음이 판명되었다.[158] 따라서 남쪽의 옥 에오, 베트남 중부 참파의 중심 도시인 짜 끼에우 등 동남아시아의 중요 도시들과 동시대의 유적임이 밝혀졌다.[159]

앙코르 보레이성 안쪽을 흐르는 내해자의 폭은 22m에 이르며 외해자는 북에서 남으로 흐르는 운하와 연결되어 서남 방향으로 배수가 되도록 설계되어 있다.[160] 따라서 내외 해자는 방어라는 기능 이외에 배수가 주목적임을 알 수 있다.

이 지역의 농업은 쌀농사 위주인데 델타와 몬순이라는 자연조건을 이용하여 건기가 되어 홍수가 물러난 지점에서 경작이 이루어지는 방법(dry season flood recession farming)을[161] 사용한 것으로 추정된다. 이 농법의 생산성이 우기에 충적지에서 경작하는 것보다 월등히 높다고 한다. 앙코르 보레이에서 10km 이내의 범위를 대상으로 이 농법을 실시할 경우 1년에 2만 4000t 정도의 쌀이 생산된다고 한다. 1인당 1년간 곡물 소비량을 200kg으로 상정할 경우 이 정도의 생산량이라면 직접 노동에 투입된 8만 명을 제외하고도 노동하지 않은 4만 명의 인구를 부양하거나 혹은 8,000t의 곡물을 비축할 수 있다고 한다.[162]

이렇듯 앙코르 보레이의 흥성은 교역만이 아니라 농경에 의지한 바가 컸음을 알 수 있다. 성공적인 농경을 위해서는 수자원의 저수만이 아니라 적절한 배수가 필요하였을 것이다.

피에르 파리스에 의해 발견된 5개의 대형 운하 중 1, 2, 3호 운하는 앙코르 보레이 중심부와 주변의 중요 취락들을 연결하는 역할을 한다.[163] 열발광 측정과 방사성 탄소연대 측정치에 의할 때 2호 운하는 6세기 말-7세기 초에 큰 변화를 맞이하는데,[164] 이것은 앙코르 보레이의 동바라이(저수지)도[165] 마찬가지라고 한다.

한편 4호 운하는 남쪽으로 80㎞ 정도 연장되어 옥 에오와 연결된다. 4호 운하의 연대는 루미네센스 연대 측정에 의해 기원전 1000년 전반기에서 기원후 1000년 후반기에 걸친 것으로 추정되어 푸난과 관련된 것임은 분명해 보인다.[166]

2호 운하 및 동바라이의 연대치와 연동하여 앙코르 보레이는 6세기 이후 쇠퇴의 기미를 보이지만 7세기 중엽까지도 여전히 중요 거점으로서 기능하였다.[167] 도시를 감싼 해자와 운하, 저수지 등 수리시설의 존재는 푸난의 성장을 뒷받침하였다. 앙코르 보레이의 수자원 관리체계는 훗날 앙코르시대의 본격적인 수자원 관리체계로 발전한다.[168]


### (2) 옥 에오

푸난의 외항이자 원거리 교역항은 베트남 남부의 옥 에오이다. 옥 에오 문화는 메콩강 하류역의 동안과 서안에 폭넓게 분포하는데 중심지는 안 장(An Giang)성으로서 찌 톤(Tri Ton) 지구, 틴 비엔(Tin Bien) 지구,

토아이 손(Thoai Son) 지구 등 메콩강 동안에 해당된다. 찌 톤 지구에서는 시바 신을 모시던 힌두사원인 고 탑 안 로이(Go Thap An Loi) 유적, 틴 비엔 지구에서는 선사시대부터 옥 에오 시기를 지나 그 이후까지 이어지는 주거지와 무덤으로 이루어진 고 카이 퉁(Go Cay Tung) 유적이 알려져 있다. 그러나 가장 중요한 곳은 바 테(Ba The)산 주변의 450헥타르에 이르는 토아이 손 지구의 옥 에오 유적으로서 밀집도가 가장 높다. 토아이 손 지구에서 발굴조사가 진행된 유적만 하더라도 다 노이(Da Noi) 유적(5-6세기 취락과 무덤), 고 카이 티(Go Cay Thi) 유적(4-5세기 불교사원), 남 린 썬(Nam Linh Son) 유적(1세기대 옹관과 7-9세기 전돌건물), 고 웃 짠(Go Ut Tranh) 유적(7세기대 힌두사원 및 7-10세기대 건물지), 고 카이 쫌(Go Cay Trom) 유적(5-7세기대 건물) 등이 알려져 있다.[169]

옥 에오 유적은 2차 대전 중인 1941년에 프랑스 고고학자 루이 마를레(Louis Malleret)가 메콩강 델타에 대한 고고학적 조사를 실시하면서 푸난과 관련된 유적임이 밝혀졌다.[170] 그는 옥 에오와 앙코르 보레이를 연결하는 운하가 후기 푸난의 유적이며 그 시기를 5세기 말-6세기 초로 추정하였고, 벽돌건물의 연대 역시 5-6세기대여서 옥 에오가 푸난과 관련됨을 언급하였다. 하지만 운하의 주 기능이 관개인지 배수인지에 대해서는 확언하지 않았다.[171] 1944년부터 발굴조사가 시작되었으나 베트남 전쟁이 격화되면서 조사는 중지되었다. 종전 후 1975년부터 베트남의 호찌민 시 사회과학원을 중심으로 옥 에오 유적에 대한 발굴조사가 이루어지고,[172] 마를레가 조사한 흔적을 재조사하면서

그림 26  린 썬 사원 (촬영: 필자)

많은 성과를 거두었다. 석조 및 벽돌건축, 무덤, 취락 등이 조사되었
으며 옥과 유리 장신구, 금제품, 토기 등이 다수 출토되었을 뿐만 아
니라 많은 수로가 발견되었다.[173] 옥 에오를 중심으로 복잡하게 배치된
운하와 수로는[174] 이를 기반으로 내륙부에서 간척과 경지 개발이 진행
되었음을 알 수 있게 하였다.

　그 후 항공촬영한 자료를 토대로 분석한 결과 옥 에오 유적은 남북
으로 긴 장방형의 거대한 공간을 5개의 평행하는 해자가 감싸고 있으
며[175] 그 내부는 남북 방향의 중심 운하에 의해 동서로 양분되어 있음
이 확인되었다. 동남아시아에서 이러한 거대 취락은 5세기 이후에나
등장한다는 것이 종전 견해였지만 이 유적의 해자는 늦어도 3세기 무
렵에는 굴착되었으며 도시유적은 2세기까지 소급된다고 한다. 운하

그림 27  옥 에오의 벽돌건축물 (촬영: 필자)

의 기능은 배수, 관개, 운송 등 다양하다.[176]

　　베트남 학자들은 '옥 에오 문화'라는 독자적인 용어를 사용하고 있으며, 옥 에오 유적은 2012년 특별국가사적에 지정되었다. 옥 에오는 내륙에 위치한 앙코르 보레이와 길이가 80㎞나 되는 운하로 연결되어 있으며,[177] 둘 다 푸난의 중요 구성분자이다. 옥 에오 유적의 최하층은 기원전 100년에서 기원후 100년 사이로 편년되고 있으며 벽돌건축물은 기원후 200-850년대에 속하는 것으로 여겨지는데,[178] 최근 조사에서는 5세기 무렵부터 건설되기 시작한 것으로 보고 있다.[179] 옥 에오와 앙코르 보레이의 시간적 선후관계는 분명치 않은데 앙코르 보레이의 2호 운하가 폐기되는 6세기대에 옥 에오 운하가 축조되고 이때부터 중요 무역항으로 기능하였을[180] 가능성이 높다. 따라서 앙코르 보레이와 옥 에오는 동시에 공존하면서도 시간적으로는 전자보다 후자가 늦은 시기에 중요한 거점으로 부각되었음을 알 수 있다.

양자의 차이로는 앙코르 보레이가 내륙성, 옥 에오가 해안성이란 점을[181] 들 수 있다. 기능 면에서도 약간의 차이가 있어서 앙코르 보레이가 쌀농사에 기초한 정치적 거점이라면 옥 에오는 인도, 중국과의 교섭에 무게가 더 실린 교역의 거점이라고 할 수 있다. 하지만 양 유적은 해자와 저수시설, 운하와 수로 등 다양한 수리시설을 갖춘 점에서 동일하다.[182] 그동안 옥 에오의 항시로서의 성격은 충분히 강조되었으나 실은 항시임과 동시에 수리도시였음을 알 수 있다.

옥 에오 주변에도 많은 운하가 분포하고 있으며[183] 그중 일부는 현재도 이용되고 있다. 주요 기능은 관개보다는 교통과 통신, 배수였으며 이는 앙코르 보레이도 동일하였던 것으로 보고 있다.[184]

출토된 유물 중에는 안토니우스 피우스, 마르쿠스 아우렐리우스 안토니우스 등 로마 황제의 이름이 새겨진 금화, 청동 불상, 힌두교 신상, 산스크리트어 각문 석판, 반지, 한경 등이 중요하다.[185] 불교사찰인 쯔엉 린 썬에서 발견된 불상 중에는 중국 양나라의 불상이 포함되어 있다. 중국 측 문헌기록에 의할 때 남조 송과 양에 불상을 비롯한 각종 불교 미술품을 푸난이 보낸 사실이 있기 때문에 양국 사이에 불교와 관련된 교류가 활발히 진행되었음이 분명해졌다. 산동지역에서 출토된 남조 불상 중에는 남인도 사르나트(Sarnath) 양식을 보여 주는 경우가 있는데 남인도에서 직접적으로 온 것이 아니라 중간의 경유지, 아마도

그림 28  옥 에오의 바 테산 정상에서 바라다본 풍경(상)과 관음보살상(하) (촬영: 필자)

푸난에서 일정 부분 변형된 후 들어온 것으로 보고 있다.[186] 남조와 백제, 신라의 긴밀한 문화 교류의 양상을 고려할 때, 인도-푸난-남조-백제와 신라로 이어지는 불교문화와 미술의 전래를 복원할 수 있다.

옥 에오 유적에서는 저습한 환경 덕분에 나무로 만든 불상이 종종 출토된다. 푸난이 중국 남조 양에 불상을 공헌한 점을 고려하면 남조 불상 연구에 옥 에오의 불상이 중요한 위상을 차지함을 알 수 있다. 역사적으로 남조의 불교문화를 적극적으로 수용한 백제의 불교문화에 대해서도 역시 옥 에오를 비롯한 푸난의 불교에 대한 이해가 필요함은 당연하다.

최근 베트남 조사팀의 발굴조사에 의해 린 썬 사원에 진입하는 인공 진입로가 조사되었다. 인공 수로에 접하여서 하선하여 진입하는 구조로서 백제의 부여 왕흥사와 유사하다. 아직 발굴조사가 진행 중이므로 구체적인 양상은 알 수 없으나 배를 내려 인공 진입로로 사역에 들어가게 하는 공통점이 주목된다.

한편 2018년부터 시작된 한국과 베트남 측의 공동 발굴조사에서는 15세 미만의 청소년을 화장한 후, 인골을 매장한 골호가 발견되었는데 토기 표면에 구멍을 뚫어 사람의 얼굴을 표현하였다. 골호 내부의 팔목 뼈에는 유리구슬을 엮어 만든 팔찌가 장착된 상태였으며, 골호 주변에서는 인도산으로 추정되는 녹색 에메랄드를 감입한 누금 기법의 반지가 발견되기도 하였다. 앞으로도 옥 에오 유적의 발굴조사에 한국 측이 적극적으로 참여하게 되면 큰 성과를 거둘 수 있을 것으로 기대된다.

　옥 에오의 중심부에 우뚝 솟은 바 테산의 정상부에는 관음보살상이 바다를 바라보고 있다(그림 28). 고대 동아시아에서는 바닷길의 안전을 기원하면서 관음보살에 많이 의지하였다. 이는 우리의 삼국시대도 마찬가지이다. 일본에서는 한반도와 중국으로 가는 바닷길의 요충지인 오키노시마(沖ノ島)와 관련된 신체 역시 여신으로서 무나카타(宗像) 삼신(三神)이라고 불린다. 중국 복건성의 지역신에서 동남아시아 전역을 대상으로 한 해양신으로 확대된 마조(媽祖) 신앙 역시 마찬가지이다.

## 해양의 안전을 보장하는 여신들

　험난한 바닷길에서 귀한 생명과 재산을 잃는 일은 부지기수였다. 세 척이 출항하여 한 척만 목적지에 닿거나, 심지어 열 척 중 단 한 척만이 무사히 귀환하는 일도 잦았다. 사람들은 풍랑과 태풍에서 자신의 목숨을 지켜 주는 초월적인 존재에 의지하게 되었고 이는 신, 특히 자애로운 여신의 모습을 띠게 된다.

　옥 에오의 바 테산 정상에 서 있는 자애로운 모습의 관음보살은 한국 고대사에도 모습을 드러낸다. 『삼국유사』 탑상(塔像) 4 민장사(敏藏寺) 조를 보자.

　"우금리에 사는 가난한 여인 보개에게는 장춘이라는 아들이 있었는데 바다를 무대로 활동하는 장사치를 따라 떠난 지 오래 지나도 소

그림 29   해양 항해의 안전을 보장하는 여신, 말라카(상)와 루이 라우(하) (촬영: 필자)

식이 없었다. 어머니는 민장사에 가서 관음보살 앞에서 7일간 기도하였더니 장춘이 홀연 귀가하였다. 아들에게 그간 사정을 물으니 아들이 말하기를 '바다에서 풍랑을 만나 난파하여 동료들은 모두 사고를 당했는데, 저만 널빤지 한 장에 올라타 중국 강남에 도착하였습니다. 중국 사람들이 저를 구해 주어서 들에서 농사짓게 하였습니다. 어느 날 한 승려가 와서 마치 고향에서 온 것같이 따뜻하게 위로해 주었는데, 저를 데리고 동행하다가 앞에 깊은 도랑이 있으니 저를 겨드랑이에 끼고 뛰어넘었습니다. 정신이 혼미해졌는데 고향 말로 울부짖는 소리가 들려서 정신을 차려 보니 어느덧 여기에 와 있습니다'라고 하였다. 중국을 떠난 것이 저녁인데 도착한 시간은 술시(오후 7-9시)였다. 이때는 경덕왕

그림 30 　오오시마의 나카쓰미야 (촬영: 필자)

　　　　　　　　　　　　　　　　　　해상 실크로드와 동아시아 고대국가

때인 745년이었다."

관음보살 덕에 해상 사고에서 목숨을 건지고 무사히 귀가하였다는 것이다. 동북아시아 해상 교역의 대표적인 제사유적인 부안 죽막동 유적에는 지금도 개양할미 이야기가 남아 있다.

어부나 선원 같은 바닷사람들의 목숨을 지켜 주는 여신의 이야기는 중국에서는 마조 전승이 대표적이다. 민간 차원의 해신인 마조에 대한 숭앙은 복건성 미주(眉州)에서 시작되었다. 송대 초기 미주의 한 처녀가 해난을 당한 오빠들을 구조하게 되었다는 전승이 출발점인데 점차 해역세계에 정치력이 개입되면서 천후(天后)와 천비(天妃), 천상성모(天上聖母)라는 공적인 지위가 부여되고 정치적 영향력이 확대되었다.[187] 마카오란 현재의 지명도 원래는 마조를 모신 마코(媽閣)에서 유래되었다고 한다.

일본에서는 규슈 북부의 무나카타의 세 여신이 여기에 해당된다. 부안 죽막동 유적처럼 동북아시아 항해의 안전을 기원하던 오키노시마 제사유적과 관련된 이 여신들은 무인도인 오키노시마의 오키쓰미야(沖津宮)에 한 명, 주변의 유인도인 오오시마(大島)의 나카쓰미야(中津宮)에 한 명, 그리고 육지인 무나카타의 헤쓰미야(辺津宮)에 각기 모셔져 있다. 무나카타-오오시마-오키노시마는 그 자체로서 규슈 북부에서 한반도로 가는 경로이기도 하다. 오키노시마의 제장에는 4세기 후반부터 9세기에 걸쳐 국가적인 차원에서 제사를 치른 흔적이 발견되어[188] 유네스코 세계유산에 등재되었다.

베트남 옥 에오의 관음보살, 중국의 마조, 한국의 관음보살, 일본의 무나카타 삼신 모두 항해의 안전을 보장하는 항해신이면서 여성이란 공통성을 지니고 있다.

## 5. 랑카수카(Lankasuka, 狼牙脩)

### 1) 중국 문헌에 나타난 낭아수국(狼牙脩國)[189]

#### ⑴ 〈양직공도〉와 『양서』의 낭아수국

양무제(梁武帝)의 일곱째 아들인 소역(蕭繹: 훗날 양원제)이 형주자사로 재임할 당시 외국 사절단의 모습을 직접 보고 그리거나 견문을 통하여 이미지를 그리고[190] 그 옆에 간단한 설명(제기)을 붙인 〈양직공도〉에는 파사(波斯: 사산조 페르시아), 활(滑: 에프탈) 등 중앙 유라시아, 참파(林邑), 파리(婆利: 현재의 발리) 등 동남아시아, 현재의 인도 일부인 중천축(中天竺), 북천축(北天竺)과 사자[獅(師)子: 현재의 스리랑카] 등 남아시아 30여 개국에 대한 정보가 담겨 있다. 소역이 그린 원본은 현존하지 않지만 중국 남경박물원에 소장되어 있는 북송대의 모본이 발견되었고 이어서 "남당고덕겸모양원제번객입조도(南唐顧德謙模梁元帝番客入朝圖)"와 "당염입본왕회도(唐閻立本王會圖)"란 2개의 모본이 추가되었다.[191] 북송 모본과 달리 다른 2개의 모본은 제기가 결실되어 있는데 2011년 새롭게 발견된 "청장경제번직공도권(淸張庚諸番職貢圖卷)"이 소개되면서 제기의 일문이 일부 보완되기에 이르렀다.[192]

한국과 중국, 일본의 많은 연구자가 이 화첩에 주목하였지만 정작 동남아시아의 국가에 대해서는 관심을 갖지 못하였다. 그중 해상 실

해상 실크로드와 동아시아 고대국가

크로드와 관련하여 주목할 만한 대상이 낭아수(狼牙脩: 이하 랑카수카)이다. 랑카수카는 베트남 중부의 참파, 베트남 남부-캄보디아의 푸난과 마찬가지로 해상 교역을 통해 성장한 항시국가이며, 양대에 빈번히 사신을 보내었다(그림 31).

〈양직공도〉 북송 모본에는 랑카수카에 대하여 총 198자의 제기 기사가 남아 있으나 장경(張庚)의 모본에는 누락되어 있다. 제기의 내용은 『양서』의 내용과 대동소이한데 조금 더 압축적이다. 그 내용을 정리하면 다음과 같다.

위치: 남해 중에 있으며 광주에서 2만 4000리 떨어져 있다.
국계: 동서는 30일 거리, 남북은 20일 거리이다.

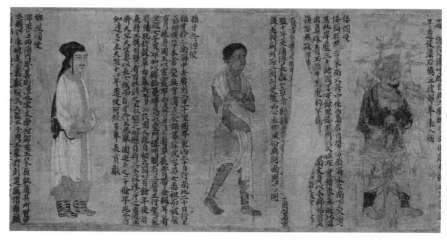

그림 31 〈양직공도〉 북송본에 나타난 랑카수카의 사신(중앙)

기후: 항상 따뜻하고 초목이 무성하며 눈과 서리가 없다.

물산: 금은과 파율침향(波律沈香)이 많다.

복식: 남녀 모두 웃통을 벗고 머리를 풀어 헤치고 고패(古貝)로 몸을
감았다. 국왕은 운하포(雲霞布)로 어깨를 덮고, 귀족과 신하는 짚
신을 신고 허리에는 금줄을 두른다. 귀에는 금귀고리를 하고 여
자는 포를 입는데 그 위에 영락(瓔珞)을 더한다.

거처: 전돌을 쌓아 성을 만드는데 중문(重門)과 누각이 있다. 누각은
3층짜리도 있다.

행차: 왕이 행차할 때에는 코끼리를 타고 번(幡)과 이(旄)와 기(旂)와
일(皾)을 갖추고 위에 하얀 우산을 쓴다. 병사들의 호위가 매우
엄중하다.

유래: 국인(國人)이 말하기를 처음 나라를 세운 지 400여 년이 지나
쇠약해졌는데 왕족 중에 현명한 자가 있어 백성이 그를 따르자
왕이 가두었지만 쇠사슬이 저절로 끊어지니 감히 죽이지 못하
고 추방했다고 한다. 천축으로 도망가자 천축(왕)이 장녀로 처를
삼게 하였는데 이윽고 낭아수 왕이 죽자 그를 맞이하여 왕이 되
었다. 20여 년 후에 그가 죽고 아들인 파가달다(婆伽達多)가 왕이
되었다.

통교: 천감(天監) 14년(515년)에 사신인 아철다(阿撤多)를 보내어 표를
올리고 공헌하였다.

랑카수카에 대한 기술은 〈양직공도〉와 함께 『양서』 해남전의 기사가 양대 축을 이룬다. 『양서』 해남전은 『송서』나 『남제서』보다 훨씬 상세하고 체계적으로 동남아시아 고대 정치체의 양상을 망라하였다. 임읍국(林邑國), 부남국(扶南國), 돈손국(頓遜國), 비건국(毗騫國), 제박국(諸薄國), 반반국(盤盤國), 단단국(丹丹國), 간타리국(干陀利國), 낭아수국(狼牙脩國), 파리국(婆利國), 중천축국(中天竺國), 사자국(師子國) 등 총 32국이 입전되어 있다. 그 순서는 양에서 바닷길을 통해 인도로 가는 경로를 중심으로 가까운 국가부터 서술하였다. 양을 포함한 남조 국가들이 해남제국에 큰 관심을 기울인 까닭은 북조와의 대립 속에서 동남아시아 세력과의 교섭을 통한 자국의 우위 입증, 그리고 불교라는 문화적, 종교적 공통성 때문이었다.[193] 현실적으로 북조에 의해 중앙아시아 및 서아시아 여러 세력과의 교섭이 곤란해진 상황에서 동남아시아 및 남아시아의 여러 국가에 관심을 갖게 되는 것은 당연한 일이었다.

〈양직공도〉와 『양서』는 공통적으로 기후, 물산, 복식은 참파와 푸난 등 동남아시아 고대국가들과 큰 차이가 없음을 설명하고 있으며, 전돌을 쌓아 만든 성의 존재가 특기된 점이 주목된다. "입국(立國) 후 400년이 지나 점차 쇠약해졌는데 왕족 중에 현명한 자가 있어 국인의 신망을 사서 왕에게 투옥당했지만 쇠사슬이 저절로 풀려서 인도로 추방되고 그곳에서 공주와 혼인한 후 본국의 왕이 되었다"고 서술되어 있다. 그가 20여 년 동안 재위하고 사망하자 아들(파가달다)이 천감 14년(515년) 양에 최초로 사신을 보냈다고 하니 건국 시점은 1세기 말에서 2세기 무렵임을 알 수 있다. 건국 후 400년이 지나면서 쇠약해진 이유는 푸난 때문일 것이다. 3세기 초 푸난의 범사만(范師曼)은 부남대왕을 칭하며 말레이반도까지 세력을 뻗쳤는데 이로 인해 랑카수카의 발전이 저해되었을 것이다. 랑카수카가 515년에 최초로 양에 사신을 보낸 이후, 523년, 531년 그리고 568년에도 견사하는 것은 푸난의 견제가 느슨해졌기 때문일 것이다.[194]

동진의 법현이 412년 스리랑카를 떠나 100일이 넘게 항해한 끝에 야파제(耶婆提: 자와 혹은 수마트라)에 도착하고, 이곳에서 5개월을 머문 후 광주를 향해 출발하는 여정에서[195] 랑카수카에 대한 언급이 없다. 그 이유로는 몇 가지의 가능성을 상정할 수 있다.

첫째, 생략되었을 가능성, 둘째, 랑카수카를 경유하지 않았을 가능성, 그리고 마지막으로 아직 랑카수카가 해상 교역로에서 그다지 중요한 항구가 아니었을 가능성이다. 아마도 푸난에 가려서 아직 두각을 나타내지 못하던 랑카수카의 위상을 반영하는 것일 수 있다.

반면 7세기에 편찬된 『속고승전(續高僧傳)』에 의하면 545년 인도에서 푸난으로 건너온 인도 승려 파라마르타(Paramartha, 眞諦, 499-569년)가 양무제의 초청을 받아 546년 남해(광주)를 거쳐 건강(남경)에 도착하였다.[196] 후경(侯景)의 난 와중에 무제가 사망하면서 어려운 상황에 처하게 되었다. 그럼에도 역경사업에 힘을 쓰던 그는 말년에 랑카수카를 거쳐 인도로 돌아가기를 희망하였으나 성공하지 못하고 다시 남해에서 역경사업에 종사하다가 생을 마감하였다고 한다. 이를 통해 6세기

해상 실크로드와 동아시아 고대국가

에는 인도로 가는 항로에서 랑카수카의 위상이 높아짐을 알 수 있고 이러한 이유로『양서』에 랑카수카가 입전되었을 것이다.

### (2) 수·당 이후의 낭아수국

중국이 수에 의해 통일된 직후에는 사막과 오아시스를 통한 동서 교섭의 비중이 커지면서 바닷길은 상대적으로 쇠퇴하였다. 그러나 양 제 이후에는 다시 동남아시아에 대한 관심이 높아져서 참파를 공격하였고 이 과정에서 적토국(赤土國)의 존재를 처음으로 알게 되어 607년 상준(常駿)과 왕군정(王君政)을 사신으로 파견하였다. 적토국과 수의 만남은 수의 교섭 대상이 말레이반도에 미쳤음을 의미한다. 하지만 적토국은 곧 랑카수카에게 통합된 것 같다.

적토국이란 명칭은 땅의 색에 붉은 기운이 많다고 하여 붙여진 이름인데 현재의 말레이반도 중부나 남부 어딘가에 위치하면서 푸난의 쇠퇴를 틈타 잠시 두각을 나타내었던 것으로 보인다. 적토국은 푸난의 별종으로서 그 도읍까지는 뱃길로 100여 일이 걸린다고 한다. 607년 수양제는 상준과 왕군정에게 비단 5,000필을 주어 적토국 왕에게 주도록 하였다. 수나라의 사신들이 도착하자 적토국의 왕은 선박 30척을 보내어 극진하게 맞이하였다. 적토국은 일 년 내내 따뜻하고 비가 많으며 대승불교가 성행하였고 바라문교도 존재하였다고 한다. 풍습은 인도화한 모습을 보여 준다. 608년 상준과 왕군정이 귀국할 때 적토국의 왕은 답례로서 금부용관(金芙蓉冠)과 용뇌향(龍腦香) 등 특산물을 수양제에게 주었다고 한다. 상준과 왕군정은 『적토국기(赤土國記)』를 저술하였지만 현재는 전해지지 않는다.

랑카수카는 7세기경 인도와 중국을 연결하는 항로에서 매우 중요한 역할을 담당하였다. 그 후 주변 정세의 변화에 따라 발전과 쇠퇴를 거듭하면서 17세기의 중국 문헌에까지 이름을 남기고 있다. 당대 이후 송·원·명을 거치면서 다양한 명칭으로 등장하는 랑카수카의 국명에 대해서는 이미 오래전에 휘틀리(Paul Wheatley)가 상세하게 정리한 바가 있다. 그의 견해를 토대로 삼고 일부 보완하여 『양서』 이후 『무비지(武備志)』까지 중국 문헌에 등장하는 랑카수카의 표기방식을 정리한 것이 표 2이다.

전반적으로 남북조시대까지는 낭아수(狼牙脩, 狼牙須) 등으로 표기되다가 당 이후 다양한 명칭으로 표현됨을 알 수 있다. 그 원인으로는 여러 가지를 상정할 수 있는데 국가 간 공식적인 외교관계만이 아니라 구법승, 교역을 목적으로 항해하는 자들이 늘어나면서 위치에 대한 이해는 좀 더 정확해진 반면, 현지 음을 한자로 표기하는 과정에서 다양한 변이가 나타났을 가능성을 고려할 수 있다.

한편 1511년 아랍에서는 "Lungashukā", 인도에서는 1030년에 해당되는 사원에 "Ilangasoka"라고 나타난다. 자와 문학에서는 1365년에 말레이반도의 여러 국가들과 함께 반도의 동안에 "Langkasuka"라는 이름이 등장한다.[197]

해상 실크로드와 동아시아 고대국가

표 2 중국 문헌에 나타난 랑카수카의 표기방식

| 반영하는 시기 | 문헌 완성 시점 | 문헌명 | 표기 |
|---|---|---|---|
| 502–557년 | 526–536년 | 梁職貢圖 | 狼牙修 |
| 502–557년 | 629년 | 梁書 | 狼牙脩 |
| 439–589년 | 627–649년 | 南史 | 狼牙脩 |
| 439–589년 | 659년 | 北史 | 狼牙須 |
| 581–618년 | 636년 | 隋書 | 狼牙須 |
| 8세기 | 801년 | 通典 | 狼牙脩 |
| 618–907년 | 945년 | 舊唐書 | 狼牙脩 |
| 618–907년 | 1060년 | 新唐書 | 狼牙脩 |
| 7–10세기 | 976–983년 | 太平寰宇記 | 狼牙脩 |
| 6세기–645년 | 645년 | 續高僧傳 | 棱伽修 |
| 7세기 | 688년 | 大唐大慈恩寺三藏法師傳 | 迦摩浪迦 |
| 7세기 | 646년 | 大唐西域記 | 迦摩浪迦 |
| 641–691년 | 691년 | 大唐西域求法高僧傳 | 郞迦戌 |
| 689–691년 | 691년 | 南海寄歸內法傳 | 郞迦戌 |
| 13세기 | 1225년 | 諸蕃志 | 凌牙斯加 |
| 13세기 | 13세기 중엽 | 事林廣記 | 凌牙蘇家 |
| 6세기–1207년 | 1317년 | 文獻通考 | 狼牙脩加 |
| 14세기 | 1351년 | 島夷誌略 | 龍牙犀角 |
| 15세기 | 1436년 | 星槎勝覽 | 龍牙加貌(皃) |
| 15–17세기 전반 | 1621년 | 武備志 | 狼西加 |

『속고승전』에 의하면 의정은 671년 당을 출국하였다가 695년 귀국
하는데, 그동안 랑카수카에도 머물렀던 것으로 보인다. 그의 저술인

『대당서역구법고승전(大唐西域求法高僧傳)』에는 랑카수카를 거쳐 갔던 승려들에 대한 언급이 있다. 의랑율사(義郎律師)는 푸난을 거쳐 낭가수(郎迦戌)에 가서 그 왕에게 환대를 받고 사자주(師子州)로 갔다고 한다. 의휘법사(義輝法師)는 낭가수국(郎迦戌國)에서 병사하였고 도림법사(道琳法師)는 낭가수를 거쳐 나국(裸國)으로 갔고 귀국할 때에는 갈다국(羯茶國)을 경유하였다고 한다. 이렇듯 7세기 무렵 인도로 가는 구법승들의 항로에서 랑카수카가 중요한 기착지였음을 알 수 있다.

그런데 8세기 이후에는 랑카수카의 활동이 잘 포착되지 않는다. 그 이유로는 신흥 해상강국인 스리위자야의 부상으로 인해 부용의 처지로 전락하였을 가능성을 들 수 있다. 하지만 송대에 천주(泉州)를 대상으로 통상을 진행한 세력 중에 능아사가(凌牙斯加)가 보이는 것을 볼 때,[198] 12세기까지도 그 활동상이 이어짐을 알 수 있다. 스리위자야가 몰락해 가는 14세기 이후에는 새롭게 빠따니(Pattani)에게 주도권을 상실한 것 같다.

아울러 말라카 해협의 중요도가 커지면서 원거리 항해에서 말레이반도 동안의 중요도가 낮아지는 점도 영향을 미쳤을 것이다. 그럼에도 불구하고 장기간 랑카수카라는 이름이 전해지지만 이미 그 위상은 7세기 이전과는 다르다. 즉 항시국가라기보다는 항시 혹은 항구로 위상이 축소되었으며, 단순히 지명으로 나타나는 경우도 있다. 송·원·명대에 걸쳐 나타나는 랑카수카의 다양한 이칭들은 6-7세기의 항시국가로서의 랑카수카가 아니라 항구로서의 랑카수카에 대한 명칭

해상 실크로드와 동아시아 고대국가

으로 판단된다. 『무비지』에는 말레이반도 동안의 항구로 표현되기에 이른다.


## 2) 랑카수카의 위치와 유적, 유물


### (1) 랑카수카의 위치논쟁

랑카수카가 말레이반도에 위치하는 것은 분명하지만 구체적인 위치에 대해서는 의견이 분분하다. 이미 20세기 전반부터 이에 대한 논의가 전개되었는데 말레이반도의 동안이냐 서안이냐가 논쟁의 핵심이었다. 간혹 명칭의 유사성으로 인해 말레이시아의 랑카위(Langkawi) 섬이 거론되기도 하지만 바위로 형성된 작은 섬은 규모가 동서로 30일, 남북으로 20일 거리에 해당된다는 『양서』의 기록과 부합하지 않는다.

랑카수카에 대한 기록은 17세기까지 남아 있으며 중국만이 아니라 아랍, 인도, 자와, 유럽 등 매우 다양한 지역의 문헌에서 확인된다. 이들 문헌 중에는 랑카수카에 대한 표기만이 아니라 이 나라로 가는 여정과 위치 등을 남긴 경우가 많다. 랑카수카의 위치에 대한 다양한 견해를 정리하면 크게는 말레이반도 동안설과 서안설로 구분된다.

말레이반도 동안설은 공통적으로 현재의 타이 남부, 말레이시아 북부의 국경 일대를 주목한다.[199] 반면 말레이반도의 서안에 위치한 말레이시아의 크다(Kedah) 지역에 비정하는 견해가 있다. 18-19세기에 작성된 크다 문서(Kedah Annals)라고 불리는 「메롱 마하왕사 이야기 (Hikayat Merong Mahawangsa)」에서는 크다 지역 왕의 선조인 메롱 마하왕 사(Merong Mahawangsa)왕이 로마에서 중국으로 가는 도중 크다에서 국 가를 세웠고 그 이름이 랑카수카라는 것이다.[200] 이 문서에는 신화와 전설적인 내용이 많으며 힌두교와 이슬람의 요소가 담겨 있다. 국내 에서도 크다 지역에 비정한 견해가[201] 발표된 바 있으며 일부 백과사전 에서도 크다에 비정하고 있다.

최근 발표된 새로운 견해에 의하면 크다에는 중국에서 고라(箇羅), 가라(呵羅), 갈다(羯茶), 간타리(干陀利)라고 부르는 국가가 존재하였으 며, 주변에 있는 종속적인 국가로서 송클라(Sonhkla), 빠따니, 랑카수카 가 존재하였으며, 랑카수카의 위치는 현재 타이 영토인 나콘시탐마랏 (Nakhon Si Thammarat)이라고 한다.[202] 이 견해는 말레이반도 서안의 크다 에 중심적인 국가를 상정하고, 동안에 작은 위성국가를 상정하는 셈 인데 그중의 하나로 랑카수카를 배치한 점이 특징이다.

이렇듯 다양한 견해가 제기되었으나 랑카수카의 위치는 동안이 타당해 보인다. 『신당서(新唐書)』에 의하면 낭아수는 반반(盤盤)에 접한 다고 하는데 반반의 위치는 현재 말레이반도 동안이 분명하다. 명대 의 『무비지』에 의하면 랑카수카의 다른 이름인 낭서가(狼西加)는 손고 나(孫姑那), 즉 현재의 타이 송클라의 남측, 곤하지(昆下池, 빠따니)항의 북 편에 위치한다. 이 일대는 크라 지협과 반 돈(Ban Don)만의 남쪽에 해 당되며 북에서 남으로 나콘시탐마랏, 송클라, 빠따니 등 유명한 항시

해상 실크로드와 동아시아 고대국가

가 연이어지는 곳이다.

그다음은 크다의 명
칭 문제이다. 크다는 400-
500년에서부터 1300년까
지 다양한 명칭으로 불리
었다. 중국에서는 길타(吉
陀), 갈다(羯茶), 산스크리
트어로는 카타하(Kataha),
타밀(Tamil)어로는 카다람
(Kadaram), 키다람(Kidaram),
키다라(Kidara),[203] 아랍어로
는 카라(Kalah), 유럽에서는

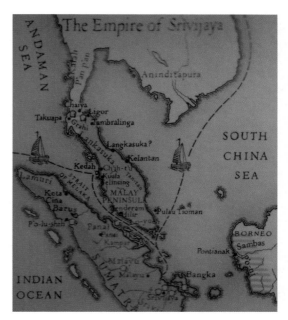

그림 32 동서 교섭에서 크다의 위치 – 싱가포르 아시아문명박물관
(촬영: 필자)

케다(Quedah)로 불렸다. 이 명칭은 아소카 왕에게 멸망당한 동인도 카
링가 왕조의 망명객들이 이 지역에 정착하면서 생긴 것으로 보고 있
다.[204] 따라서 랑카수카라는 국명과 직결시키기는 곤란하다. 의정이
인도에서 귀국할 때 거쳤던 갈다국이 여기에 해당될 것이다.[205]

게다가 양대 이후 명대에 이르기까지 중국 측 문헌은 랑카수카의
위치를 일관되게 말레이반도 동안으로 보고 있다. 『구당서(舊唐書)』에
서는 반반국과 낭아수국이 인접하였다고 하는데 반반은 현재의 반 돈
만 근처로 보는 견해가[206] 유력하다.

『수서』와 『북사(北史)』에 의하면 수양제의 명을 받고 607년 상준과 왕군정이 적토국으로 가는 여정에서, 서편으로 낭아수국의 산을 보면서 항해했다고 한다. 적토국은 말레이반도 남안으로 추정되므로 낭아수국 즉 랑카수카는 말레이반도의 동안이어야 한다. 명대의 기록이지만『무비지』에 인용된 지도에는 랑카수카를 명백히 송클라의 남측, 빠따니의 북측에 위치시켰다. 양대에도, 동일한 곳인지 논란의 여지가 있지만, 명대 랑카수카의 위치는 논란의 여지가 없는 셈이다.

한편 아랍 측에서는 랑카수카의 위치를 차이나(China)의 가장 끝이라고 인식하였는데 그들에게 차이나란 공간은 말레이반도 동측의 전부를 지칭하는 것이었다.[207] 따라서 차이나의 가장 끝은 말레이반도 서안이 될 수 없다.

다만 서안에도 랑카수카와 관련된 전승이 전해지는 점은 주목하여야 한다. 고대 바닷길의 개통 과정에서 말레이반도의 잘록한 크라 지협의 동안과 서안에 각각 항시가 존재하고 이 항시를 잇는 육상 운송이 발달하였던 사실을 고려할 때 해상왕국 랑카수카가 반도의 동안에만 국한되었다고 볼 수는 없다. 벵골만을 경유한 인도와의 원거리 교역은 후방 내륙지역의 교역망과 연결되어야 완성된다.[208]

『양서』에 기록된 동서로 30일, 남북으로 20일 거리라는 기사를 중시할 때, 랑카수카는 말레이반도의 동안에만 남북으로 길게 위치하기보다는 서안을 포함한 것으로 보는 것이 합리적이다. 말레이반도 서안은 벵골만을 통해 인도로 가는 항로에서 반드시 거쳐야 하는 곳인 만큼 이 일대에 대한 영향력 확대 내지 영토화는 필수적이었을 것이다.

해상 실크로드와 동아시아 고대국가

항시에서는 경제적, 정치적 리더들의 리더십에 약간이라도 변동이 생기면 해안가의 중심은 급격히 이동하고 교역에 기반한 국가의 지배자들은 신속히 이동하는 경향을 보인다. 구체적으로 보면 크다에서는 캄풍 숭아이 마스(Kampung Sungai Mas), 펭칼란 부장(Pengkalan Bujang), 캄풍 시레(Kampung Sireh) 등 3개의 유적이 중심적인 관문의 역할을 번갈아 가며 맡고 있다.[209] 이러한 현상이 확대되면 항시국가 내의 복수의 항시 중에서 중심적인 위상을 점하는 항시가 변화하는 모습도 상정할 수 있다.

복수의 항시가 네트워크를 형성하는 방식으로 국가가 형성되던 항시국가의 속성을 고려할 때, 말레이반도에 위치한 항시국가인 돈손(頓遜), 반반, 단단, 간타리, 낭아수가 모두 반도 서안과 동안의 항시를 연결하는 형태였을 것이다. 이런 점을 감안하여 낭아수는 크다와 빠따니라고 명시한 연구가 나온 바 있다.[210]

푸난의 경우 정치적 중심인 앙코르 보레이와 함께 외항이자 원거리 교역항인 옥 에오의 비중이 매우 컸다. 참파의 경우는 정치적 중심 짜 끼에우, 종교적 중심 미 썬과 함께 교역항으로서 호이안의 중요도가 매우 높았다. 푸난이나 스리위자야 같은 항시국가는 영토적 경계가 뚜렷한 국가가 아니라 일정 영역 안에 서로 다른 비중을 가진 몇 개의 권력 중심이 존재하는 형태였다.[211]

따라서 랑카수카의 경우도 정치적 중심과 교역항이 반도의 동안과 서안에 병존한 것으로 보는 것이 합리적이다. 14세기 이전의 사실을 전하는 것으로 알려진 인도 문헌에서 'Suvaṇṇabhūmi'(동남아시아)를 대표하는 두 개의 항구로서 랑카수카의 'Katahadvipa'(크다) 두 군데를 특정한 데는[212] 이러한 배경이 있었을 것이다.

이런 점에서 랑카수카의 위치를 "말레이반도 동안의 빠따니 이동과 동북지역 동경 101°18' 북위 6°48'로부터 말레이시아의 크다주에 미치는 지역을 포괄하였다"라고 하는 견해가[213] 가장 합리적이라고 판단된다. 다만 최초 건국 지점이 크다에서 발전하면서 빠따니로 확장한 것인지 그 반대로 빠따니에서 건국된 후 크다로 확장된 것인지에 대해서는 의견이 통일되지 않았다.

### (2) 관련 유적과 유물
#### ① 야랑 일대

랑카수카의 위치를 말레이반도 동안에 비정하는 입장에서는 빠따니에서 남쪽으로 15㎞ 정도 떨어진 야랑 유적이 가장 중요시된다.[214] 이곳에서는 반 왓(Ban Wat)이란 지점에 유적이 집중되고 운하의 밀도가 높으며 이중 성벽과 해자로 구획된 넓은 방형 구획이 존재한다.

반 왓은 현재의 해안선에서 15㎞ 정도 떨어진 곳이며 항구의 흔적을 찾지 못하였으나 항공촬영과 위성을 이용한 지형학적 연구를 통해 새로운 사실이 알려지게 되었다. 강의 퇴적물에 의해 형성된 과거의 델타에서 가장 높은 곳에 위치하며 당시의 해안선에서 10㎞ 정도 떨어졌다는 점, 주변의 수많은 강에 의한 자연적 소통망은 운하의 개설로 기능을 향상시켰다는 점, 넓게 펼쳐진 충적대지에서 쌀농사가 이루어지고 있었다는 점이다.

이러한 특징은 정치·종교·군사적인 계층화가 인도적인 모델에 의해 정교하게 계획된 모습이며『양서』에 표현된 랑카수카의 왕성과 일치한다는 것이다. 실제로 이곳에서는 당대 도자기편이 발견되었고 불교 관련 유물이 출토된 동굴도 알려져 있다.

발굴조사 결과 전돌로 만든 건물이 여러 채 발견되었는데 그중에는 불교사원임이 분명한 것들이 포함되어 있다. 출토 유물 중에는 편의 수가 50만 점에 달하는 봉헌된 스투파(탑), 그리고 많은 양의 판불이 주목된다. 그 시기는 6-8세기대에 해당된다. 그리고 비록 정식 발굴조사를 통한 것이 아니지만 종종 우연한 기회에 청동제 입상이 발견되곤 한다. 발견된 조상(彫像)은 대개 불교 관련이지만, 2점의 링가와 1점의 난디(Nandi: 시바가 타는 수소)가 발견된 바 있다. 조상의 양이 빈약한 점은 후술할 크다 지역과 공통적이다.

원거리 교역을 증명하는 유물로는 중국, 아랍의 동전과 사산조 페르시아의 은전 정도가 있다. 상업활동을 증명할 9세기 이전의 재지, 외래 토기에 대한 정보는 없다고 한다.


### ② 부장 계곡 일대

말레이반도 서안의 크다 지역에서 유적이 집중된 지역은 부장(Bujang) 계곡 일대이다. 벵골만을 횡단하여 말라카 해협으로 향하던 선원들의 표지가 되어 주는 제라이(Jerai)산의 남쪽으로 머복(Merbok)강과 무다(Muda)강, 그리고 그 지류 주변으로 약 360㎢ 범위에 걸쳐 1세기-1500년에 이르는 유적과 유물이 집중되어 있다. 대부분은 힌두교와 불교 관련 사원, 돌과 전돌로 만든 구조물로서 인도 양식을 보여 준다.[215] 동남아시아의 내륙부와 반도에서 수많은 해안가의 교역 중심이 등장하면서 네트워크가 형성되는 시점은 기원 전후 시기부터인데[216] 부장 계곡 일대도 마찬가지이다.

1849년 제임스 로(James Low)가 최초로 이 지역의 사원과 관련 유적에 대해 발표한 후, 1940년대에 웨일스(Quaritch Wales)는 자신이 확인한 31개소의 유적 중 적어도 24개소가 인도풍임을 밝혔다. 1961년에 램(Alastair Lamb)은 부킷 바투 파핫(Bukit Batu Pahat)이란 찬디(Candi)[217] 를 조사하면서 크다와 여타 동남아시아지역의 양식적 연관성에 주목하고 크다가 인도에 종속적이었다는 논쟁적 주장을 제기하였다. 이후 지속적인 조사와 연구를 거치면서 1980년대에는 총 87개소의 유적이 확인되었으며 크다 지역이 인도인들에 의해 정치적·종교적·경제적으로 조종되었다고 인정되기에 이르렀다.[218]

1980년대에 확인된 총 87개의 유적 중 적어도 55개 유적은 인도 양식의 건물이었고 이런 이유로 이 지역의 인도화와 인도에 종속적 위상 등이 논의되었지만 사원과 교환 장소 등이 상호 어떻게 연결되는지, 과연 인도인이 교역을 주도하였는지 등 많은 의문이 남아 있었다.

해상 실크로드와 동아시아 고대국가

그림 33  부장 계곡에 분포하는 찬디 복원 모형 – 쿠알라룸푸르 국립박물관 (촬영: 필자)

　무다강 하구에 위치한 캄풍 숭아이 마스 유적과 캄풍 시레 유적에서 다량의 중국산 도자기, 다양한 산지의 구슬, 중동지역의 도기와 유리 등이 발견되었는데 이러한 외래 기성품은 현지의 향나무, 건축용 목재, 대모,[219] 위석(胃石), 원숭이, 코끼리 등과 교역되었을 것이다. 현지의 물산은 먼 내륙 어디에선가 집산된 후 강을 따라 하구로 운반되었을 것이다.[220] 유적들은 현재는 내륙에 위치하지만 이는 해안선의 변화로 인한 결과이고 고대에는 대부분 강변이나 해안가에 입지하였다.

　2007년에 머복강의 지류인 바투 강변에서 숭아이 바투(Sungai Batu) 유적이 발견되고 2008년부터 본격적인 발굴조사가 진행되면서 새로운 국면으로 접어들었다. 숭아이 바투에서만 97개소의 유적이 확인

되었고 그중 16개소가 발굴조사되었다. 특히 제의를 위한 건물(2세기),
강변의 선착장(2세기), 제련시설(1세기) 등이 중요한데(그림 34), 이 조사
로 인하여 유적의 형성 시점이 1세기로 상향되기에 이르렀다.[221]

　　제련시설에서는 철광석, 슬래(Slag), 송풍관 등이 발견되어 철기 생
산이 활발히 이루어졌음을 알 수 있는데 이슬람세계에서도 이곳의 철
검은 유명하였다고 한다. 타밀어로 이곳을 '카자칸(Kazhakan)'이라고
부르는 이유도 철을 의미
하는 "Kazh"에서 유래하였
다고 한다.

　　이상의 조사 성과에 힘
입어 이 일대는 철기 생산
을 기초로 발전한 항시로
서 그 면적은 1,000㎢에 달
한다는 견해가 제기되었
다.[222] 숭아이 바투 유적에
서 발견된 선착장은 이 일
대가 랑카수카의 핵심적
항시였음을 보여 준다.

　　교역에 기반하여 발전
한 국가는 농업 생산을 기
반으로 발전한 국가와 근

그림 34　숭아이 바투 유적의 종교건물(상)과 제련로(하) (촬영: 필자)

해상 실크로드와 동아시아 고대국가

본적으로 다른 점을 지닌다. 크다와 같은 항시에서 국가의 통제는 해안 중심 및 근거리 상류지역에 국한되며 상류나 삼림지대의 채집, 교역 상대는 자치권을 누렸다. 그들이 다른 수계로 넘어가거나 경쟁적인 네트워크에 참여할 수도 있기에 모든 참여자의 상호 의존성을 키우는 것이 필요하였기 때문이다. 그 결과 농업 기반의 앙코르제국이 수직적인 통합의 모습을 보이는 데 비하여, 교역에 기반한 크다는 상호 협동적이고 수평적인 모습을 띠게 되었다는 것이다.[223]

야랑 일대에 운하가 집중되는 양상은 푸난의 앙코르 보레이와 유사하다. 앙코르 보레이는 메콩강 하구의 옥 에오에 비해 상류에 위치하지만 양 지역은 전체 길이가 80km나 되는 운하로 연결되어 있다. 운하의 기능은 수리와 관개, 운송, 물류 등 다양하다.[224] 앙코르 보레이는 내륙에 위치한 점에서 옥 에오와는 다른 기능, 예컨대 정치적인 중심, 농경 기반, 산악지대의 생산품 집하 등을 담당하였을 것이다. 반면 메콩강 하구에 위치한 옥 에오는 마치 변한 사회에서 김해가 수행하였던 관문지역사회(Gateway Community)와[225] 같은 기능으로 특화되어 있었을 것이다. 이런 점에서 야랑은 앙코르 보레이를 닮았고, 크다는 옥 에오를 닮았다. 야랑에서 집산된 물품이 내륙을 통해 크다로 올 수도 있겠으나 대부분은 말레이 동안의 항구에 모였을 것이고 크다에 집산되는 물품은 북측의 제라이산에서 나온 것들이었을 것이다.

# 6. 퓨(Pyu, 驃)와 전(滇, Dian)

## 1) 퓨족의 역사와 문화

### (1) 퓨족 사회에 대한 이해의 필요성

고대의 버마는 에야와디강 상류역의 상류 버마(Upper Burma)와 하류역-뱅골만 일대의 하류 버마(Lower Burma)로 나뉜다. 전자는 퓨족, 후자는 몬(Mon)족의 활동무대이다.

최근 한국에서도 미얀마를 방문하는 관광객이 증가하고 관광상품도 개발되었지만 대부분 바간(Bagan) 시기의 사원을 방문하고 돌아올 뿐, 이에 앞서 활동하였던 퓨족이나 몬족에 대한 관심은 찾아볼 수 없다. 퓨족의 도시국가인 베익타노(Beikthano), 할린(Halin), 스리 크세트라(Sri Ksetra) 등의 유적이[226] 이미 유네스코 세계문화유산에 등재된 상태이지만 이 사실조차 별로 알려져 있지 않다. 필자가 퓨족의 역사와 문화에 관심을 기울이는 또 다른 이유는 다음과 같다.

첫째, 퓨족은 티베트·버마어를 사용하는 집단으로서 기원 전후한 시기에 현재의 미얀마 지역으로 이주하였다. 퓨족은 시간이 지나면서 자신들의 언어를 잃게 되었지만 고고학적 발굴조사에 의하여 종족적·문화적·사회적 성격이 차츰 밝혀지고 있다. 미얀마 중부지역의 사몬(Samon) 계곡에서 발견되는 청동기들은 이곳에서 80km나 떨어져

해상 실크로드와 동아시아 고대국가

그림 35  에야와디강을 따라 줄지어 선 사원들 (촬영: 필자)

있는 운남성 이가산(李家山) 유적의 청동기와 놀라울 정도로 똑같다.
그 시기는 이가산 유적을 남긴 초기 전(滇) 문화와 중첩된다.[227] 그들은
운남성의 전 왕국과 교섭하였고, 전 왕국은 흉노(匈奴), 오손(烏孫), 야
랑, 남월, 위만조선과 함께 한의 주변에 위성처럼 배치되어 상호 복잡
한 교섭을 전개하였다. 따라서 위만조선시기 동아시아의 교섭을 총체
적으로 이해하기 위해서는 한의 사방에 위치하던 여러 정치체들에 대
한 고른 관심이 필요하다. 이들 비한족 정치체 및 국가들의 상호관계
는 직접적인 경우와 간접적인 경우가 모두 존재한다. 문제는 해상 실
크로드를 비롯한 유라시아 교섭사 연구에서 유럽과 아랍, 인도와 중
국 등이 주목될 뿐 실제로 지역 단위의 다양한 교섭을 전개한 소규모
정치체에 대한 관심이 매우 부족하다는 점이다. 이런 까닭에 한반도

와 일본열도의 역할과 위상도 제대로 평가받지 못하였던 것이며 소규모 정치체에 대한 연구는 거의 없거나 있더라도 중국과의 관계 속에서만 다루어져 왔던 것이다. 이러한 한계를 극복하는 것이 당시 해상 교류의 역동성을 이해하는 전제 조건이라고 본다.

둘째, 퓨족 도시들은 에야와디강을 따라 남북으로 길게 분포하고 있다. 에야와디강의 상류는 중국 운남성과 연결되고, 하류는 벵골만과 접한다. 따라서 운남성과 벵골만을 연결하는 통로의 역할을 하게 되어 있다. 랑카수카의 크다 지역처럼 내륙의 물자와 해안의 물자가 만나서 물류 거점을 형성하기에도 매우 유리한 곳이다. 벵골만이 지니고 있는 고대 해상 교역로에서의 중요성을[228] 감안할 때 퓨족 사회의 역할과 위상이 높았을 것이지만 관련 연구는 매우 부족하다.

마지막으로 가야 사회와 유사한 측면을 지니고 있다. 강과 바다를 따라 복수의 정치체가 차례로 발전하면서도 하나로 통합되지 못하고 결국은 외부 세력에 통합되는 퓨족 사회의 양상은 삼국시대의 가야를 연상시킨다. 한국 고대사에서 가야 사회의 특징은 해양성과

그림 36  퓨족 도시의 분포 양상

해상 실크로드와 동아시아 고대국가

항시국가적 속성이라고 정의할 수 있다. 따라서 가야사에 대한 비교사적 연구를 위해서도 퓨족 사회에 대한 이해와 관심이 필요하다.

### (2) 퓨의 중요 유적과 유물

에야와디강을 따라 길게 분포하는 퓨족의 도시들은 발굴조사를 통하여 대체로 1세기부터 10세기에 걸쳐 존속하였음이 밝혀졌다. 대표적인 유적은 베익타노, 할린, 스리 크세트라이다.[229] 그 시기는 베익타노 전기가 1-2세기, 후기가 4-5세기, 할린은 2-9세기, 스리 크세트라는 5-10세기에 해당된다.[230] 따라서 베익타노가 가장 이른 시기에 형성되었고 이어서 할린이, 그리고 스리 크세트라가 가장 나중에 형성되었음을 알 수 있다.

이 3개의 유적은 폐쇄된 도시의 형태를 취하고 있는데 대체로 방형계 평지성을 갖추고 그 중앙에 궁성이 위치하는 구조이다. 성벽에는 여러 개의 문이 설치되고 내옹성의 구조를 띠는 경우가 많다. 대개 성벽의 외부에는 해자를 두어 방어력을 높였다. 바간 양식에 선행하는 스투파가 주변에 분포하며 이를 중심으로 화장묘가 배치된 경우도 있다. 스투파 안에서는 유리와 금제품 등이 공양되는 경우가 보인다. 세부적인 내용은 다음과 같다.[231]

### ① 베익타노

구운 전돌로 축조한 평지성이다. 6년에 걸쳐 25개소에 대한 발굴조사가 진행된 결과 번영과 행운을 상징하는 은화, 토제와 보석제 구슬, 장식된 토기, 철제 못 등이 발견되었는데 후술할 스리 크세트라와 공통성이 많다. 불교 관련 조각과 유적이 없으므로 퓨족 유적 중에서 가장 이른 시기에 속하는 것으로 보인다.

방형에 가까운 평면을 지닌 성의 중앙부에 궁성이 위치하고 서벽과 남벽으로는 자연 하천이 흐르는데 이 하천을 이용하여 해자로 삼고 있다. 14지점에서는 한자의 철(凸) 자를 닮은 평면의 벽돌구조물이 발견되었는데 중앙에 원형의 구조물이 위치하고 외곽에 인골, 화장묘 등이 위치하였다.

3지점에서는 원형 평면의 스투파가 발견되었고, 12지점에서는 정연한 벽돌건축물의 하부구조가 발견되었다. 2지점에서는 여러 개의 방을 갖춘 건물이 발견되었는데 승려들을 수용한 수도원으로 해석되었다.


② 할린

이 유적과 관련하여 내려오는 전승은 수천 년 전에 인도의 왕자가 축조하였다고 하지만 실제 발굴조사 결과는 퓨족이 남긴 것으로 판명되었다. 1904년부터 조사가 시작되면서 퓨 언어로 만들어진 비석이 발견되었다.

성은 구운 전돌로 성벽을 만든 평지성인데 평면은 남북으로 긴 장방형이다. 역시 중앙에 궁성을 갖추고 있다. 대부분의 목조건물들이

화재로 소실된 점이 주목되는데 방사성 탄소연대 측정에 의해 문지는 2-3세기, 공공장소는 6세기 무렵으로 추정되었다. 마을 주민들에 의하여 금·은·동제 유물들이 많이 채집되었으나 모두 녹아서 팔려 나갔다. 다만 그 형태가 스리 크세트라에서 발견되는 것과 상통함은 규명되었다. 손잡이 달린 청동제 거울이 발견되기도 하였다. 1964년에는 거대한 석제 조각품이 궁성 근처에서 발견되었는데 8-9세기 무렵의 것으로 추정되며 남인도 문자가 새겨져 있다.

불상과 봉헌된 점토판 등은 없으나 약간의 금제 반지, 장신구, 구슬, 판형의 금제 장식 등이 발견되었고 철제 못,

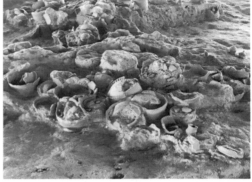

그림 37  퓨족의 유적 스리 크세트라 (촬영: 주경미)

도자, 철촉 등이 풍부하게 발견되었다.

할린은 스리 크세트라와 병존하였으나 불교적인 색채는 비교적 약한 편이다. 그 대신에 화장묘를 비롯한 인골이 많이 발견되었다.

### ③ 스리 크세트라

전승에 의하면 2,400년 전에 이 도시가 만들어졌다고 하지만 실제 발굴조사 결과 이 도시의 전성기는 5-9세기 무렵이다. 이 유적은 미얀마에서 가장 조사가 많이 이루어진 유적인데 1907년부터 발굴조사가 실시되었다. 가장 집중적인 조사는 1964년 무렵부터 진행되었다. 그 결과 남부 인도와의 긴밀한 관련성이 확인되었는데 특히 종교적인 부분이 그러하다.

성의 평면형은 말각방형을 띠고 있으며 구운 전돌로 높은 담장을 쌓은 방식이다. 베익타노와 마찬가지로 각 성벽의 문은 내옹성과 같은 형태를 취하고 있다. 성의 중앙부에 궁성이 자리 잡고 있으며 3개의 대형 스투파가 성의 남측(바우바우지), 서북측(파야지), 북측(파야마)에 배치되어 있다. 바우바우지는 높이가 153피트(ft)나 되며 원통을 뒤집어 놓아 우산, 혹은 종과 같은 형태를 취하고 있다. 파야지와 파야마는 원뿔 모양의 돔(Dome) 형태를 취하고 있다.

이 외에도 많은 스투파와 석조물들이 발견되어서 할린이나 베익타노와 다른 모습을 보인다. 이는 스리 크세트라의 중심시기가 앞의 두 유적보다 늦다는 점, 그리고 곧 다가올 바간 문화와 퓨 문화를 연결

해상 실크로드와 동아시아 고대국가

하는 역할을 하였다는 점을 보여 준다. 또 다른 의미에서는 퓨족의 도시 중 스리 크세트라가 가장 종교적인 위상이 높았음을 알려 준다.

## 2) 전 왕국의 발전과 멸망

### (1) 전 왕국의 역사

중국의 서남부인 운남성과 귀주성 일대에서는 중원지역과는 다른 문화를 지닌 다양한 종족들이 성장하고 있었는데 이들은 서남이(西南夷)라고 통칭되었다. 위만조선, 흉노, 남월처럼 한의 외곽에 분포하면서 초기 국가로 발전하고 상호작용을 전개하던 세력들이다.

『사기』 서남이열전에 나오는 수많은 종족 중 가장 대표적인 집단이 야랑과 전, 그리고 공도(邛都)이다. 전 왕국은 중국 운남성 동부에서 기원전 500년 무렵부터 등장하여 기원전 109년 한의 무제에 의해 멸망하였다.

전에 주목하고자 하는 이유는 두 가지이다. 첫째, 서남이에 대한 문헌자료는 『사기』의 내용이 대부분인데 그나마 매우 빈약하다. 게다가 주된 내용이 한나라와의 외교관계나 교역, 전쟁 등에 국한되어 있어서 서남이 자체의 정치구조와 사회현상을 이해하기 어렵다. 따라서 고고학적인 조사와 연구 성과를 이용할 수밖에 없는데[232] 이 경우 전에 관련된 자료가 상대적으로 풍부하다. 둘째, 전은 앞에서 언급하였듯이 미얀마의 퓨족과도 긴밀한 관계를 맺었다. 즉 퓨족과 전에 의해 에야와디강을 통한 벵골만 연안과 중국 서남부의 교섭이 진행되었던 것이다.

『사기』에 의하면 초(楚)의 장군인 장교(莊蹻)가 전을 공격하다가 귀로가 막히자 "변복하고 그들의 풍속을 따르며 우두머리가 되었다"고 한다. 남월의 조타와 고조선의 위만을 연상시키는 구절이다. 장교가 자리 잡은 곳은 전의 중심인 '전지(滇池)'이다. 전은 남월이 멸망당하고 야랑이 투항하는 정세 속에서 한에 투항하여 "전왕지인(滇王之印)"을 받으면서 기존 통치권을 일부 보장받았지만 이 지역에는 익주군(益州郡)이 설치되면서 남월, 위만조선과 마찬가지로 한의 군현지배가 실시되었다.

### ⑵ 전 왕국의 문화

서남이 중에서는 전에 대한 발굴조사가 비교적 많이 이루어졌으나 주거지와 취락 관련 자료는 매우 빈약하며 대부분 미조사된 상태이다. 전의 문화를 발전시킨 주민들은 '전지'라고 불린 호수를 무대로 생활하였다. 고환경분석에 의하면 이 호수의 수위는 계속 변하였는데 전 문화가 꽃필 무렵에는 현재의 수위보다 2m 정도 낮았다고 한다. 따라서 초나라의 장교가 전지에 왔을 때 이 호수의 한 변이 300리가 되고 주변 평지가 수천 리에 이르렀다는 『사기』의 기록은 과장된 것이고 실제 인구는 그리 많지 않았을 것으로 추정된다. 농업조건이 그다지 뛰어나지 않았기 때문에 교역과 광업이 사회발전에 중요한 역할을 하였을 것이며[233] 남쪽의 미얀마 퓨족 사회, 북쪽의 한을 잇는 역할을 하였을 것이다.

고고학적 발굴조사는 주로 분묘를 대상으로 진행되어서 지금까지 1,000기가 넘는 무덤이 조사되었는데, 이 중 100여 기가 지배층의 무덤으로 분류되었다.

고분군은 네 군데가 알려져 있는데 대표적인 유적은 석채산(石寨山) 유적과 이가산(李家山) 유적이다(그림 38). 모두 집단묘로서 20-100기 단위로 호수에서 올라가는 작은 언덕 정상부에 입지한다. 개개 묘광별로 작은 봉토가 덮여 있는 구조이다.

그림 38 퓨족의 도시와 전의 대표적인 유적(석채산과 이가산)의 위치

초기의 묘제는 수혈토광묘로서 청동기, 팔뚝 가리개, 허리띠 장식, 동물투쟁문으로 장식된 브로치, 인장, 토기와 호리병 모양의 악기, 청동 무기 등이 부장된다. 지배층의 무덤에서는 대형의 청동 북(銅鼓)과 그 안에 조개를 넣은 것이 특징이며 밝은 색으로 채색된 내외 이중구조의 칠기 목관이 발견된다.

한에 정복된 기원전 109년 이후에는 한묘의 구조를 따라서 다실구조의 전실묘(직경 10m급 봉토분)가 등장하며 부장품도 동경, 동전, 도자기, 청동 용기, 청동 향로, 램프, 토제 명기(인물, 부뚜막, 농경지, 창고) 등이 나타난다.

석채산 유적은 기원전 3세기부터 기원후 1세기에 걸쳐 조영된 대규모 고분군이다. 그 위치는 진녕(鎭寧) 시가에서 서쪽으로 5km 정도 떨어져 있는 석채산 언덕 정상부에 해당된다. 전체 묘역의 범위는 500×200m 정도인데, 총 5회에 걸친 발굴조사 결과 86기의 무덤이 발굴조사되었고, 총 4,000여 점의 유물이 출토되었다.[234]

무덤의 구조는 대부분 장방형 수혈토광묘로서 평면 규모, 부장품의 종류와 질에 의해 구분된다. 일반적인 소형묘는 길이 2m, 폭 1m, 깊이 0.5에서 1m 규모로서 1인을 매장하고 약간의 부장품이 들어 있는 정도이다. 반면 대형묘는 길이와 폭이 4m를 넘는 규모인데 공통적으로 요갱(腰坑)이나 두상(頭箱) 등은 없다. 지상에 뚜렷한 봉토의 흔적이 없고 간혹 큰 돌을 올리는 정도에 그친다.

매장방법은 하늘을 보면서 팔다리를 펴서 곧게 묻는 것이 일반적

해상 실크로드와 동아시아 고대국가

인데, 간혹 몸을 구부리거나 엎드린 상태로 매장한 경우도 보인다. 매장시설은 칠관이 다수인데, 대형묘 중에는 관의 바깥에 곽을 갖춘 경우도 있다. 소형묘 중에는 목관을 바닥에 깐 간단한 구조도 있다. 부장품은 청동기, 칠기, 금, 철, 옥, 토기, 석재, 진주 등으로 나뉜다.

1957년도에 발굴조사된 6호묘는 왕릉급인데 한의 침공 직후에 축조된 것으로 보인다. 길이 4.2m, 폭 1.9m 정도인데, 봉토는 이보다 대형이다. 옻칠된 이중 목관의 내관에 시신을 안치하고 250점에 달하는 부장품도 함께 안치했다. 그 종류는 청동 용기, 도구, 무기, 악기, 장신구, 종방울, 한에서 받은 거울과 동전 등인데 이 중에서도 가장 중요한 것은 금제 인장('滇王之印')이다. 『사기』의 관련 기록에 의할 때 한무제의 침공 시에 전왕에게 보내진 인장으로 판단된다.

이가산 유적은 석채산 유적의 남방 40km 정도 지점에 위치한다. 1972년에 27기, 1991-1992년에 60기의 무덤이 발굴조사되었다.[235] 1972년도 조사의 경우, 16기에서 1점 미만의 부장품만 발견되었으며, 대부분 소형 수혈토광묘로서 면적은 2.75㎡ 이하이다. 17기는 2.75-8㎡, 7기는 8-16㎡, 2기는 대형(20㎡ 이상)이어서 무덤의 규모 차이로 계층화된 모습을 보여 주는 사회임을 입증한다(그림 39). 부장된 유물의 질과 양에서도 마찬가지이다. 총 4,000점의 청동기가 출토되었다.

부장품의 종류는 청동 용기, 무기, 도구, 일상생활 용기, 악기, 등자, 옥(4,000점), 철기(300점), 금은제 조각(6,600점), 석제(21점), 마노(1만 점 이상) 등 다양한 편이다.

이가산 유적에서 출토된 중요 유물은 중국 옥계(玉溪)의 이가산청
동기박물관에 소장되어 있다. 1993년에 개관되어 2개의 전시실에 총
2,790점의 유물을 전시하고 있다. 대표적인 유물은 우호동안(牛虎銅案)
인데 실물은 운남성박물관에 소장되어 있다.

석채산과 이가산의 무덤구조는 수직 방향으로 구덩이를 파고 그
안에 목관이나 목곽을 안치하는 간단한 구조이다. 사천 서남부의 대
석묘 분포권, 귀주 서부 야랑의 투두묘(套頭墓)와는 완전히 구분되는
묘제이다.[236] 출토 유물 면에서는 동 손 문화에서 유행한 동고가 출토
된 점에서 광동, 광서, 북부 베트남의 영향이 있었음을 알 수 있는 한

그림 39  이가산 M51호묘 관 내부 상태 (云南省文物考古硏究所 · 玉溪市文物管理所 · 江川縣文化局 編著, 2007에서)

해상 실크로드와 동아시아 고대국가

그림 40   석채산 유적 동고(상)와 동물투쟁
문 청동기(하) (張增祺, 1998에서)

편, 인면문과 동물투쟁문을 주제로 삼은 청동장식의 존재로 인하여 티베트와 신장 지역을 통해 북방 스텝(Steppe) 지역의 유목문화권과 교류하였음을 알 수 있다.[237] 결국 전에서 북방 유목문화와 동 손 문화가 중첩될 뿐만 아니라 퓨족과의 연결을 통하여 뱅골만으로 이어지는 육로와 해로의 구체상을 알 수 있는 것이다.

## 7. 스리위자야(Srivijaya, 室利佛逝)

스리위자야는 수마트라섬을 기반으로 인도네시아, 말레이반도, 필리핀, 인도 일대까지 세력을 떨치던 군도부의 대표적 항시국가이지만 밝혀지지 않은 점이 많다. 중국 기록에 나오는 실리불서(室利佛逝)와 삼불제(三佛齊)가 모두 스리위자야를 지칭하는 것으로 보는 견해는 전자가 당대, 후자가 송대의 명칭에 불과한 것으로 그 실체는 동일하다고 본다. 반면 팔렘방, 자와, 크다 등 스리위자야 계통의 3개 국가(성시)의 연합체가 새로운 국호로서 3개의 불제국(佛齊國), 즉 삼불제를 칭하였다는 독특한 견해도 제기되었다.[238]

스리위자야의 중심지에 대해서는 타이 남부, 말레이반도, 수마트라 중부, 수마트라 남부 등 4가지 견해가 대립하면서 명쾌히 해결되지 않은 상태이다. 몇몇 비문의 존재를 근거로 수마트라 남부의 팔렘방 일대를 주목하기도 하지만 팔렘방은 스리위자야의 14개 성시 중 하나에 불과하다는 반론도 만만치 않다. 그 역사는 2세기부터 13세기까지 왕국이 존재한 것으로 되어 있으나 초기의 역사는 분명치 않고, 7세기에 접어들어서야 말라카 해협을 장악하면서 해상 실크로드에서 중요한 역할을 담당하게 되었다. 시간적으로 푸난의 멸망 시점과 겹치고, 그 왕실이 푸난과 동일하게 대승불교를 신봉하였다는 이유로 푸난의 왕실이 계승된 것으로 보는 견해도 있다.[239] 전성기는 9세기부터 11세기 초까지이며 이때에는 휘하에 수많은 항시국가를 거느린 제국의 면모를 보였다.

스리위자야의 대두는 푸난과 참파의 쇠락을 의미하며 내륙부의 항시국가를 군도부의 항시국가가 대체하였음을 보여 준다. 그 배경에는 조선술의 발전, 항로의 변화, 주요 구매국의 입장 변화 등이 내재되어 있다. 이러한 변수는 항시국가의 숙명이기도 하다.

우선 선박의 문제이다. 항해술의 개선과 함께 말레이족 선박의 개량이 이루어지면서 연안 항해를 탈피하여 장거리 항해가 가능하게 되었다. 그 결과 참파와 푸난의 항구에 기항하지 않고 말라카 해협을 통과하는 항로가 발전하게 되었다. 자연스럽게 크라 지협과 베트남 연안의 수많은 항시들은 쇠퇴하였고 수마트라의 스리위자야, 그리고 내륙의 크메르가 연결되면서 해상 교역의 주도권이 넘어가게 되었다.[240]

670-673년 사이에 스리위자야에서 당에 사신을 보내었다. 당시 스리위자야는 팔렘방을 수도로 삼아서 널리 세력을 떨치고 있었다. 당

의 승려인 의정의 여행기인『대당서역구법고승전』과『남해기귀내법전(南海奇歸內法傳)』을 보면 당시 해상 교역로에서 스리위자야가 중심적인 역할을 하고 있는 양상을 볼 수 있다. 중국과 인도를 오가는 선박들은 반드시 스리위자야에 기항해야만 했고 몰래 통과할 때에는 무력 응징을 받아야 했다. 그 결과 스리위자야는 향료, 상아, 보석, 공예품, 비단 등을 집적하여 많은 부를 축적할 수 있었다.[241] 의정은 671년 당을 출발하여 해로로 인도를 향하였고, 695년에도 해로로 귀국하였다. 출발 직후인 672년 의정은 1,000명의 불교 승려가 있는 스리위자야로 건너가 그곳에서 산스크리트어를 배웠다. 685년 나란다(Nalanda)에서 돌아올 때에도 스리위자야에 들렀다. 그 후 10년간 수차례 광주과 스리위자야를 왕복하면서『화엄경(華嚴經)』을 중심으로 하는 불교 경전을 한문으로 번역하였다.

7세기에 이미 푸난은 멸망하였고 참파는 스리위자야와 경쟁관계에 놓여 있었지만, 8세기 초반에는 참파의 수도였던 인드라푸라가 스리위자야의 지배하에 놓이게 된다. 7세기 후반부터 8세기 전반에 걸쳐서 말라카 해협을 장악하게 됨으로써 스리위자야는 인도와 중국을 연결하는 동서 교역의 요충지를 제압하게 된다. 8세기 후반에는 수진랍(水眞臘)의 왕족이자 앙코르 왕국의 건국자인 자야바르만 2세가 어린 시절을 스리위자야에서 볼모로 보낼 정도였다.

그러나 1025년에 인도의 촐라(Chola) 왕국에 근거를 둔 세력이 팔렘방을 습격하면서 스리위자야는 급격히 쇠락하게 된다. 13세기 후반부터 자와섬에서 흥기한 마자파힛(Majapahit) 왕국에 밀리고 이슬람과 인도 상인들이 도래하면서 힌두교적 세계관을 지닌 스리위자야는 급속히 붕괴되어 갔다. 해상 무역에서 소외되면서 해양성을 잃고 고지대의 소국으로 전락하다가 1292년 완전히 멸망하였다.

스리위자야에 관한 자료는 중국 측 문헌기록, 그리고 팔렘방 인근에서 발견된 10개 미만의 비문(682·684·686년), 타이 남부의 나콘시탐마랏에서 발견된 755년의 비문, 동부 인도의 불교성지인 나란다에서 발견된 9세기 비문 정도이다.[242] 충분치는 않지만 이러한 자료를 통하여 스리위자야의 지배자 및 지배구조에 대한 대체적인 이해가 가능하여졌다.

스리위자야도 항시국가의 일반적인 속성인 중심지의 변천을 겪었는데, 첫 번째 수도였던 팔렘방에 대한 발굴조사에서 당나라의 도자기와 10세기대의 불상 및 가네샤가 출토되었다.[243] 무시(Musi)강에 인접한 팔렘방은 천혜의 항구였으며 강변의 경작지대에서는 쌀을 경작하였다.

푸난이나 참파와 마찬가지로 항시국가인 스리위자야 역시 영토가 뚜렷하지 않았다. 대등한 힘을 가진 복수의 정치권력의 연합체였고 이 구조에서 이탈하려는 세력에 회유, 위협, 보상을 가하면서 체제를 유지하였다. 마치 한국 고대국가 발전사에서 초기의 양상을 보는 듯하다. 지배자들은 말레이의 전통에 불교와 힌두교의 상징성을 적절히 혼합하였다. 스리위자야의 지배자들은 해상의 지배자인 동시에 교역

의 물품을 생산, 채집하는 산지의 주군이기도 하였다.[244]

스리위자야의 전성기 시절을 보여 주는 유적은 드물지만 수마트라 곳곳에서 11-13세기에 이르는 환호유적, 사원 등이 발견되었다. 타이 남부 송클라 지역의 사딘푸라 환호항시유적도 스리위자야와 관련된 것으로 보인다.[245]

한편 삼불제를 스리위자야와 동일시하는 견해도 있었으나 그것보다는 팔렘방, 잠비, 크다 등 지역 내 여러 항시의 총칭으로 보는 것이 합리적이다. 삼불제는 유향 등 서아시아 산물과 인도네시아 해역의 향신료를 중국에 운반하면서 번성하였다.[246]

스리위자야는 멸망하였지만 말레이인이 해상 교역의 주체로 서는

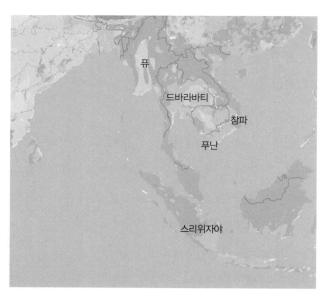

그림 41  스리위
자야의 위치

계기가 되었다. 그 결과 15세기 이후 말라카가 동서 해상 교역의 주체로 설 수 있었다. 말라카의 초대 왕은 팔렘방 근처를 지배하던 한 왕국의 왕족이었으며, 스리위자야가 담당하던 기능, 즉 계절풍의 변화를 기다리는 기항지의 역할을 고스란히 물려받았다. 게다가 말레이어가 현재 동남아시아 군도부에서 널리 사용되는 언어가 되는 데에도 스리위자야의 존재가 중요한 계기가 되었다.[247]

# 4장

# 해상 실크로드와
# 동북아시아

# 1. 인도-태평양 유리구슬의 유통에 반영된 해상 교역

동남아시아의 항시, 항시국가들이 주체가 되었던 교역의 양상을 보여 주는 자료는 문헌기록과 실물자료로 나뉜다. 후자의 경우는 향약·향신료와 같은 식물, 대모·공작과 같은 동물, 동물의 가죽이나 털을 가공한 가공품, 토기와 청동기, 철기, 유리 등으로 나눌 수 있다. 그런데 토기와 청동기, 철기, 유리는 무기질로서 수백 년의 시간이 경과한 후 유물로서 출토될 수 있으나 유기질 유물은 대부분 남아 있지 않다. 간혹 대모나 양탄자 등이 남아 있는 경우가 있으나 매우 드물다.

따라서 무기질 유물을 통한 연구가 주류를 이룰 수밖에 없다. 그중에서도 유리를 이용한 연구가 가장 유리하다. 그 이유는 우선 출토된 양이 많고, 과학적인 분석을 통하여 산지를 추정할 수 있기 때문이다. 특히 인도-태평양 유리구슬은 넓은 범위에 걸쳐 생산, 유통되었기 때문에 바다를 통한 교역을 실상에 가장 가깝게 보여 준다고 판단된다.

유리구슬은 영어 'glass bead'의 번역어이고 한자로는 주(珠), 기(璣) 등에 해당된다. 이 책에서는 한국과 일본 학계에서 널리 사용하는 유리옥이란 용어를 피하려고 한다. 옥(玉)은 원래 광물질을 의미하는데 일본에서 그 의미가 변질, 확장되어 어느 때는 연옥, 경옥 등 광물질을 지칭하기도 하고, 때로는 일본어의 '다마(たま)'를 지칭하면서 '유리옥'처럼 모순적인 용어가 나타나게 되었다. 국내 발굴보고서와 논문에

서 '옥'이란 용어를 무차별적으로 사용하게 되면서 그것이 광물로서의 옥인지, 작은 구슬을 말하는 것인지조차 구분할 수 없게 되어 버렸다. 이런 까닭에 이 책에서는 'bead'에 해당되는 용어는 '구슬'로 칭하고 옥(玉)은 광물질에 한정하여 사용하고자 하는 것이다. 따라서 관옥은 '대롱구슬', 곡옥은 '곱은 구슬', 소옥은 '작은 구슬'로 부르고자 한다.

### 1) 납-바륨 유리구슬의 유통

한반도에서 유리구슬이 발견되기 시작하는 시점은 초기철기시대부터이다. 부여 합송리의 한 무덤에서 푸른색의 유리제 대롱구슬이 철제 공구류인 철부, 철착과 함께 발견되면서[248] 연구가 시작되었다. 그 결과 그전에 공주 봉안리에서도 유사한 유물들이 이미 발견되었음이[249] 밝혀졌다. 곧이어 장수 남양리,[250] 당진 소소리[251]에서도 푸른 유리제 대롱구슬이 연이어 발견되면서, 이 유물이 지역적으로는 금강유역, 시기적으로는 초기철기시대에 집중적으로 출토됨을 알게 되었다. 합송리의 유리를 분석한 결과 납과 바륨이 다량 혼입되어 있음을 알게 되었는데 대개 이런 유리는 중국, 특히 남중국의 특징으로 여겨지고 있다. 이후 완주 갈동의 분묘에서는 푸른색의 고리(環) 모양 유리도 발견되었고, 인접한 신풍 유적에서는 대롱구슬과 고리 모양 유리가 함께 어우러진 장신구도 발견되었다(그림 42).

이로써 초기철기시대에는 금강을 중심으로 하는 한반도 서남부에

해상 실크로드와 동아시아 고대국가

중국 남부와 연결된 푸른 유리구슬이 집중 수입되었음이 규명되었다. 이때의 납유리는 바륨이 포함된 납-바륨유리로서, 삼국시대 늦은 단계에 출현하는 바륨이 없는 고(高)납유리와는 계통이 다르다.

납-바륨유리가 중국과 관련되며, 중국의 철기문화와 결합되어 한반도에 유입되었다는 사실은 이미 지적되었다.[252] 일본열도에 유리가 등장하는 것은 야요이시대 전기 말로서,[253] 한반도와 마찬가지로 납-바륨유리이다. 지역적으로는 북부 규슈에 집중되고 형태는 대롱구슬과 곱은 구슬이 다수이다.[254] 일본 학계에서는 야요이(彌生)시대 유리구슬은 화학조성의 차이를 불문하고 대부분 열도 외부에서 제작된 후 수입한 것으로 보고 있다. 규슈 사가(佐賀)현 요시노가리(吉野ヶ里) 유적의 분구묘에서 다수의 푸른 유리제 대롱구슬이 출토되었는데, 형태만

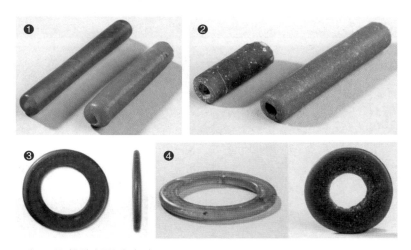

그림 42　금강유역의 푸른 유리구슬(❶ 합송리, ❷ 남양리, ❸ 갈동, ❹ 신풍) (복천박물관 편, 2013에서)

이 아니라 화학적 조성까지 한반도의 것과 동일한 것임이 드러나면서 중국계 납-바륨유리가 한반도를 거쳐 일본으로 들어간 양상이 확인되었다.

그런데 이와 흡사한 유리제 대롱구슬이 중국 길림성 화전현(樺甸縣) 횡도하자(橫道河子)에서도 출토되었다(그림 43의 하). 이 유적은 자연 암반을 뚫어서 조성한 암광묘(岩壙墓)로서 묘의 중앙에서 장식품 394점이 출토되었다. T자형 병부(柄部)가 달린 비파형동검과 촉각식 병부가 달린 세형동검이 공반되었다고 하므로 유적의 연대는 기원전 300년을 전후한 시기로 판단되는데 짙은 녹색의 유리제 대롱구슬 12점의

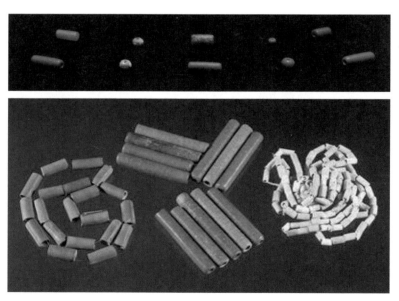

그림 43  푸른색 대롱구슬 [상: 강소성 구승돈 토돈묘 (촬영: 필자), 하: 길림성 횡도하자 (吉林省博物館 編, 1988에서)]

해상 실크로드와 동아시아 고대국가

사진이 소개되었다.[255] 형태적으로 금강유역의 대롱구슬과 흡사하여 구분하기 어려울 정도여서, 납-바륨유리일 가능성이 매우 높다. 그렇다면 중국 동북지방-한반도 서남부-북부 규슈로 이어지는 푸른색 납-바륨유리의 유통망을 그려 볼 수 있다.

중국에서 유리의 출현은 서아시아산 유리의 수입에서 시작한다. 이윽고 중국식으로 변형한 납-바륨유리가 등장하는데 그 시점은 기원전 5-4세기경이며 전통적인 옥기(玉器)를 모방한 형태가 많다.[256] 그런데 납유리는 남아시아-동남아시아-동북아시아 전체를 보더라도 매우 미미한 존재이므로, 납-바륨유리의 출현지는 중국이라고 볼 수 있다. 왜냐하면 청동기 주조에 납을 사용하는 기술은 상(商)·주대(周代)까지 올라가는 중국의 특징이기 때문이다. 특히 바륨의 함유량이 높은 납-바륨유리는 춘추 말, 혹은 전국시기부터 시작되고, 전국시대에 집중된다.[257] 반면 한대 이후 바륨은 사용되지 않는다.[258]

전국시대 납-바륨유리는 기종과 색상이 다양한데 중국 동북지방과 한반도, 일본열도에서도 발견된 전국(戰國)-한계(漢系)의 납-바륨유리는 대롱옥과 고리 모양만 확인된다. 형태적으로 이와 비교할 만한 자료는 전국-한대 무덤에서 종종 발견된다. 대롱구슬은 춘추(春秋) 만기에서 전국 조기(기원전 6-5세기 무렵)로 추정되는 사례가 보고되었는데, 모두 청색이며 납-바륨계란 공통점을 지녔다.[259] 섬서성 함양시 탑아파(塔兒坡) 전국 만기묘에서도 5점의 유리제 대롱구슬이 출토되었지만,[260] 횡단면이 팔각형이란 점에서 한반도 출토품과 차이가 있다. 화학조성은 알 수 없으나 요령성 일대에서도 전국-한대에 해당되는 유리제 대롱구슬, 혹은 이당(耳璫)이 출토되지만,[261] 역시 횡단면이 팔각형이란 점에서 한반도 출토품과 차이가 있다. 형태적으로 가장 유사한 유물은 강소성 구승돈(邱承墩) 토돈묘(土墩墓)에서[262] 출토된 유리제 대롱구슬(그림 43의 상)이다. 갈동과 신풍에서 출토된 것과 유사한 청색 유리환(고리 모양 유리)은 전국-한대 무덤에서 종종 발견되었다.

중국 광동성 광주시의 남월왕릉에 부장된 유리 중에는 다양한 외래 기성품과 함께 중국 고유의 납-바륨유리가 존재한다. 일본 규슈 사가현 요시노가리 분구묘에서도 청색 납-바륨유리인 대롱구슬이 출토된다.[263] 따라서 중국의 전국 말부터 한 초에 걸쳐 납-바륨유리가 남으로는 남월국, 동북으로는 길림성 화전현 횡도하자, 한반도 서남부(금강-만경강유역)를 거쳐 일본 규슈에 도달하는 광역의 교역망을 따라 유통되었음을 보여 준다.

이 시기는 한국 고고학에서는 초기철기시대, 역사학에서는 연장(燕將) 진개(秦開)의 동방 침입과 연(燕)·제(齊)·조(趙) 주민의 유입, 그리고 위만조선의 성립과 준왕의 남천이 전개된 시점이다. 횡도하자 유리제 대롱구슬의 발견은 남월-중국-한반도 서남부-규슈로 연결되는 납-바륨유리의 광범위한 유통망에 참여하던 주체가 길림성 서부에도 존재하였음을 의미한다. 이 세력을 위만조선의 지방세력, 초기 고구려 사회, 혹은 부여의 지방세력 중 어디에 대응시킬지는 앞으로의 과제로 미루더라도 위만 이전의 고조선이 한반도 서남부의 정치체와 모

해상 실크로드와 동아시아 고대국가

종의 교섭을 진행하였을 개연성, 주실(周室)이 쇠한 것을 보고 왕을 칭한 조선후(朝鮮侯)의 존재, 위만조선이 병위(兵威)와 재물로써 주변세력들에 영향을 끼치던 사실 등을 연상시킨다. 주조철기와 납-바륨유리는 생산과 유통의 과정을 함께한다는 사실을[264] 인정한다면 준왕, 혹은 그 이전 단계에 연계(燕系) 철기와 납-바륨유리가 어디에선가 제작된 후 길림성 서부, 한반도 서남부와 북부 규슈로 전해진 것으로 볼 수 있다.[265] 이 광역의 유통망에서 한반도와 남월의 관계는 직접적이지는 않고 그 중간에 많은 매개자를 두는 형태였을 것이다.

## 2) 포타시 유리구슬의 유통

기원전 1세기 이후 동남아시아와 동북아시아에서는 완전히 새로운 유리구슬이 등장한다. 이는 '인도-태평양 유리구슬'[이하 IPGB(Indo Pacific Glass Bead)라 칭함]이라 불리는 것인데 늘리기 기법으로 만든 단색조의 유리구슬을 지칭하며 색상은 매우 다양하고, 직경은 6mm 이하, 화학조성은 단일하지 않아서 포타시유리와 소다(석회)유리를 모두 포괄한다.[266] 먼저 등장한 것은 용융점을 낮추기 위하여 포타시(potash), 즉 칼리(칼륨화합물)를 융제(flux)로 사용한 포타시유리였다.

우선 중국에서 그러한 변화가 선명하다. 일반적으로 한묘에서 발견되는 장신구는 옥제가 대다수이나 유독 광동과 광서, 즉 양광지역의 한묘에서는 다종다양한 유리구슬이 다량 출토된다.[267] 그런데 유리구슬의 화학적 조성은 납과 바륨이 거의 없는 포타시 계통이 압도적이다. 이러한 현상은 전국시대 청색 대롱구슬과 이질적이며,[268] 남월왕릉 출토품과도 차이가 있다. 이러한 포타시유리의 산지에 대해서는 중국을 상정하는 견해도 있으나, 그보다는 베트남 북부-중부를 포함한 동남아시아를 상정하는 견해가 압도적으로 우세하다.

2004년도 중국 남방지구 출토 한대 유리제품에 대한 집계 결과 총 2만 1점 중 광서가 1만 3407점, 광동이 5,271점이어서 운남의 1,151점을 완전히 넘어서고 있다. 분석 결과 납과 바륨이 거의 없는 포타시 계통이 주류여서 전국시대와 완전히 다른 모습을 보인다(그림 44).[269]

2006년도 집계에서는 광서지역에서만 한대에 속하는 유리제 구슬이 1만 3347점에 달했는데, 역시 대부분 포타시유리라고 한다.[270] 확실히 한대 유리의 주류는 포타시계임이 분명하다. 이렇듯 중국 남방의 유리는 '전국=납-바륨', '한대=포타시'라는 경향성을 선명히 보여 주는데,[271] 포타시유리의 산지에 대해서는 인도의 아리카메두와 동남아를 주목하는 견해,[272] 그리고 중국 자체 생산을 강조하는 견해로 나뉜다. 두 견해는 얼핏 상충하는 것처럼 보이지만 광서와 광동이 고대 월인(越人)의 활동지역이며, 이 범위와 중첩되는 베트남의 돈 손 문화, 사휜 문화 권역이 모두 포타시유리 분포권임을 주목해야 한다.

한대 포타시유리 중 일부는 전형적인 중국 기물의 형상을 띠고 있지만, 외래품으로 인정할 수밖에 없는 것도 분명히 존재한다.[273] 따라서 고대 월인의 거주지인 양광(광동, 광서)지역을 중심으로 중국 남부-

그림 44　합포(合浦) 한묘(漢墓) 출토 유리(❶ · ❸ 서한, ❷ · ❹ 동한) – 광서장족자치구 합포 한묘 박물관 (촬영: 필자)

동남아시아-인도에 걸쳐 다양한 포타시유리 생산지가 있었다고 보는 것이 합리적이다.

　특히 광서와 베트남 출토 한대 유리의 화학조성은 매우 흡사하고 베트남의 유리 장신구가 사 휜 문화의 영향을 받아 형태의 차이가 있는 정도의 변이를 보이고 있다.[274] 유리 용기는 서한 만기 이후 증가하는데 12점 중 1점이 광동의 광주, 나머지는 모두 광서 출토품인데 합포(7점)와 귀현(貴縣)(4점)에 집중된다.[275] 광주(橫枝岡) 출토품만 서한 중만기로서 로마유리, 나머지는 서한 만기-동한에 속하며 분석이 진행된 합포 문창탑(文昌塔) 출토품은 포타시유리로 확인되었다. 합포 풍문

령(風門嶺) 한묘 출토 유리 3점 모두 포타시유리였으며 인근의 한묘 출토품 9점 역시 동일한 결과를 보인다.[276]

동남아시아에서는 기원전 5세기 이후 인도 상인들에 의해 다양한 물품이 교역되었는데,[277] 특히 유리와 홍옥수가 위세품으로서 원거리 교역망을 통해 이동하였다.[278] 당시 가장 활발히 유리 제작이 이루어진 곳은 인도의 아리카메두이다. 이곳에서도 포타시유리가 생산되었다.

동남아시아 대륙부에서도 기원전 4-2세기 단계에 자체 제작에 성공하면서 크롱 톰(Khlong Thom), 카오 삼 케오, 반 치앙(Ban Chiang), 반 돈 타 펫(Ban Don Ta Phet)(이상 타이), 옥 에오, 종 까 보(이상 베트남) 등 유명한 유리 생산지가 나타났다. 하지만 이러한 공방에서 생산된 유리구슬은 원거리를 이동한 것 같지는 않다.

한반도에서도 동일한 양상이 나타난다. 2세기경으로 추정되는 연천 학곡리 적석총 출토 유리구슬은 대부분 포타시유리에 속한다. 10여 점이 발견된 금박 유리구슬 중 7개가 분석되었는데,[279] 중근동산일 가능성이 높고, 산화알루미늄($Al_2O_3$)의 비율이 매우 낮다. 역시 2세기 무렵의 평택 마두리 목관묘[280]에서는 1호묘(1,397점), 2호묘(301점)에서 유리구슬이 출토되었다. 그중 10점을 분석한 결과 모두 포타시유리로 판명되었다.[281] 따라서 경기지역에서 2세기 무렵의 유리구슬은 포타시유리가 대세이며 이 점은 영남지역도 동일하다. 대구 팔달동과 경산 임당동 등 영남지역의 무덤에서 기원전 1세기 무렵부터 포타시유리가 부장되기 시작한다.

일본에서도 야요이 후기 전반-중반경이 되면 포타시계가 압도적으로 증가한다. 쓰시마(對馬)와 이키(壹岐)에서의 출토량이 많은데 이를 김해 양동리의 유리와 비교하여 일본의 포타시유리가 한반도 남부를 경유하여 들어온 것으로 인정하고 있다.[282]

이후 포타시유리는 납-바륨유리를 급속히 대체하며 한반도와 일본열도 유리의 주류를 이루게 된다. 이러한 교체 양상은 한반도 중부 이남에서 광범위하게 이루어지며 기원후 2세기까지 이어진다.[283] 한반도에서 출토된 포타시유리의 생산지에 대해서는 중국 서남부, 베트남 북부-중부, 인도의 아리카메두 등 다양한 지역이 후보로 거론되었는데,[284] 분명한 사실은 동남아-인도를 넓게 조망할 필요가 있다는 점이다.[285]

여기에서 한 가지 주목되는 점은 북부 규슈만이 아니라 동해에 접한 단고(丹後)와 산인(山陰) 지방에서 특색 있는 유리가 많이 발견된다는 점이다. 한반도 남부-북부 규슈로 이어지던 전 단계와 달리 동해 연안을 따라 산인-단고 경로를 통해 납-바륨계 대롱구슬과 팔찌, 철기가 함께 확산되었음을[286] 의미한다. 이에 대해 일본 학계에서는 산인과 단고의 수장의 주체적인 활동을 중시하여 대륙(중국?)에서 직접 입수하고 중국적인 장례풍습을 모방하여 패옥으로 사용하였다고 보고 있다.[287]

한편 오부로미나미(大風呂南)에서 출토된 특징적인 팔찌 모양 유리에 대해서는 타이의 반 돈 타 펫 유적 출토품과의 형태적 유사성이 주목되지만 이 유물의 화학적 조성은 알려지지 않았다.[288] 혹은 베트남을 주목하기도 하는데,[289] 필자 역시 옥 에오 유적에서 이와 유사한 유물이 출토되었음을 확인한 바 있다. 이와 유사한 타이와 베트남의 팔찌 모양 유리에 대한 화학적 조성은 알려지지 않았으나 이 지역이 포타시유리가 성행한 지역임을 고려하면 포타시유리인 오부로미나미 팔찌가 이 지역에서 생산되었을 가능성은 높아 보인다.

### 3) 고알루미나 소다유리의 유통

동남아시아에서는 1기(기원전)에는 포타시유리가 성행하고, 2기(기원후)가 되면서 차츰 포타시유리가 쇠퇴하고 새로운 소다유리로[290] 전환되기 시작한다.[291] 이러한 변화는 교역망의 변화와 연동되어서, 1기의 교역이 국지적·산발적인 데 비해, 2기가 되면 훨씬 복잡하고 확대된 형태를 띠게 된다.[292]

한반도에서도 소다유리는 3-4세기를 지나면서 삼국시대 유리의 주류를 이룬다.[293] 소다유리는 산화알루미늄($Al_2O_3$)의 비중이 높은 고알루미나계와 산화 칼슘($CaO$)의 비중이 높은 저알루미나계로 양분되며 후자는 산화 마그네슘($MgO$)과 산화 칼륨($K_2O$)의 함량에 따라 나트론(Natron)유리와 플랜트애시(Plant Ash)유리로 나뉜다. 이 중 빈도가 가장 높은 것은 고알루미나계이며, 특히 마한-백제권역은 나트론이나 플랜트애시보다 고알루미나계가 집중적으로 발견되는 특징을 지닌다.[294]

해상 실크로드와 동아시아 고대국가

말레이시아에서 출토되는 유리의 많은 부류도 여기에 속한다.

일본열도에서도 야요이 후기 이후에는 새로운 인도-태평양 유리 구슬, 즉 소다계 유리가 보급된다. 특히 후기 후반-종말기가 되면 소다계 유리 중에서도 알루미나의 비중이 높은 고알루미나 유리가 증가하고, 고훈시대가 되면 다시 포타시유리 일색으로 변화한다. 이러한 변화는 대륙 측의 변동이 열도에 변동을 초래한 것으로 이해되는데,[295] 한반도 동남부의 변화와 공통적이다.

다시 한번 정리하자면 기원전 3세기 언저리부터 한반도와 일본열도 일부에서 중국계 납-바륨유리가 출토되었고, 기원전 1세기 이후 새로운 포타시계가, 다시 기원후 2세기 이후에는 소다유리가 출토되는 3단계의 변화를 겪었다는 점이 골자이다.

## 2. 바닷길의 확장과 해상 교역의 발전

### 1) 고조선과 한(韓) 사회의 교역

한반도 서남부에서 연계 철기와 납-바륨유리가 등장한 시점은 기원전 3세기 언저리이다. 중국에서는 전국 말, 한반도에서는 초기철기시대에 해당하는데, 달리 표현하면 준왕의 고조선과 위만조선이 교체되던 무렵이기도 하다. 세죽리-연화보 유형 문화의 주체를 고조선으로 보는 최근의 견해는[296] 초기철기시대 유리의 유통 경로를 이해하는데에 중요한 시사점을 준다. 주조철기와 납-바륨유리가 생산과 유통의 과정을 함께한 것으로 보는 견해[297] 역시 주목할 필요가 있다. 따라서 한반도 서남부와 북부 규슈에 납-바륨유리제 대롱구슬이 유통되는문제는 고고학적, 역사적 맥락을 함께 고려하여야 한다.

## 2) 위만조선과 남월국의 관계

기원전 200년을 전후하여 중국 서남부와 베트남 북부를 무대로 남월국이 건국되어 중국 동북부-한반도 서북부에 자리 잡은 위만조선과공존하게 된다. 문화적으로는 월의 전통과 한의 전통이 혼재하는 양상이었다.[298]

남월의 중요 거점 중 하나인 광서성 합포에 분포하는 수천 기의 목곽묘에서 출토되는 유물은 그 제작지와 기원지가 다양한데 중원적인전통을 잇는 부류와 바다를 통해 유입된 외래 기성품, 그리고 동고를비롯한 돈 손 문화, 즉 월의 요소가 혼재한다. 동고의 기원을 베트남의 돈 손 문화로 볼지, 중국 서남부에서 남하한 것으로 볼지에 대해서는 베트남과 중국 학자 간의 의견 차이가 있으나,[299] 동고의 중심권역이 양광(광동, 광서)과 베트남 북부이며, 이 지역이 월인의 활동무대라는 점은 분명한 사실이다. 그렇다면 동고의 분포범위가 월인의 유리

해상 실크로드와 동아시아 고대국가

유통망과도 중첩되었을 개연성이 높으며, 유리 산지를 추정할 때 베트남 북부와 중국 서남부를 분리해 사고하면 곤란함을 알 수 있다.

위만조선과 남월국 양자는 많은 유사성과 공통성을 지니고 있다. 한의 관리로서 진한 교체의 혼란기에 중국 변경으로 이주한 위만과 조타의 출신과 인생역정, 양국의 건국 과정, 이원적 종족구성, 한과의 정치외교적 관계, 한의 침략 명분, 멸망과 그 이후의 노정, 한의 장수 간의 불화 발생,[300] 이를 이용하려는 남월과 위만조선의 전략적 공통성,[301] 양 지역의 전쟁에 모두 누선장군으로 참전한 양복의 존재 등이 대표적인 사항이다. 이런 이유로 위만조선의 국가적, 문화적 성격을 이해하려면 남월에 대한 비교사적 접근이 절실하다고 느끼게 된다.

한은 기원전 111년에 남월을 멸망시키고 칠군(남해, 합포, 창오, 울림, 교지, 구진, 일남)을 설치하였다. 한은 기원전 109년에는 운남지역의 전왕국을 멸망시킨 후, 위만조선 침공을 시작하는데 이때 수군을 이끌고 참전한 누선장군 양복은 2년 전 남월 침공전에 누선장군으로 참전하였던 바로 그 인물이다. 누선장군 휘하의 수군이 어떠한 종족적 구성을 보이는지는 알 수 없으나 양복에 의해 남월과 위만조선은 연결되었다.

위만조선과 남월국은 정치외교적, 문화적으로 흉노와 연결된 점에서도 공통적이다. 광서 서림현 보태(普馱)에 소재한 서한 조기의 무덤에서 월인의 특징적 제기인 동고와 함께 맹수, 산양, 면양 등 동물을 표현한 패식, 각종 옥제품이 출토되었다.[302] 이 산양문 패식과 유사한 유물이 평양 석암리 219호분에서도 출토된 바 있어서,[303] 흉노, 혹은 북방계 문물의 장거리 이동의 증거가 되고 있다. 광서에 북방계 문물이 이입되는 중간 경로로는 사천과 운남을 상정할 수 있다.[304] 운남의 석채산 문화로 대표되는 전국은 남월과 병존하고 문화적으로도 상호 연결된 정치체로서,[305] 석채산 7호묘 출토 은제 호형교구(虎形鉸具)는 평양의 석암리 9호분(금제), 정백동 92호분, 37호분, 2호분, 석암리 219호분(이상 은제), 그리고 신강 언기현(焉耆縣) 박격달심(博格達心) 출토품(금제)과 상통하며 모두 북방계 교구이다.[306] 남월왕릉에서 발견된 파르티아산 은제 합의 입수 경로로서 운남지역을 주목한 견해도[307] 새삼 주목된다. 흉노와 관련된 북방계 문물이 전, 남월, 위만조선으로 퍼져나간 양상이 관찰되는 것이다.

이렇듯 유사한 성격을 갖는 정치체가 한의 동방과 남방에 공존하였다. 종전 견해대로 한반도 서남부 출토 유리제 대롱구슬의 산지를 중국 남부로 특정한다면 남월과의 관계를 논할 수 있겠으나 그럴 수 없음은 이미 앞에서 논하였다. 따라서 양국이 직접 교섭을 전개하였다는 증거는 아직 없다. 변화는 이후에 발생하였다.


### 3) 한사군과 영남구군의 연결


기원전 111년에 남월을 멸망시키고 칠군을 설치한 한은 기원전 109년 위만조선을 침공한다. 그로부터 2년 전 남월 침공전에 참전하였던 양복의 수군 중 어느 정도 규모의 병력이 위만조선 침공전에 투입되었는지는 알 수 없다. 다만 한의 수군에 의해 멸망기의 남월과 위만조선은 간접적으로 연결되기에 이르렀다.

한은 칠군에 더하여 해남도에 담이군과 주애군을 설치함으로써 영남구군이 완성되었다. 한의 정치·군사적 압박의 증대는 교역의 증대를 초래하였으며,[308] 본격적인 국가 주도 해외무역이 시작되었다.[309] 그중에서도 현재의 베트남 북부-중부에 걸친 교지삼군(교지, 구진, 일남)의 존재로 인해 한과 북부-중부 베트남 정치체 사이에 본격적인 교섭이 전개되었다.[310] 마치 한반도 서북부에 설치된 낙랑군을 창구로 한반도와 일본열도의 많은 정치체들이 한과 본격적인 교섭을 전개한 사실과 비교된다.

합포 망우령(望牛嶺)에 소재한 서한 만기에 속하는 한 목곽묘에서 액체를 담는 제통(提筒)이라 불리는 도기가 2점 출토되었다.[311] 그중 한 점에는 "구진부(九眞府)", 다른 한 점에는 "구진부구기(九眞府口器)"라는 글자가 주서(朱書)되어 있어서 합포와 베트남 북부-중부지역과의 교섭을 잘 보여 준다. 합포의 한묘에서 자주 발견되는 남색의 유리제, 금제, 호박제, 마노제 구슬은 이러한 해상 교역의 증거이다.[312] 합포의 서한대 무덤에는 유리구슬이 부장되지 않는 경우도 많았지만 동한대에 가면 구지령(九只嶺) M5호묘(1,331점), M6a호묘(3,869점)에서 나타나듯이[313] 유리구슬의 부장량이 급증한다. 영남구군의 설치를 기점으로 유리구슬의 부장량이 급증하였음이 분명하다.

그림 45 합포 한묘 출토 파르티아 도기(상)와 유리 용기(하) – 광서장족자치구 합포 한묘 박물관 (촬영: 필자)

동남아시아와 동북아시아에서 거의 동시에 전개된 극적인 변화의 중심에는 영남칠군과 함께 낙랑군의 역할이 있었다. 교지삼군의 설치로 인하여 베트남 중부 이남의 다양한 공방에서 제작된 포타시유리가 양광(광동, 광서)지역으로 수입되었고 그중 일부가 다시 낙랑군을 통하여 동북아시아 곳곳에 퍼졌을 것이다. 결국 교지삼군과 낙랑군을 지역 거점으로 삼아 동남아시아와 동북아시아의 원거리 교역망이 활발하게 작동하기 시작하였음을 알 수 있다. 이는 그 전 단계의 남월국, 위만조선의 교섭과는 비교할 수 없을 정도로 활발하였던 것 같다. 낙랑군 관련 고분에서 발견되는 남방산 문물, 그리고 한반도와 일본열도로 넓게 확산되는 포타시유리가 그 증거이다.

앞에서 보았듯이 광서 한묘에서 출토된 총 1만 3347점의 유리구슬 중 압도적인 다수가 포타시유리라고 한다.[314] 이러한 포타시유리에 대해 중국 학자들도 해로로 광동, 광서에 이입되었을 가능성을 주목하고 있다.[315] 이렇듯 서한 만기 이후 유리의 종류와 유입 경로가 크게 바뀌는데 그 계기는 바로 영남구군의 설치인 것이다.

광서지역 한묘에서 2012년 당시 16점이 출토된 푸른색의 포타시유리 용기와 동일한 계통의 유리 용기가 교지군의 범위에 속하는 베트남 홍강유역의 라오 차이(Lao Cai) 유적, 타이 크라 지협의 타 차나(Ta Chana)와 방 크루아이 녹(Bang Kluay Nok), 인도의 아리카메두(기원전 1세기에서 기원후 1세기 초에 해당되는 층)에서 발견되는 현상은[316] 『한서』에서 보이는 합포와 인도(스리랑카)를 잇는 해상 교역의 경로를 그대로 반영

그림 46  합포의 한묘 (촬영: 필자)

한다. 광서 출토 유리 용기에 대한 종합적인 분석 연구에[317] 의할 때 이
지역에는 인도산, 동남아시아산, 북부 베트남을 비롯한 재지산, 주변
양자강유역산, 로마유리 등 거의 모든 종류의 유리가 집중되는 양상
을 보인다.

외래 기성품의 유통은 유리에 한정되지 않았다. 합포 요미(寮尾) 유
적은[318] 동한-삼국시기에 걸친 고분군으로 이루어져 있는데 유리구슬
(M17호묘: 동한 만기, M19b호묘: 삼국)은 물론이고 로마유리기(M15, M17, M19
호묘: 동한 만기-삼국시기), 파르티아 도기(M13b호묘: 동한 만기), 누금(累金)장
식(M14호묘: 동한 만기), 마노구슬(M13b, M15호묘: 동한 만기), 악기의 일종이
며 이집트, 시리아에서 기원한 동발(銅鈸, M13b호묘) 등 다양한 외래 기

해상 실크로드와 동아시아 고대국가

성품이 출토되었다. M13b호묘 출토 도기(그림 45의 상)는 분석 결과,[319] 중국의 납-바륨계나 포타시계와도 완전히 다르고 이와 유사한 도기가 현재의 이라크-이란 일대에서 발견되므로 파르티아산으로 보는 것이 합당하다.[320] 문제는 그 경로인데 남월왕릉 출토 은제 합과 마찬가지로 육로와 해로의 두 가지 가능성을 들 수도 있겠으나 이 시기에 들어와서는 해로의 가능성이 더 커 보인다.

한반도에서 초기철기시대 혹은 기원전 3세기 언저리의 분묘에서 출토되는 청색 납-바륨유리가 기원전 1세기 이후 포타시유리로 대체되는 현상이 중국과 일본열도에서도 동일하게 나타난다는 점은 이미 앞에서 언급하였다.[321] 그런데 이러한 현상은 동북아시아만이 아니라 동남아시아에서도 동일하다. 동남아시아의 경우 기원전 4세기 이후 기원후 200년 무렵까지 포타시유리가 주류를 점한다.[322] 그렇다면 남월의 멸망과 영남칠군의 설치를 기점으로 하여 납-바륨유리가 포타시유리로 대체되는 현상은 동남아시아의 상황과 연동되었을 개연성이 높아진다.

동남아시아와 중국 남부의 정세 변화는 동북아시아에도 영향을 미치게 된다. 낙랑군 관련 고분에서 발견된 유물 중에는 중국이 아니라 더 먼 곳에서 온 물품들이 섞여 있다.

대표적인 예가 평양 정백동 고분군에서 발견된 작은 벽사(辟邪: 사자를 닮은 상상의 동물) 펜던트이다. 중국에서는 광동성과 강소성에서만 발견되고 주로 동남아시아에서 많이 제작, 사용된 장신구이다.[323] 한반도 서북지방에서 이러한 장신구가 출토된 데에 영남칠군의 역할이 있었음은 분명해 보인다.

낙랑 고분이나 한반도 중부지역 적석총에서 종종 발견되는 2세기 이전에 해당되는 금(은)박 중층 유리구슬은 역시 동남아 모처에서 제작된 후 영남칠군과 낙랑군을 거쳐 유입된 것으로 보아야 할 것이다.

### 4) 동오와 푸난의 통교

한반도 서해안과 남해안의 연안 항로를 통해 김해를 거쳐 쓰시마, 이키, 후쿠오카로 이어지는 『삼국지』 동이전(東夷傳)의 교역로를 따라 다양한 물품이 유통되었다. 그중에는 동경(銅鏡), 전화(錢貨), 토기 등의 한식(漢式) 물품, 한반도산 철기가 섞여 있었으며 동남아시아산 물품, 특히 유리도 포함되어 있었다.[324]

초기철기시대에 납-바륨유리가 주로 발견되는 지역이 한반도의 서남부인 데 비하여 이 단계에 오면 해안 교역로를 따라 인천, 군산, 서천, 나주, 해남, 사천(늑도), 김해, 쓰시마, 이키, 후쿠오카, 오사카 등지로 확산되며 수많은 기항지에서 많은 외래 기성품이 발견된다. 이러한 기항지 중 일부는 일종의 항시로 발전하는데 대표적인 곳이 김해이다.

김해를 비롯한 한반도 동남부에서 발견되는 기원전 1세기부터 기원후 3세기 무렵의 유리는 압도적 다수가 포타시계이다. 그런데 3세

          해상 실크로드와 동아시아 고대국가

기 이후 포타시계는 점점 감소하고 새로운 소다유리, 그중에서도 고알루미나 소다유리가 대세를 점하게 된다.

이러한 현상은 동남아시아에서도 마찬가지이다.[325] 베트남의 종까 보 유적은 포타시유리와 고알루미나 소다유리가 공존하는 양상을 보이는데,[326] 이는 포타시유리에서 소다유리로 이행하는 변화가 베트남 남부, 메콩강 하류역에서 진행되고 있음을 의미한다.

그런데 포타시유리에서 소다유리로의 전환은 단순히 화학적 조성의 변화만을 의미하는 것이 아니라, 교역망의 변화와 연동된다. 동남아시아에서 포타시유리가 유통되던 단계의 교역은 국지적이고 몇몇

그림 47 종 까 보 유적에서 채집된 토기 (촬영: 필자)

취락 사이에 해안가를 따라 전개된 산발적 교류에 불과하지만, 소다 유리가 유통되는 단계가 되면 물품의 종류는 감소하지만, 교역의 양상은 훨씬 복잡하고 확대된 형태를 띤다고 한다.

『오서(吳書)』에 의하면 229년에 동오의 주응과 강태가 푸난에 파견되었다. 이 사건을 계기로 동남아시아에 대한 중국 측 지견이 크게 확장되고 양국 사이에 본격적인 교섭이 전개되었다. 『양서』 제이전(諸夷傳)에 정리된 동남아시아 및 남아시아 각국에 대한 정보는 이때 크게 증가하였을 것이다.

당시 푸난이 차지하고 있던 영역과 해상 교역에서의 위상을 고려할 때, 베트남과 캄보디아를 넘어서는 보다 넓은 범위가 중국의 교역망에 포함되었을 것이다. 3세기 이후 동북아시아에 IPGB가 급속히 확산되는[327] 사건의 배경에는 교지삼군으로 상징되는 베트남 북부-중부를 넘어선, 보다 먼 원거리 교역의 활성화가 있다고 판단된다. 베트남 중부의 참파, 남부의 푸난을 지나 말레이반도, 인도로 확장된 해상 교역이 활발히 전개된 것이다.

중국에서 출토되는 유리 용기는 육조시기 이후 포타시유리를 대신하여 로마유리와 사산유리로 급격히 변화한다.[328] 로마유리와 사산유리가 수입되는 경로로는 사막과 오아시스의 길, 그리고 초원길을 고려할 수 있지만 강소, 호북, 광동 등지에서 출토되는 로마유리는 바닷길을 고려하지 않을 수 없다.

유리구슬의 경우도 동오 이후 새로운 계통의 IPGB가 급격히 유입된다. 합포 요미 유적에서 동한 만기부터 삼국시대에 해당되는 무덤 출토 유리구슬 11점을 분석한 결과 포타시유리가 6점, 소다유리가 5점이어서,[329] 납-바륨유리는 완전히 사라지고 포타시유리에서 소다유리로 전환하는 양상을 보여 준다. 그 계기로는 바닷길의 변동과 확장, 새로운 무역 주체의 등장, 무역방식의 변화 등 여러 가지를 고려할 수 있다.

이 점에서 일남군의 남측, 즉 베트남 중부에서 성장한 참파, 그리고 메콩강 하류 델타유역에서 성장한 푸난이라는 두 왕국의 역할이 주목된다. 참파와 푸난은 선행하는 사 휜 문화를 기반으로 발전하였으며 해상 교류의 거점 역할을 담당하였다. 229년에 동오의 통상사절로서 주응과 강태가 푸난에 파견되면서 양국 간 본격적인 교섭이 전개되었다. 3세기 이후 동북아시아에 IPGB가 급속히 확산되는 계기는 바로 이 동오와 푸난의 교류일 것이다.[330] 이는 교지삼군으로 상징되는 베트남 북부-중부를 넘어선, 보다 먼 원거리 교역의 시작을 의미하며, 여기에서 참파와 푸난이란 신흥 항시국가의 역할이 나타난다.

한반도 남부에서도 2-3세기 이후 고알루미나 소다유리가 수입되기 시작하여 6세기까지 주류를 이룬다.[331] 푸난의 핵심 거점 중의 하나인 옥 에오에서 채집된 유리구슬이 마한-백제권역 유리구슬과 동일한 고알루미나 소다유리란 점도[332] 한반도와 일본열도에서 급증한 고알루미나 소다유리의 생산지가 베트남을 포함한 동남아시아일 가능성을 높여 준다.

## 5) 유리구슬 유통에 나타난 동북아시아의 교섭 경로

중국의 전국시대 납-바륨계 유리는 광범위하게 확산되었는데 세죽리-연화보 유형이나 요동 세형동검 문화,[333] 달리 표현하자면 위만조선의 외곽, 혹은 초기 고구려(예맥) 사회에서 대롱구슬 형태로 재생산되었다. 이 공정은 연계 주조철기 생산과 맥을 같이하였을 것이다. 한반도 서남부에서 출토되는 유리제 대롱구슬이 이와 연결됨은 분명해 보이며, 그 시기가 위만조선 이전으로 올라갈 가능성 그리고 준왕과 관련된 고조선의 역할도 주목된다.

납-바륨유리제 대롱구슬은 북부 규슈에서는 야요이 중기에 출현하여 한반도보다 약간 늦게 유입됨을 알 수 있다. 납-바륨계 대롱구슬과 연계 철기가 중국 길림성, 한반도 서남부와 북부 규슈로 확산되는 양상은 고조선과 한, 그리고 왜로 이어지는 원거리 교역의 존재를 반영한다. 이 경로에 해남 군곡리에서 출토된 유리제 대롱구슬을[334] 추가하면 길림-금강유역-서남해안-북부 규슈로 이어지던 경로가 보다 선명하게 복원된다. 원삼국기에 호남 서부의 마한계 토기가 후쿠오카 니시진마치(西新町) 유적에서 출토되는 경로와 일부 중첩된다. 다만 교역 물품과 지역이 후대에 비해 한정적임을 알 수 있다.

한반도와 일본열도의 유리구슬은 공통적으로 기원전 1세기 무렵부터 급격히 포타시유리로 변화한다. 중국에서 포타시유리가 유행한 시기가 한대 이후임을[335] 고려하면 한반도와 일본열도에서 납-바륨유리를 대신하여 포타시유리가 전면에 등장하는 배경으로 한과 낙랑군은 물론이고 영남구군의 성립과 교지삼군의 역할도 주목하여야 한다. 한반도 동남부의 원삼국기 분묘에 동경, 동정 등 한식 물품이 유입되는 경로를 따라 유리도 유입되었을 것이다. 영남지역 원삼국기 분묘 출토 유리가 대부분 포타시유리인 이유가 여기에 있다. 원삼국 초기의 유적 빈도가 영남지역에 비해 상대적으로 적지만 마한의 경우도 마찬가지였을 것이다.

일본에서 야요이시대에 유리구슬의 출토량이 가장 많은 지역은 나가사키, 사가, 교토이다. 야요이 후기에 이르면 포타시유리가 광범위하게 확산되며 그 생산지에 대해서는 여러 견해가 있지만 합포를 비롯한 베트남 일대가 주목된다.

따라서 동아시아에서 포타시유리가 확산되는 경로는 베트남과 영남구군-낙랑-한반도(특히 동남부)-쓰시마-북부 규슈-산인-단고를 잇는 선으로 복원된다. 한반도 서남부를 대신하여 동남부의 위상이 증대한 점이 주목된다.

유리의 확산에 조응하여 한식 문물이 동남아시아로 확산되는 양상도 관찰된다. 베트남 중부 투 본강 유역의 사 휜 시기 안 방(An Bang), 라이 응히(Lai Nghi), 고 두아(Go Dua), 빈 옌(Bin Yen) 유적에서는 서한 만기 이후의 동경이 발견되며 오수전을 비롯한 한식 유물도 다수 발견된다.[336] 베트남 남부 메콩강유역의 옥 에오와 푸 찬(Phu Chanh)에서도 한경이 발견되는 양상은[337] 교지삼군의 남쪽으로 한식 물품이 확산되는 과정을 잘 보여 준다. 이는 낙랑을 통하여 한식 물품이 한반도 남부와 일본열도로 확산되는 과정과 동일하다.

베트남 북부-중국 남부의 유리와 한경 등의 물품이 동북아시아와 동남아시아로 확산되는 과정에는 해로의 중간에 위치한 항시, 혹은 기항지의 역할이 필수적이다. 한반도와 일본열도를 잇는 해상 무역로에서는 낙랑 이외에도 해안의 항구 및 이를 기반으로 발전한 정치체의 존재를 상정하여야 한다.

첫째, 한반도의 상황이다. 초기철기시대 서남부의 납-바륨계 대롱구슬은 기원전 1세기 이후 연속되지 못하고, 대신하여 동남부에서 포타시유리가 많이 발견된다. 이 시기에 가장 주목되는 항시는 김해이다. 김해는 한반도에서 포타시유리의 빈도가 가장 높은 곳 중의 하나이며,[338] 다른 지역에서 소다유리가 우위를 보이는 단계에 접어들어서도 여전히 포타시유리가 주류를 점하였던 곳이다. 이런 점을 고려할 때 일본으로 전래되는 포타시유리가 김해를 경유하였을 가능성이 높다.

둘째, 일본열도에서 포타시유리는 북부 규슈-산인-단고를 잇는 해안가를 통해 확산되는데 이는 철기가 확산되는 경로와 정확히 일치한다. 단고에서는 2002년 당시 야요이시대 유리구슬이 1만 3000점을 초과하였는데, 대부분 작은 구슬이지만 다른 지역에 비해 곱은 구슬과 대롱구슬의 비중이 높은 편이다.[339] 단고의 오부로미나미 1호묘 제1주체부에서는 철검 11점, 철촉 4점, 작살 2점, 동제 팔찌 13점, 유리팔찌

해상 실크로드와 동아시아 고대국가

1점, 패륜(貝輪) 1점, 유리제 곱은 구슬 11점, 대롱구슬 272점이 부장되었는데, 이 중 철검은 한반도산일 가능성이 제기되었다.[340] 북부 규슈에서 제작된 철기와 함께 한반도산 철기가 확산되는데 이 철기문화는 한반도 동남부와 연결된다.

셋째, 단고 지역에서는 일본열도에서 매우 드물게 소위 "소형정제호(小形精製壺)"라는 특수 기종의 토기가 무덤에 부장된다. 그런데 이 토기는 창원 다호리를 비롯한 한반도 동남부에서 유행한 와질 주머니호의 영향을 받은 것이다.[341]

이상의 이유로 산인, 단고 등 동해 연안을 따라 확산된 포타시유리는 김해를 중심으로 하는 한반도 동남부와 관련된 것으로 이해된다.

김해 양동리 유적에서 출토된 유리구슬은 포타시유리와 소다유리로 나뉘는데 소다유리는 3세기 이후가 되어야 주류를 점한다. 3세기 이후 소다유리가 주류를 점하는 양상은 양동리만이 아니라 한반도 중부 이남에서 동일하게 전개된 현상이다. 다만 포타시유리가 여전히 10% 정도의 비중을 점하고 5-6세기까지 존속하는 현상은[342] 특이하다. 이에 대하여는 새로운 포타시유리가 반입되었을 가능성과 함께 선대에 유입된 것이 전세되었을 가능성도 고려해야 할 터인데, 김해를 중심으로 하는 한반도 동남부에서 포타시유리가 강세를 보이는 점은 마한-백제권역에서 고알루미나계 소다유리가 절대적인 강세를 보이는 점과 대조적이다.

일본에서 고알루미나 소다유리가 3세기 후반 이후 급증하는 경향은[343] 중국과 한반도에서도 모두 동일하다. 그 원인으로 3세기에 동오와 푸난 사이에 본격적인 교섭이 시작된 점, 그리고 3세기 후반 서진에 마한 여러 세력이 자주 사신을 보낸 역사적 사실을 들 수 있다. 『진서』무제기 태강 7년(286년)조에 의하면 "이해에 부남 등 21국, 마한 등 11국이 사신을 보내어 왔다"라고 되어 있다. 대중국 외교무대에서 푸난과 마한이 조우할 수 있는 계기가 마련된 것이다. 이 과정에서 푸난산, 혹은 푸난을 경유한 인도-동남아시아 물품이 마한지역에 전해졌을 가능성이 높다. 혹은 서진을 경유하여 인도-동남아시아 물품이 전해졌을 것이다.

그런데 경기 북부에서부터 호남 남해안에 이르는 한반도 중서-서남부의 마한 유적에서는 수많은 유리가 출토되면서 색상과 화학조성에서 지역 간 편차를 보인다. 이러한 현상은 유리 수입의 주체가 단일하지 않았음을 반증한다. 일본으로 유입된 고알루미나 유리의 주된 경로는 한반도 동남부에서 다시 마한-백제권역으로 변경되었을 가능성이 높다. 김해를 경유한 유리가 푸른색 계통의 포타시유리, 마한-백제권역을 경유한 유리가 고알루미나 유리라는 경향성도 인정할 수 있다.

한반도 전역에서는 2-3세기 이후 고알루미나 소다유리가 급증하여 6세기까지 주류를 이루게 된다.[344] 특히 마한-백제권역에서 이러한 경향이 강하다.

오산 수청동 유적은 3세기부터 5세기대에 걸쳐 축조된 무덤으로 구성되어 있다. 발굴조사가 실시된 147기의 무덤에서 총 7만 5000여 점의 구슬이 발견되었다. 대다수는 유리제인데 납-바륨유리와 포타시유리도 소량 존재하지만 압도적 다수는 소다유리이다.[345] 반면 2세기 무렵에 해당되는 인근의 오산 궐동 유적에서는[346] 유리의 부장이 매우 저조하다.[347]

따라서 유리의 확보와 유통이란 측면에서 3세기 이후 커다란 변화가 발생하였음을 보여 준다. 소다유리가 주류를 점하는 추세는 인근의 화성 마하리와 왕림리도 마찬가지여서 경기 남부의 양상이 일거에 변하였음을 보여 준다. 2세기대의 연천 학곡리와 평택 마두리 유리구슬의 경우 포타시계가 대세인 현상과 극히 대조적이다.

충남 곡교천유역에서는 아산 명암리 밖지므레 유적과 진터 유적이 대표적인 분묘군이다. 주구가 없는 토광묘(목관묘)와 주구토광묘가 혼재하는데 조사된 것만 하더라도 151기에 달하고 이 외에 소수의 옹관묘도 분포한다. 총 28기의 무덤에서 8,154점의 구슬이 발견되었는데 재질은 마노, 수정, 그리고 유리이다. 2-1지점 16호 주구토광묘에서는 350점의 마노구슬과 함께 1,000점이 넘는 유리구슬이 출토되었다. 2-2지점 1호 주구토광묘에서는 마노구슬 1,189점과 함께 유리구슬 2,281점이 출토되었다. 밖지므레 유적에서는 총 11개 유구에서 65점이 선정되어 분석이 진행되었는데 그 결과 13점(20%)이 포타시유리군, 52점(80%)이 소다유리군에 속하며 다양한 색상을 띤다.[348] 밖지므레 유적에 선행하는 2세기대의 용두리 진터 유적에서는 유리의 부장이 매우 미흡하여 경기지역의 오산 궐동-수청동의 양상과 동일하다.

이러한 양상은 충청 내륙이나 금강 하류역, 영산강유역에서 모두 공통적으로 전개되었다. 그 배경에 동오와 푸난의 교섭이 있었을 가능성은 이미 앞에서 언급하였지만, 한반도에 그 파급이 미치는 계기는 3세기 후반 서진에 마한 여러 세력이 자주 사신을 보낸 사건과 관련될 것이다.

서진을 경유하여 인도-동남아시아 물품이 일단 마한(백제)에 전해지고 그중 일부가 일본으로 유통되는 구조였을 것이다. 이는 낙랑-김해-규슈로 이어지던 종전의 교역망이 서진(동진)-마한(백제)-일본열도로 변화함을 의미한다. 일본으로 유입되던 유리의 중간 매개지가 포

그림 48  아산 명암리 밖지므레 유적 원경 (촬영: 필자)

해상 실크로드와 동아시아 고대국가

타시유리의 경우 김해를 비롯한 한반도 동남부였다면, 고알루미나 소다유리의 경우에는 마한(백제)권역이었다.

달리 말하자면 동남아시아-서진(동진)으로 이어지는 새로운 IPGB의 입수에서 진·변한, 후대의 가야와 신라가 열세에 처하게 됨을 의미한다. 그 결과 신라와 가야의 고분에는 포타시유리가 소량 부장되었다. 반면에 마한-백제권역의 고분에는 다양한 색상의 고알루미나 소다유리가 다량 부장되는 양상을 보였다.

### 6) 고대 동아시아 해상 교역의 단계별 변화

한반도에서 유리는 중국의 납-바륨유리와 연계 주조철기 제작기술이 요동-길림의 어느 곳에선가 지역적인 변형을 일으킨 후 이 일대에 영향력을 끼치던 정치체(고조선, 혹은 예맥 사회)와 금강유역 정치체 간 교역의 산물로 처음 출현하였다. 금강유역을 중심으로 국한되어 출토되던 납-바륨유리는 일본의 북부 규슈로 전해졌지만 그 유통범위는 매우 제한적이었다.

중국 서남부와 베트남 북부를 장악하던 남월국이 한에 의해 멸망하고 구군이 설치된 후 포타시유리의 생산과 유통이 급증하였다. 그 생산지에 대해서는 양광(광동, 광서), 북부 베트남, 동남아시아, 인도 등 여러 지역이 후보로 거론되는데 단일한 공방은 아니었고 지역별로 특색 있는 포타시유리가 생산되었을 것이다. 그 흐름이 낙랑을 경유하여 한반도 남부와 일본열도에 미치게 된다. 이 과정에서 한반도의 동남부, 특히 김해의 역할이 증대되며 북부 규슈-산인-단고로 이어지는 경로를 통하여 포타시유리와 철기가 유통되었다.

3세기 이후 동오와 푸난의 본격적인 통교가 시작되면서 동남아시아 물품이 대거 중국으로 수입되었고 한반도와 일본열도에도 고알루미나 계통의 새로운 소다유리가 들어왔다. 이를 뒷받침하는 것이 3세기 후반 마한 여러 세력과 서진의 교섭, 4세기 중엽 백제와 동진의 교섭이란 역사적 사건이다. 6세기에는 『일본서기』에서 보이듯 백제 성왕이 푸난의 물품을 일본에 전달하는 사건도 기록에 남게 된다.

## 3. 해상 실크로드와 삼국시대

고대 바닷길을 통한 해상 교섭에서 한반도의 위상은 과연 어느 정도였을까? 흔히 고대 해상 실크로드라고 불리는 이 문화의 소통로는 지중해세계-아라비아-인도-동남아시아-중국을 연결하는 것으로 묘사되고, 중국 남해안이나 동해안의 항구(합포, 광주, 영파 등)에서 멈추는 것으로 표현된다. 최근 해역사 연구가 진전되면서 원거리 해상 교역에서 자와와 일본의 역할도 중요하였다는 주장이 강하게 제기되고 있으나,[349] 한반도는 관심을 끌지 못하고 있다.

그렇다면 한반도에서 성장, 발전하던 고대 정치체(國家)들은 이 광역의 교류망에 참여하지 못하였는가? 그럴 리는 없을 것이다. 중국과 한반도, 일본열도를 잇는 동북아시아의 고대 해상 교통로는 아주 이른 시기부터 작동하고 있었고, 곳곳에 수많은 흔적을 남기고 있다. 이 동북아시아 해로와 해상 실크로드는 어느 지점에선가 분명히 연결되었을 것이다.

고대 해상 실크로드가 한반도와 일본열도로 이어지지 않은 것이 아니라, 연구자들이 인식하지 못하였을 뿐이다. 육상 실크로드는 장안(長安, 西安)에서 멈추지 않고 경주, 일본 나라로 연장된다고 주장하면서 정작 바닷길에 대해서는 별다른 관심이 없는 것이 우리 학계의 현실이다. 이러한 인식의 배경에는 남아시아와 동남아시아의 역사와 문화에 대한 무관심이 깔려 있다. 그 결과 동북아시아와 동남아시아 세계를 분절적으로 이해함으로써 원거리 교섭 연구에서 두 개의 세계는 통합적으로 이해되지 못하고 있다. 그러나 삼국시대에는 중앙아시아산, 남아시아산, 동남아시아산 물품과 모티브가 한반도에 들어오고, 통일신라 이후 신라와 일본의 구법승들은 동남아시아를 거쳐 인도로 가는 등 바다를 통한 광역의 교류가 활발히 진행되었다. 구법승들의 일차적인 목적은 불교 경전의 확보이지만 불교와 관련이 있는 공양구, 의식을 치르는 데 필요한 물품들도 가지고 들어오게 되면서[350] 진귀한 이역 물산이 유입된다.

## 1) 백제와 동남아시아의 교섭

백제와 동남아시아지역의 교섭을 말해 주는 가장 뚜렷한 증거는 384년에 불교를 전래한 호승(胡僧) 마라난타(摩羅難陀)이다. 마라난타라는 이름을 볼 때 그는 서역 출신의 승려로 추정되는데 동진의 도성인 건강성(남경)에 체재하다가 한성에 들어왔다. 당시 건강에서는 중앙아시아와 서아시아 출신 승려들이 많이 활동하였고, 이들은 동남아시아를 거쳐 들어온 경우가 많았다. 그의 고향은 중앙아시아일 가능성이 높으며, 해상 실크로드를 경유하여 건강에 들어왔을 것이다. 신라의 불교 전래와 관련된 호승은 그 이름이 묵호자(墨胡子)인데 그 의미는 '검은 피부의 서역인'이다. 남아시아 출신의 불교 승려가 신라에 들어온 양상을 보여 주는 사례이다.

삼국시대에 전래된 불교는 국가와 왕실의 적극적인 비호를 받으며 동북아시아 문화 교류의 핵심이 되었다. 불교를 매개로 한 다양한 교섭이 활발히 진행되었고, 이국적인 외모를 지닌 승려가 종종 목격되었을 것이다. 백제의 경우 사비기에 해당되는 함평 창서 취락에서 발견된 토기 저부에 민머리, 큰 코, 뾰족한 주걱턱 등의 특징을 지닌 인물이 새겨져 있었다(그림 49). 신체적 특징을 볼 때 백인종을 묘사한 것으로 보인다. 지방에서 발견된 토기에 백인종의 특징을 지닌 승려가 묘사된 것은 당시 백제 사회에서 서역 출신 승려가 활동하였고, 이를 민간에서도 인지하고 있었음을 보여 준다.

마라난타로 대변되는 외국
승려들의 백제 방문은 불교만
이 아니라 외래 기원의 다양한
문물이 전래되는 계기가 되었
다. 그 범위는 의학, 음악과 무
용, 음식과 의복 등 다방면에
걸쳤을 것이지만 아직 이 부분
에 대한 연구는 매우 부족하
다. 백제에서 불교 사상과 불
교 건축, 미술 등 고급문화가
통째로 아스카(飛鳥)시대 일본
에 전래된 사실을 감안하면 백
제를 경유하여 일본에 들어간
외국 승려들도 있었을 것이다.

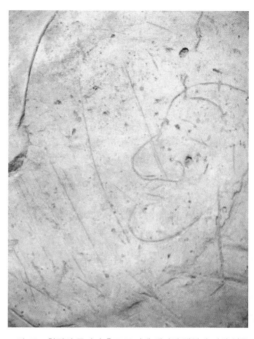

그림 49  함평의 주거지 출토 토기에 새겨진 백인 승려의 얼굴
(촬영: 필자)

　백제 승려가 중국, 동남아시아를 거쳐 직접 인도를 방문하는 경우
도 있었다. 526년 백제 승려 겸익(謙益)은 해로로 인도에 가서 상가나
대율사(常伽那大律寺)에서 수학하고, 인도 승려 배달다삼장(倍達多三藏)과
함께 귀국한 후, 가져온 아담장(阿曇藏)과 오부(五部)의 율문(律文)을 번
역하였다고 한다. 그 경로는 남조에서 동남아시아를 거쳐 인도로 이
어지는 길이었다. 당대 최고의 지식인이 여행하는 과정에서 경유한
다양한 국가의 정보와 물품이 백제로 들어왔을 것이다.

푸난의 불교 사상과 미술이 남조를 거쳐 백제로 다시 전래되는 양상도 확인할 수 있다. 푸난에는 일찍부터 불교가 유입되었으며 4-5세기에는 교세가 상당히 확장되었다. 양나라에서는 부남관(扶南館)을 설치하고 푸난의 고승들을 모셔 경전을 한어로 번역하였다고 한다.[351]

수나라 문제가 인수(仁壽) 연간(601-604년)에 사리장엄을 발원하고 전국에 탑을 세워 사리를 안치할 때 백제를 비롯한 삼국의 사신들이 사리를 받아갔다는 도선의『광홍명집(廣弘明集)』의 기사도 주목된다.[352] 중국에 유입된 사리의 대부분이 동남아시아를 거쳐 들어온 것이기 때문이다.

백제와 동남아시아의 관계를 보여 주는 문헌자료는 그다지 많지 않다. 앞에서 이미 살펴보았던『진서』의 참파 관련 기록,『일본서기』의 푸난과 곤륜 관련 기사 정도이다. 부족한 문헌자료의 한계를 극복하기 위해서는 당시 교역되었던 향신료, 침향 등의 목재, 공작이나 대모 등의 동물유체를 대상으로 한 연구가 필요하지만 이런 물품들은 대부분 유기질이어서 지금까지 남아 있는 경우가 매우 드물다. 그렇다면 토기나 철기 등의 무기질 유물이 대안이 되지만 뚜렷한 증거는 아직 없다.

이런 점에서 금(은)박 유리구슬은 유효한 대안이 된다. 금박 유리구슬, 은박 유리구슬, 샌드위치구슬, 혹은 중층구슬 등 다양한 이름으로 불리는 이 특이한 구슬은 안에 있는 구슬의 표면에 금박이나 은박을 씌우고, 그 위에 다시 한 겹의 유리를 코팅한 것처럼 겹친 것이다.

해상 실크로드와 동아시아 고대국가

중근동지역에서 발명된 이후 구대륙 각지로 퍼져 나갔다. 한반도에서는 낙랑과 마한의 무덤에서 종종 발견되며, 삼국시대에 들어오면 그 수가 증가한다. 지역적으로는 마한-백제권역, 유적은 무덤에서 발견되는 경우가 압도적으로 많다. 처음에는 모두 금박으로 추정하였으나, 화학분석 결과가 축적되면서 금박과 은박 두 종류가 있음이 밝혀졌다. 무령왕릉 출토품의 경우도 처음에는 금박으로 인식되었으나 분석 결과 은박으로 밝혀졌다.

영남지역에서 금(은)박 유리구슬은 소량만 발견되었다. 가야에서는 산청 옥산리 고분군, 고성 송학동 고분군, 김해 양동리 분묘군에서 발견되었다. 부산 복천동 고분군에서 출토된 것은 시기적으로 이곳이 신라로 영역화한 후에 해당되므로 신라 고분 출토품으로 분류된다. 복천동 출토품과 원삼국기의 것인 경산 임당동 A-I-124호묘 출토품을 제외하면 신라에서는 경주 금관총 출토품이 유일할 정도로 그 출토례가 아주 적다.

일본에서는 오사카 가시와라(柏原) 시의 다카이다야마(高井田山) 고분, 시조나와테(四條畷) 시의 시토미야키타(蔀屋北) 유적 등 백제계 이주민과 관련된 유적에서 금(은)박 유리구슬이 나오는 빈도가 높다. 따라서 금(은)박 유리구슬이 동북아시아에서 유통, 확산되는 과정에서 마한-백제가 중추적인 역할을 하였음이 분명하다. 한반도와 일본열도에서 발견된 금(은)박 유리구슬의 산지에 대한 본격적인 연구는 아직 진행되지 않았으나 유사한 유물이 타이를 비롯한 동남아시아에서 많이 발견된 사실이 주목된다.

　무령왕릉에서 발견된 유리구슬 중에는 금(은)박 유리구슬 이외에
도 여러 색의 유리가 띠 모양을 취한 연리문 대롱구슬이 있다. 대롱
모양이 아닌 어금니 모양이지만 연리문이라는 원리가 동일한 구슬이
한성기의 공주 수촌리 고분, 웅진기의 함평 신덕 고분, 경주 황남대
총, 일본의 나라현 니자와센즈카(新澤千塚) 126호분, 기후(岐阜)현 후나
키야마(船來山) 19호분에서도 발견된 바 있다. 이와 유사한 구슬은 동
부 자와(Jawa Timur)에도 있으나, 베트남 옥 에오 및 그 주변에서 많은
수가 출토되었다. 당시 해상 교섭로에서 자와 등 대양부(도서부)는 아
직 부상하지 않았고 여전히 대륙부(내륙부)의 역할이 주도적이었음을
고려하면 베트남 지역이 주목된다. 옥 에오의 중요성, 그리고 이 항구
를 직접 관리하던 푸난과 백제의 교섭이 문헌기록에 남아 있기 때문
이다.

　무령왕릉에서는 금(은)박 유리구슬이나 연리문 구슬 이외에도 다
종다양한 유리가 다량 출토되었다. 그중에는 이미 오래전에 유행한
납-바륨유리와 포타시유리도 섞여 있다. 이러한 현상은 생산된 후 무
덤에 부장되거나 폐기되지 않고 세대를 넘어 전세되던 옛 유리가 부
장된 결과일 수도 있고, 아니면 동남아시아나 중국의 일부 공방에 오
래된 기술전통이 잔존하였기 때문일 수도 있다. 분석 결과 일부 유리
구슬은 그 원료에 포함된 납 성분이 타이산임이 밝혀졌다. 타이산 납
을 이용하여 타이에서 제작한 것인지, 아니면 원료를 가지고 별도의

장소에서 제작한 것인지는 분명치 않지만, 6세기에 들어와서도 여전히 동남아시아의 유리 생산과 원거리 유통에 주목하여야 함을 잘 보여 준다.

동남아시아와 동북아시아 출토 유리구슬의 화학조성 비교의 필요성을 절감한 필자는 2015년 2월, 옥 에오에서 총 9점의 유리를 채집하였다. 그중 8점은 작은 구슬, 1점은 유리 용기 혹은 중간재 조각이었는데 색상별로는 적갈색 4점, 벽색 2점, 녹색 1점, 흑색 2점이었다. 이에 대한 분석 결과[353] 구슬 8점의 제작기법은 모두 늘리기 기법으로 확인되었다. 비파괴 표면분석 결과 용기나 중간재로 판단되는 벽색 유리편 1점(OE-09)을 제외한 모든 구슬은 소다유리군(Soda glass group)에 속함이 확인되었다. 내부 조성분석은 풍화층이 아닌 내부 단면에서 측정한 결과로 함유 조성을 보다 정확하게 측정할 수 있는데 그 결과도 모두 소다유리군으로 분류되었다.[354]

이렇듯 늘리기 기법으로 만든 고알루미나 소다유리는 한국에서 출토된 유리구슬과 같은 부류이다. 그렇다면 백제 성왕이 푸난의 물품을 일본에 유통시키던 상황을 보여 주는 『일본서기』의 내용은 유리구슬의 유통과 관련될 가능성이 매우 높다.

한편 해상 실크로드를 통하여 남아시아 기원의 관념이나 사상, 문양이 한반도로 들어온 예도 찾아볼 수 있다. 대부분 인도에서 기원하여 동남아시아와 남중국을 거쳐 한반도로 들어오는 경로를 밟는다.

무령왕릉에서 쌍으로 발견된 금제 왕비 관식은 꽃병에 꽂힌 꽃(연화)을 중심으로 주변에 다양한 무늬를 배치한 것인데, 이런 무늬를 만병문(滿甁文), 보병문(寶甁文), 혹은 삽화문(揷花文)이라 부른다. 인도에서 기원한 후 사방으로 퍼져 나간 무늬인데 서아시아와 중앙아시아에는 지금도 카펫이나 회교사원, 건축물을 장식하는 문양으로 널리 사용된다. 중국에서는 남북조시대 무덤의 화상전, 신도석주(神道石柱)의 무늬, 벽화, 불상 대좌, 광배 등에서 광범위하게 발견된다. 무령왕릉 왕비 관식의 삽화문은 하남성 등현(鄧縣) 남조묘 화상전의 것과 가장 비슷하므로 중국 남조에서 전래된 것으로 판단된다.

왕비의 두침에 그려진 마갈문(摩羯文)도 인도에서 기원한 무늬이다. 이 무늬가 인도에서 직접 백제로 들어왔을 가능성보다는 동남아시아를 거쳐 남조를 통해 들어왔을 가능성이 높다.

이와 유사한 것이 코끼리이다. 동남아시아에서 코끼리는 불교의 전래 이후 평화와 미덕의 상서로운 상징으로 존경받았으며 부처와 직간접적으로 연결되었다고 믿기어 왔다.[355] 그런데 코끼리가 자생하지 않는 백제와 일본에서 출토된 유물 중에 코끼리를 상세히 묘사한 경우가 있다. 그들은 어떻게 코끼리를 알게 되었을까? 불교와 동남아시아라는 두 개의 키워드를 제외하고는 설명할 수 없다.

부여 능산리 사지에서 출토된 금동대향로의 뚜껑에는 신선이 타고 있는 코끼리가 묘사되어 있다. 제법 상세하게 표현되어 있기 때문에, 향로의 제작자는 코끼리를 직접 보았거나 코끼리를 표현한 미술품을 본 경험이 있었음이 분명하다. 부여의 부소산 사지에서도 흙으

해상 실크로드와 동아시아 고대국가

로 만든 코끼리 머리 조각상이 출토되었는데 역시 사실적이다.

6세기대에 만들어진 일본 나라현 후지노키(藤 ノ 木) 고분에서 출토된 금동 안장은 매우 화려하다(그림 50의 좌). 귀갑문 내부에 긴 코를 휘감고 있는 코끼리는 신체 비례가 매우 실제에 부합하고 있다. 이 안장의 제작지에 대해서는 중국 남조, 백제, 신라, 일본 등 다양한 견해가 제기되었는데 분명한 사실은 이 무덤에서 출토된 귀금속제 유물 대부분은 한반도 색이 농후하다는 점이다. 백제일 가능성이 가장 높아 보인다.

이상은 동남아시아에서 생산되었거나 이 지역을 경유한 물품, 사상의 유입인 데 비하여 반대로 백제에서 동남아시아로 전래된 진귀한 경우를 확인할 수 있다. 캄보디아의 캄퐁 참(Kampomg Cham)에서 출토되어 프놈펜 박물관에 소장되어 있는 동제 보살입상은 6세기 백제에

그림 50   코끼리가 표현된 각종 조각품 (좌: 일본 후지노키 고분 출토 금동 안장, 우: 능산리 사지 출토 금동대향로)

서 제작되었을 가능성이 농후하다고 한다.[356] 캄퐁 참은 당시 푸난의 영토였으므로 이 불상은 성왕대 백제와 푸난의 교섭에 대한 직접적인 증거로 삼을 만하다.

## 금동대향로

금동대향로는 백제 문화의 국제성을 가장 잘 보여 주는 걸작이다. 1993년에 이 유물이 발견된 능산리 사지는 능산리 고분군에 묻혀 있는 왕족들의 극락왕생을 빌기 위한 원찰로 추정된다. 건물에 부속된 공방 터 바닥의 물통에서 발견된 이 향로는 높이 62.5㎝, 무게 11.8㎏의 초대형이다. 1995년에 같은 곳에서 창왕(昌王)이란 이름이 새겨진 석조 사리감이 발견됨으로써 이 사찰과 향로의 발원자가 창왕과 그 누이임을 알 수 있게 되었고, 창건의 목적은 관산성 전투에서 죽임을 당한 부왕(성왕)의 혼을 위로하기 위한 것으로 추정되고 있다.

이처럼 거대하면서 화려한 향로는 한국은 물론이고 중국에서도 아직 나온 적이 없다. 하남성 등현 남조묘나 강소성 상주(常州) 시 척가산(戚家山) 남조묘의 화상전에 표현된 향로가 유사하지만 아직 중국에서는 이처럼 거대한 향로가 실물로 발견된 적이 없다.

금동대향로는 용이 주체가 된 받침대, 몸통, 그리고 뚜껑으로 구분되는데 세 부분은 각기 따로 제작하여 결합한 것이다.

향로를 떠받들고 있는 용은 물을 상징한다. 용은 신성한 동물로서 최고 권력자를 상징하는 동시에 물의 신이기도 하였다. 네발이 달린 용은 크게 똬리를 틀면서 머리를 수직으로 곧추세우고 있는데, 그 입에는 위를 향하여 활짝 핀 연꽃, 즉 앙련으로 화려하게 장식된 향로의 몸통이 물려 있다. 이와 유사한 형태는 산동성 용흥사(龍興寺) 출토 불상 대좌에서 많이 확인된다. 북위(北魏)-동위(東魏)시대의 삼존불 중 좌우협시불의 연화 대좌를 용이 물고 있는 형태로 표현되어 있는데 반구형의 앙련 대좌까지도 금동대향로와 상통하고 있다. 연꽃이 물에서 피는 식물이란 점을 감안할 때 용은 수중을, 향로 몸통은 수상을 상징하는 것으로 볼 수 있다. 몸통을 장식한 볼륨감 있는 연꽃잎 가운데에는 물고기와 새 같은 동물과 인간이 다양한 형태로 표현되어 있다.

뚜껑은 이상적인 신선세계를 상징하는데, 제일 위에는 가슴을 활짝 펴고 있는 새 한 마리가 앉아 있다. 반구형의 뚜껑에는 25개의 큰 산과 49개의 작은 봉우리가 중첩되었고, 그 사이에 17명의 인물과 36마리의 동물이 표현되었다. 인물들은 불로장생의 신선들인데 머리를 감거나 낚시하고, 말을 타고 활을 쏘거나 코끼리에 올라타서 유유자적하고 있다(그림 50의 우). 백제인들이 코끼리를 인지하게 되는 데는 중앙아시아나 남아시아, 서아시아 등과의 접촉이 계기가 되었을 것이다. 제일 위의 다섯 봉우리에는 악기를 연주하는 5명의 악사가 표현되었다. 동물은 곰, 호랑이, 사람 얼굴에 새의 몸을 한 상상 속의 동물, 멧돼지 등이며 포수(鋪首)와 괴물도 있다.

뚜껑에 배치된 상상 속의 새는 봉황으로 볼 수 있다. 여기에 표현된 동물이나 괴물은 대개 중국의 향로나 불상, 금속기 등에서 나타났던 것들이다. 얼굴만 있는 도깨비 모양의 포수는 중국 청동 용기에 단골로 등장하는 장식이고, 금동대향로의 것처럼 머리에 펜촉 같은 뿔이 난 형태는 5세기 후반 남조 무덤의 돌문에 새겨져 있다. 뱀을 깨물고 있는 괴물의 형상은 초(楚)의 진묘수에서 유래하는데 한대 이후 몸통은 사라지고 머리만 있는 상태로 뱀을 물고 있는 모습으로 변화한다. 무엇인가에 크게 놀라 달아나는 듯한 괴물은 6세기 전반 양나라 황족의 무덤 앞에 세워진 비석에도 나타난다.

5명의 악사가 연주하는 악기는 완함(阮咸), 피리, 북, 현금, 배소(排簫)이다. 완함은 월금(月琴)으로서 죽림칠현(竹林七賢) 중 한 명인 완함이 즐겨 탔기 때문에 붙은 이름이다. 남조 황제릉 전화(塼畵)에 표현된 〈죽림칠현도〉의 완함이 타고 있는 악기가 금동대향로에 나타난 완함과 동일한 형태이므로 남조와 백제의 관계를 주목하여야 한다. 완함이 서역에서 유래한 악기임은 널리 알려져 있다. 5인의 악사가 연주하는 악기들은 대개 6세기 남북조시대 불상의 비천상에 표현된 것들과 유사하다.

## 2) 신라와 동남아시아의 교섭

이른바 서역[357]에서 한반도로 들어온 인물들이 활동한 국가는 백제만이 아니었다. 앞에서 언급하였듯이 신라에 불교를 전해 준 묵호자란 인물은 인도 계통의 승려일 가능성이 높다. 신라인들이 중국과 일본을 제외한 중앙아시아나 동남아시아, 서아시아의 문화와 인물을 접할 가장 좋은 기회는 불교가 제공하였다. 진흥왕대인 549년에 양나라의 사신이 사리를 가져온 사실, 자장법사가 643년 당나라에서 불정골, 불치, 사리 100과를 모셔 왔다는 이야기는 비록 중간에 양이나 당이 개재되어 있으나 불교를 통하여 동남아시아의 문물을 접하던 양상을 그려 볼 수 있게 한다. 특히 549년이라면 말레이반도의 판판(槃槃)과

해상 실크로드와 동아시아 고대국가

인도차이나반도의 푸난이 양나라에 사리를 보내던 바로 그 시점이다. 이때 양에 들어온 사리 일부가 다시 신라로 들어온 것으로 보인다.[358]

법흥왕 15년, 양나라에서 받은 향의 용도를 아무도 모르는데 묵호자가 그 내역을 설명하고 향을 태워 공주의 병을 낫게 하였다는 이야기 역시 불교의례와 밀접히 관련된 향이 중국에서 들어왔고 신라 사회에서는 그 용도와 정체를 몰랐음을 보여 준다. 그러나 7세기가 되면 향은 신라 사회에서 매우 인기 있는 품목으로서 왕족과 귀족들이 즐겨 사용하는 사치품이 되었다. 불국사 석가탑, 칠곡 송림사 전탑에서 각종 향과 향목이 발견되어서 그것이 불교신앙과 관련하여 귀하게 인식되고 있었음을 보여 준다.

당시의 대표적인 향은 동남아시아, 특히 베트남과 캄보디아가 원산인 침향이었다. 그렇다면 참파와 푸난에서 생산된 셈이다. 일본 나라현 쇼소인(正倉院)에 보관되어 있는 향목이 인도차이나반도의 침향임이 밝혀졌는데 일본에 이 물품이 유입된 중간에는 신라가 개재할 것이다. 신라 사회가 목재이면서 동시에 향의 원료였던 침향의 가치를 인식하게 되면서 국내에서 대거 유통되었을 뿐만 아니라 일본으로 보낸 것이다.[359]

경주 월성에서는 카프탄을 입고 터번을 쓴 토우가 출토되었다. 신라 토기에 부착되는 장식토우에까지 중앙아시아의 복장이 표현될 정도라면 경주에서도 중앙아시아에 대한 정보가 있었음이 분명하다. 특히 당시의 소그드인들은 동서를 잇는 원거리 교역의 주체였다. 월성

그림 51　신안선에 실린 각종 향료 – 목포해양유물전시관 (촬영: 필자)

출토 토우의 복장은 카프탄이라고 하는 의상을 묘사한 것으로 보이는
데 이 옷은 소그드인들이 즐겨 입던 옷이다.

삼국통일 이후에도 이러한 현상은 더 많이 확인된다. 경주 용강동
고분과 황성동 고분에서는 장식토우와는 크기와 의미가 다른 흙인형
(토용)이 여럿 출토되었는데 그중에는 호모(胡帽)를 썼으며 눈이 깊고
코가 높은 서역인이 표현되어 있다.

경주의 전(傳)원성왕릉(괘릉), 흥덕왕릉, 구정동 방형분 등에서 발견
되는 서역인상에 대해서는 다양한 논의가 진행되고 있다. 논의의 핵
심은 이들의 국적 내지 종족에 대하여 소그드, 페르시아, 아라비아의
어디에 해당되는지, 그리고 이들이 실제로 경주에 들어와서 활동을
한 것인지 단순한 이미지의 차용인지에 대한 논쟁이다. 여기에 더하
여 경주 동편 해안가와 관련 있는 처용을 적극적으로 해석하여 서역
인들의 이주를 인정하는 견해가 있다.[360]

　　　　　　　　　　해상 실크로드와 동아시아 고대국가

신라 토우 중에는 개미핥기로 추정되는 동물이 확인되는데 이 동물은 한반도에서는 자생하지 않기 때문에 동남아시아에서 유래하였을 가능성이 있다. 『일본서기』에는 추고 6년(598년) 신라에서 공작 한 마리와 까치 두 마리를 보냈다고 한다. 『속일본기』에도 문무(文武) 4년(700년) 신라에 다녀온 (일본)사신이 공작과 진귀한 물품을 바쳤다고 한다. 한반도에는 공작이 자생하지 않기 때문에 인도나 동남아시아에서 신라로 들어왔을 것으로 판단된다.

『삼국사기』 색복조에는 골품에 따라 사용할 수 있는 물품과 사용할 수 없는 물품을 소개하고 있는데 이 과정에서 당시 신라 사회에 들어와 있던 다양한 국적의 희귀한 물품이 소개되었다. 예를 들어 진골 여인들이 목도리에 공작의 꼬리와 비취의 털을 사용하거나, 슬슬(瑟瑟: 에메랄드)이란 보석을 박은 빗과 모자, 대모로 만든 빗을 사용하는 것을 금지하고 있는 것이다. 그런데 자단과 침향, 대모 등은 수레와 안장에 대한 규정에서도 나오고 있으며, 6두품 이하에서는 구수(毬毹)·탑등(毾㲪)·호피·대당담(大唐毯) 등의 사용에도 제약이 따르고 있다. 달리 말하자면 통일신라기에 당은 물론이고 동남아시아와 서아시아의 각종 희귀한 물품이 신라 사회에 이미 깊숙이 들어와 있었다는 이야기이다.

실제로 경주 월지와 왕경유적, 황룡사지, 천관사지, 부여 부소산성, 익산 미륵사지, 광양 마로산성 등지에서는 중국산 도자기가 발견되고 있으며 칠곡 송림사 오층전탑의 사리장엄구로 사용된 유리완은 이슬람 유리기로 판단된다.[361] 따라서 문헌자료와 실물자료를 참고할 때 신라 사회에 당과 다양한 산지의 외래 기성품이 상당량 유통되고 있었음이 확인된다.

통일신라에 접어들면 왕릉 주변에 돌로 만든 사자를 배치하는 경우가 많이 확인된다. 당나라 황제릉 주변에 세우는 석제 사자상을 모방한 것이기는 하지만 이러한 과정을 통해 한반도에서는 자라지 않는 이국적인 동물과 물품에 대한 정보는 크게 늘어났을 것이다.

코끼리나 사자, 공작 등 동북아시아에서는 볼 수 없는 동물을 인식하게 되는 계기는 불교의 수용이다. 불교와 함께 남아시아와 동남아시아의 동물에 대한 각종 정보가 들어오면서 이러한 동물들이 미술의 소재로 사용되기에 이른 것이다.

### 3) 동남아시아산 물품의 한반도 내부 유통의 차이

다양한 종류의 동남아시아 물품은 한반도를 포함한 동북아시아 곳곳에서 유통되었을 터인데 그 양상은 복잡하다. 이러한 양상을 유리구슬을 통하여 추정해 보자. 앞에서 이미 살펴보았듯이 한반도 중부 이남에서 유리가 가장 먼저 등장한 지역은 중서부와 서남부, 시기는 초기철기시대이다. 이때에는 납-바륨유리만 사용되다가, 원삼국 이른 단계부터는 포타시유리가, 3세기 이후에는 새로운 소다유리가 주로 사용되었다는 점은 이미 규명되었다.[362] 각 단계별 생산지는 중국 남부 → 베트남 북부와 중국 양광(광동, 광서) → 광역의 동남아시아와 인도 등으로 확대되는 것으로 추정되었다.[363]

그런데 마한-백제권역과 진·변한-신라, 가야지역에서 출토되는 유리구슬의 색상과 화학조성이 다른 점이 주목된다.[364] 이는 수용자의 선호도에 의한 차이, 그리고 유통망과 유통 주체의 차이를 반영한다. 예를 들어 고구려보다 백제, 신라, 가야, 특히 백제 고분에서 유리구슬이 많이 출토됨은 분명하다. 고구려에서 유리구슬의 출토량이 희소한 것은 유리에 대한 선호도가 나머지 국가에 비해 현저히 낮았음을 의미하며, 동남아시아산 물품이 유입될 기회도 적었음을 의미한다. 신라·가야권역의 고분 출토 유리가 청색이나 남색 위주로 단조로운 데 비하여 백제권역의 유리 색상은 매우 다양하다.

그렇다면 마한-백제권역만을 대상으로 검토하면 어떤 양상이 관찰될까? 초기철기시대와 원삼국기, 한성백제기와 웅진백제기를 대상으로 하여 살펴보면 우선 극심한 지역 간 편차가 확인된다. 초기철기시대에는 금강유역권을 중심으로 청색의 납-바륨유리 일색이다. 원삼국기에는 마한권역 전체에서 유리구슬이 출토되지만 출토량과 부장 양상, 색상 면에서 편차가 현저해진다. 아산의 진터 유적은 2세기대의 무덤인데 유리구슬의 부장이 매우 미흡하다. 그런데 이 유적을 남긴 집단들은 3세기 이후 인근의 밖지므레란 곳으로 묘역을 옮긴 것으로 추정된다. 이곳에서는 주구가 없는 토광묘(목관묘)와 주구토광묘가 총 151기 조사되었다. 그중 28기의 무덤에서 8,154점의 구슬이 발견되었는데 재질은 마노(홍옥수), 수정, 그리고 유리이다. 특히 2-1지점 16호 주구토광묘에서는 350점의 마노구슬과 함께 1,000점이 넘는 유리구슬이 출토되었다. 2-2지점 1호 주구토광묘에서는 마노구슬 1,189점과 함께 유리구슬 2,281점이 출토되었다. 이 유적에서 발견된 유리는 총 65점이 선정되어 분석이 진행되었는데, 13점(20%)이 포타시유리군으로 감청색과 자색, 52점(80%)이 소다유리군에 속하며 다양한 색상을 띤다.[365]

한성백제기에는 이러한 차이가 더욱 심해져서 유리구슬이 거의 부장되지 않는 고분군과 다량 부장되는 고분군의 대비가 선명해진다. 오산 수청동에서는 3-5세기대에 걸쳐 조성된 147기의 분묘에서 총 7만 5000여 점의 구슬이 발견되었는데 대다수가 소다유리이고 소량의 납-바륨유리와 포타시유리가 혼재한다. 반면 하남 감일동에서는 총 60기에 달하는 횡혈식석실묘가 조사되었으나 유리구슬의 출토량은 단 1점에 불과하다. 유사한 구조를 보이는 성남 판교 유적에서도 사정은 마찬가지이다. 재지적 전통 없이 횡혈식석실묘가 돌연 출현하는 하남 감일동, 성남 판교 유적의 경우는 귀금속제 장신구의 활발한 부장에도 불구하고 유리구슬이 거의 전무한 셈인데, 이러한 양상은 감일동과 판교 석실의 계보를 잇는 웅진기 공주 금학동에서도 동일하다.[366]

감일동과 판교, 금학동으로 이어지는 횡혈식석실에 묻힌 집단은 중국(낙랑)계 이주민일 가능성이 크기 때문에 백제 영토 내부에서도 마한 이래의 재지적 전통을 발전시킨 집단의 유리구슬에 대한 선호도

해상 실크로드와 동아시아 고대국가

가 전반적으로 높은 반면, 중국계 이주민은 그렇지 않은 모습을 보여준다. 중국 무덤에서 양광(광동, 광서)지역을 제외하면 유리구슬의 부장이 전체적으로 매우 미미함을 볼 때 동북아시아 차원에서도 유리구슬에 대한 선호도의 차이를 엿볼 수 있다.

웅진기에는 전체적인 박장화 흐름과 함께 유리구슬 자체의 출토량이 줄지만 무령왕릉처럼 다종다량의 유리구슬을 착장, 부장한 경우는 웅진기 백제 왕실이 물량을 다량 확보하는 데에 어려움이 없었음을 보여 준다. 이러한 차이가 발생한 원인으로는 유리구슬에 대한 집단 간 선호도의 차이, 그리고 어느 정도의 물량을 확보할 수 있었는지 여부, 장제의 변화 등을 들 수 있다.

경기와 충청 지역에서는 3세기 이후 포타시유리에서 소다유리로 변화하는 동향이 관찰된다. 그렇지만 다양한 색상의 유리구슬이 부장되는 지역이 있는 반면 서산 부장리, 공주 수촌리, 완주 상운리 유적처럼 청색의 유리가 대세를 이루는 지역도 있다.[367] 이러한 양상은 색상별로 세부적인 유통망이 존재하였을 가능성을 높여 준다.[368]

반면 영산강유역에서는 적갈색의 불투명 유리구슬이 주류를 이룬다. 고창지역의[369] 선동, 만동, 남산리 유적이 대표적인 예이다. 남산리의 분묘는 3-5세기대에 속하는데, 출토된 1,780여 점의 구슬 중 대부분은 적갈색과 흑색이고 약간의 청색계가 섞여 있다.[370] 적갈색의 불투명 유리구슬은 확실히 마한-백제권역에서 압도적으로 많이 발견되어서 영남지역과 큰 차이를 보인다.

그 배경에는 수입과 유통의 문제가 개재하고 있을 것이다. 중국, 한반도, 일본열도 등 동북아시아에 고알루미나 소다유리가 대량 유입되는 계기는 3세기에 이루어진 동오와 푸난의 통교가 중요한 계기가 되었을 것이란 점은 이미 지적한 바 있다.[371] 3세기 후반 서진과의 교섭에 빈번히 참여한 마한의 여러 세력들은 다양한 종류와 계통의 물품들을 직접 입수하였을 터인데 동남아시아산 고알루미나 소다유리도 유력한 후보가 된다.

전체적으로 2세기대의 오산 궐동이나 평택 마두리, 아산 용두리 진터 등지에서 포타시유리가 출토되거나 유리 부장이 빈약한 양상을 보이는 반면, 3세기 이후 거의 폭발적으로 소다유리의 다량 부장이 시작되는 것을 보면, 동오-서진으로 이어지는 중국 왕조를 통한 동남아시아산 유리구슬의 대량 수입을 상정할 수 있다.

반면 3세기 후반 서진과의 교섭에 참여하지 못하였거나, 하였더라도 교섭의 강도가 미약하였던 변한과 진한의 정치체들은 마한 정치체들만큼 고알루미나 소다유리를 다량 확보하지는 못하였을 것이다. 그 결과 3세기 이후 마한과 진·변한의 분묘 부장 유리의 양적인 우열이 생기고 종류도 달라졌던 것 같다. 예를 들어 신라, 가야권역에서도 고알루미나계가 유통되기는 하지만 나트론계와 플랜트애시계의 비중이 월등히 높은 점, 특히 창녕 계성 II-1호분에서는 청색계 나트론 일색인 현상은 분명히 수입 경로의 차이를 입증한다.[372]

3세기 후반 마한과 서진의 교섭을 주도한 세력은 서울의 백제국(伯

해상 실크로드와 동아시아 고대국가

濟國)일 가능성이 높지만 백제국만이 유일한 중심이 된 일원적인 교섭은 아니었을 것이다. 참여하였던 각국별로 입수하는 물품의 종류에는 차이가 있었을 것이며 수입 주체와 경로도 달랐을 것이다. 그리고 예상되는 소비 주체의 선호도에 따른 물품의 선별 과정도 있었을 것이다. 경기와 호남의 적갈색 유리구슬에 대한 높은 선호도, 청색계 유리구슬에 대한 천안지역 정치체의 높은 선호도라는 차이점은 이를 방증할 것이다. 그 결과 경기에서 전남에 걸친 마한-백제의 분묘에 부장된 유리구슬은 넓게는 모두 고알루미나 소다유리에 속하면서도 세부적인 차이, 특히 색상의 차이가 발생하였던 것은 아닐까?

### 4) 한반도와 일본열도 사이의 교류

#### (1) 한반도와 일본열도를 잇는 해상 교통로

중국과 한반도, 그리고 일본열도를 잇는 해상로는 그 역사가 매우 길다. 이미 신석기시대에 한반도 남부의 주민들은 조몬시대 일본열도의 주민들과 교류하였다. 우연한 기회를 통하여 서로의 문물을 교환하거나 자신이 가지고 있지 못한 물품을 얻기 위한 수단으로 만났다. 그 결과 한반도 남해안에서는 일본열도에서 제작된 조몬토기, 혹은 그 영향을 받은 토기가 발견되며, 그 반대로 한반도의 빗살무늬 토기가 일본 규슈에 영향을 끼치기도 하였다.

청동기시대에는 양 지역 사이에 본격적인 교섭이 전개되었다. 한

그림 52 한반도에서 유입된 야
요이 문화가 꽃핀 가라쓰 일대

반도의 신석기문화에 대응되는 일본의 조몬 문화는 남방적인 특성이
강한 반면, 새롭게 전개된 야요이 문화는 한반도 남부의 문화가 통째
로 이전되는 방식을 취한다. 청동기와 철기 등의 금속기, 쌀농사, 환
호와 토루, 목책으로 구성된 방어취락, 본격적인 전쟁 등 야요이 문화
의 새로운 특징은 한반도 남부지역의 청동기-초기철기문화에서 비롯
되었다.

　이 과정에서 대규모 주민 이주와 교섭행위가 이루어졌다. 교역품
의 수집, 질병, 풍랑, 강풍 등 다양한 원인으로 인해 상대방의 지역에
장기간 체류하거나 혹은 아주 정착하는 경우가 빈번하게 발생하였다.
동남아시아에서 항시가 발생하던 것과 유사한 조건이 형성된 것이다.
다만 동남아시아처럼 금이나 향신료가 아닌 철의 비중이 훨씬 높았다

　　　　　　　　　　　　해상 실크로드와 동아시아 고대국가

는 점이 차이일 뿐이다.

영남지역에서 생산된 철은 한반도 중서부-서남부의 마한, 강원도 해안가의 예(濊), 일본의 왜(倭), 나아가 한반도 서북부의 낙랑과 대방까지 유통되었다. 농업조건이 불리한 쓰시마나 주호(州胡: 제주도)의 주민들은 본격적인 해상 교역에 나섰다. 3세기 후반에 편찬된 『삼국지』동이전에 이러한 사정이 잘 표현되어 있다. 쓰시마에 대해서는 "좋은 밭이 없어서 해산물을 먹으며, 생활을 위하여 배를 타고 남북으로 장사 다닌다"고 기록되어 있다.

당시의 원거리 교역은 예외 없이 해로를 통해 이루어졌으므로 중요한 교역장은 해안이나 도서에 분포하였다. 중국과 한반도, 일본열도를 잇는 기간 항로는 산동반도를 출발하여 요동반도를 거쳐 한반도 서북지방(낙랑과 대방)에 도착한 이후 서해안을 따라 남하한 후, 영산강 하구에서 동으로 방향을 틀어 남해안을 따라 김해와 그 근처로 간다. 이곳에서 일단 숨을 고른 후 점프하듯 쓰시마, 이키, 후쿠오카(혹은 가라쓰)에 도착한 후 세토나이카이(瀨戶內海)를 경유하여 오사카에 이르는 길이었다. 여기에 더하여 경상북도와 강원도 해안가에서 출발하여 산인과 단고로 가거나, 북부 규슈에서 동으로 항해하여 산인, 단고로 이어지는 경로도 중요하였다. 전남 여수나 경남 하동에서 출발하여 해안에서 제주 동북방을 거쳐 규슈의 오도열도(五島列島)를 지나 아리아케(有明) 바다 인근의 사가현이나 구마모토현(熊本縣)으로 가는 항로는 주로 마한과 백제, 대가야가 이용하였다.

이러한 간선 이외에도 다양한 지선이 모세혈관처럼 뻗어 나가면서 동북아시아의 교통로가 형성되었다. 이 경로의 결절점마다 다양한 지역 출신의 사람들이 진귀한 물품을 가지고 와서 교역하였다. 인천의 영종도, 서천과 군산 등지의 금강 하구, 나주와 영암 등 영산강 하구, 해남, 여수, 사천, 김해, 부산 등 남해안 곳곳에서 그 흔적이 발견되고 있다. 아울러 단순한 항시가 아니라 원거리 항해의 안전을 해신에게 기원하는 제사유적이 곳곳에 생기게 된다. 한반도에서는 부안 죽막동 유적이 대표적이다.

변산반도에 입지한 이 유적은 백제의 왕도인 공주와 부여로 들어가는 금강에 연하여 있을 뿐만 아니라 서해안을 통과하는 연안 항로에서 비껴갈 수 없는 길목에 해당된다. 간만의 차이가 심하고 물길이 험하여서 해난사고가 잦다. 이 유적은 절벽의 정상부에서 진행된 노천 제사유적에 속한다. 4세기 이후에 해당되는 다양한 제기가 발견되었는데 그 종류는 백제 토기, 일본에서 가져온 것으로 추정되는 소형 활석제 제기,[373] 중국 남조의 자기, 그리고 각종 귀금속 제품들이었다. 토기류는 주로 백제 토기이지만 일본의 스에키(須惠器), 신라나 가야 토기도 소량이나마 섞여 있다. 이렇듯 다양한 지역에서 생산된 제기가 사용된 양상을 볼 때 백제만이 아니라 신라와 가야, 왜 등이 중국 남조로 가는 항해의 안전을 기원하던 공동의 제장이었음을 알 수 있다.

## 고대의 해로와 당성

한반도와 중국을 연결하는 전통적인 항로는 한반도 서해안을 북상하여 요동반도에서 산동반도로 건너가는 연안 항로였다. 구불구불한 리아스식 해안을 따라 항해하기 때문에 총거리는 늘어나는 단점이 있는 반면에 태풍 등 예기치 못한 상황에서 육지에 접안하기 유리하다는 이점이 있다.

신라는 중국과 통할 수 있는 항로 및 항구의 확보에 어려움을 겪었으나, 554년부터 한강유역을 확보하게 되면서 현재의 화성시 서신면 일대를 중심으로 한 당항성(당성)이 중국으로 통하는 통로 역할을 담당하게 된다. 당항성은 원효와 의상이 불교를 배우기 위하여 당나라로 갈 때 도착한 곳이며, 668년 6월 유인궤가 김유신의 아들 김삼광과 함께 고구려를 공격하기 위하여 도착한 곳이자, 822년에 낭혜화상 무염이 당나라로 공부하기 위해 출발한 곳이기도 하다.[374] 당항진(黨項鎭)과 관련된 시설은 아직은 당성 이외에는 확인되지 않았으나 인근에 선착장, 창고, 숙박시설 등이 갖추어진 모습을 상정할 수 있다.

『신당서』 지리지에는 지리학에 조예가 깊은 가탐(賈耽)이란 인물이 정원(貞元) 연간(785-804년)에 저술한 『도리기(道里記)』의 내용이 실려 있다. 당과 그 주변을 잇는 총 7개의 길을 소개하고 있는데 그중 한반도와 관련된 것은 "등주해행입고려발해도(登州海行入高麗渤海道)"로, 산동반도의 등주(登州)를 출발하여 요동반도 남단을 거쳐 평안도와 황해도, 그리고 경기도 연안을 따라오는 길이다. 이 항로를 황해 북로라고 부르며,[375] 일본에서는 신라도(新羅道)라고 일컬었다.[376] 이 여정의 가장 중요한 항구가 바로 당항진이 된다.

9세기 이후에는 새로이 나주의 회진(會津)과 남중국을 연결하는 황해 남로의 역할이 증대되면서 당항진(당은진)과 회진 양두체제를 이루게 된다. 그중에서도 당은진의 비중이 좀 더 높았고 회진은 보조적인 역할을 하게 된다. 당은진의 비중이 높았던 이유는 전통적인 항로와 관련되며 회진의 대두는 장보고의 해상 무역과 관련된다.

### (2) 대표적인 항시[377]

#### ① 사천 늑도

남해안의 다도해에 위치한 작은 섬이다. 면적은 매우 좁은데도 엄청나게 많은 유물이 섬 전체에 걸쳐 발견되었다. 출토된 토기의 10% 정도가 야요이계 토기이다. 이 토기는 야요이 전기 말에서부터 후기 초까지 대개 북부 규슈에서 만든 것이거나 이를 모방하여 현지에서 만든 것이다. 이는 왜인이 장기간 이 섬을 방문하고 때로는 체재하였음을 의미한다.

현지에서 철기 제작의 흔적이 확인되는 것을 볼 때 왜인의 방문 목적은 철의 확보였다고 판단된다. 이 외에 중국 화폐, 낙랑 토기, 철경 동촉 등이 발견되어서 이 교역에 낙랑도 참여하였음을 알 수 있다.

#### ② 이키의 하루노쓰지(原ノ辻)

쓰시마와 북부 규슈 사이에 있어서 양 지역을 연결하는 이키섬의 중심 유적이다. 3세기 무렵 이키섬에는 이키고쿠(一支國)라는 작은

그림 53  늑도에서 출토된 일본의 야요이 토기 (촬영: 필자)

정치체가 동북아시아 해상 교역에 참여하고 있었다. 이키섬은 작은 섬이지만 쓰시마에 비해 농업조건은 훨씬 양호한 편이다.

『삼국지』동이전 왜인조에 의하면 "쓰시마고쿠(對馬國)에서 출발하여 일대국(一大國)에[378] 도달한다. 이곳의 높은 관리는 히코(卑狗), 그 아래는 히나모리(卑奴母離)라고 불린다. 한 변의 길이가 300리 정도 되며 대나무와 잡목숲이 많다. 3,000가(家) 정도가 있다. 밭이 조금 있기는 하지만 경작하여도 식량이 부족하여서 남과 북으로 장사하러 다닌다"고 한다. 남과 북으로 바다를 건너서 교역하던 자취가 하루노쓰지 유적에 고스란히 남아 있다.

이 유적은 주변을 조망하기 좋은 나지막한 구릉 위에 입지하는데 인공적인 선착장을 갖추고 있으며, 주거지와 창고, 종교시설 등이 밀

그림 54 하루노쓰지 유적 원경 (촬영: 필자)

집 분포한다. 늑도와 마찬가지로 중국 화폐('貨泉', '大泉五十'), 거울, 낙랑
토기, 청동 촉 등이 발견되는데 전성기는 늑도보다 늦고 김해와 거의
비슷하다. 교역에 사용하던 저울이 출토된 점이 매우 상징적이다. 이
곳에서 출토된 상감유리구슬은 중국에서 제작된 후 유입된 것으로 보
인다.

### ③ 후쿠오카의 니시진마치

늑도와 하루노쓰지보다 늦은 시기인 3세기 후반 무렵에 가장 두각
을 나타내는 북부 규슈의 항시는 후쿠오카의 니시진마치이다. 이 취
락의 가장 큰 특징은 당시 일본에는 존재하지 않고 한반도에서 발전
하던 부뚜막 딸린 주거지의 존재, 한반도 남부 토기의 비중이 높은 점,

해상 실크로드와 동아시아 고대국가

그리고 일본 각지의 토기가 모인 점 등이다. 따라서 재지의 왜인과 한반도 남부 출신 이주민이 공존하던 상황을 그려 볼 수 있다. 한반도계 주민은 주거지의 형태나 취사 용기로 판단할 때, 영남지역과 충청-전라 출신으로 나눌 수 있다. 수적으로는 후자가 압도적으로 많기 때문에 백제 지방인, 혹은 마한 잔여세력의 주민집단이 무리를 이루어 규슈 북부에 정착한 양상을 보여 준다. 출토된 유물 중에 철기, 유리 제작용 거푸집 등이 있는 것을 볼 때 한반도 서남부, 즉 마한의 주민들이 마을에 거주하며 철과 유리의 생산과 유통에 종사하였던 것 같다. 이들이 집단 이주하게 되는 동기는 4세기대 백제 중앙의 지속적인 남방 정책과 관련될 것이다.

한반도만이 아니라 긴키(近畿), 산인, 세토우치(瀬戸内) 등지의 토기도 출토되는 것을 볼 때, 한반도산 철기와 유리의 수입, 그리고 그 기술의 학습을 목표로 서일본 각지에서 사람들이 모였음을 알 수 있다.

이 마을이 위치한 하카타(博多)만 연안에는 대규모 취락, 단야 공방, 석제 구슬 공방 등이 들어서는데 이는 왜 왕권이 의도적으로 정비한 대규모 교역기지이며 그중 니시진마치의 역할은 교역항이었을 것이다.

### ④ 무나카타

북부 규슈의 동편 해안부에 해당되는 무나카타 시 다구마이시하다케(田熊石畑) 유적에 소재한 야요이시대 목관묘 6기에서 세형동검,

동모 등 무기류가 15점 출토되었다. 한반도 남부에서 발전한 청동기 문화가 집중적으로 전래되었음을 보여 주는 것이다. 이 무덤과 관련된 취락도 발견되었는데 "무나카타 해인족(海人族)"이 남긴 것으로 간주되고 있다.

고훈시대가 되면 무나카타 앞바다의 무인도인 오키노시마에서 야마토 정권이 주도하는 국가적 차원의 제사가 치러진다. 제사의 형태는 거대한 바위 위에서 치러진 암상(巖上) 제사, 바위의 아래에서 치러진 암음(巖陰) 제사, 바위에서 조금 떨어진 장소에서 치러진 반암음(半巖陰)·반노천(半露天) 제사, 바위에서 떨어진 곳에서 치러진 노천(露天)

그림 55  신바루·누야마 고분군 원경 (촬영: 필자)

해상 실크로드와 동아시아 고대국가

제사로 나뉘며 이 순서로 변화한다. 제사의 대상은 여신이며 목적은 항해의 안전이다. 제기로 사용된 유물 중에는 중국과 삼국시대, 혹은 통일신라에서 제작한 것들이 많이 포함되어 있다. 이 제사를 주관하던 집단('宗像氏')이 묻힌 무덤이 무나카타 시와 인근의 후쿠쓰(福津) 시 일대에 남아 있는데 대표적인 유적이 신바루·누야마(新原·奴山) 고분군이다(그림 55).

무나카타는 일반적인 항시와는 달리 신앙적인 측면이 강한 점이 특징이다. 오키노시마와 관련된 일련의 유적은 "신이 머무는 섬"이란 명칭으로 유네스코 세계문화유산에 등재되었다. 한국의 부안 죽막동 유적과 유사한 유적이다.


### ⑤ 가라쓰

가라쓰는 동쪽의 후쿠오카와 함께 일본열도가 중국 대륙과 한반도의 선진문물을 받아들이던 대표적인 창구이다. 김해를 출발한 배가 쓰시마와 이키를 거쳐 후쿠오카로 향하거나 가라쓰의 요부코(呼子)로 향하게 된다. 요부코는 한반도와 가장 가까운 기항지이기도 하다. 임진왜란 당시 조선을 침략하기 위해 일본 전국의 군대가 집결하였던 나고야(名護屋)성이 이곳에 위치한 것은 우연이 아니다.

가라쓰는 한반도 남부의 금속문화와 농경문화가 가장 먼저 도착한 곳으로서 나바다케(菜田) 유적, 우키쿤덴(宇木汲田) 유적, 사쿠라노바바(櫻馬場) 유적 등 야요이시대의 유명한 유적이 밀집 분포한다. 쓰시마, 이키, 후쿠오카 못지않게 한반도와 일본열도를 이어 주던 중요한 항구였음을 알 수 있다.

가라쓰의 항구인 요부코 앞바다에 있는 한 섬은 당시 배를 이용한 동아시아 교섭의 실상을 상세히 전하고 있다. 5세기대 백제 왕실의 곤지(昆支)는『삼국사기』에서는 개로왕의 아들이면서 문주(文周: 훗날의 문주왕)의 동생으로 기록되어 있지만,『일본서기』에는 개로와 문주, 곤지가 형제로 되어 있다.『일본서기』에 의하면, 461년 개로왕은 동생인 곤지에게 일본으로 갈 것을 명령한다. 곤지는 명령에 따르는 대신 형의 부인 중 한 사람을 달라는 것을 조건으로 내세운다. 개로왕은 임신한 부인을 딸려 보내면서, 도중에 아기를 낳으면 귀국시키도록 하였다. 중도에 가카라시마(各羅嶋)라는 섬에서 여인은 출산하게 되는데, 이 아이는 섬에서 태어났다고 하여 섬임금, 곧 시마노키미(嶋君)로 불렸고 훗날 무령왕이 되었다. 곤지는 계속 항해하여 왜왕이 거처하던 수도로 들어갔고 얼마 지나지 않아 새로 5명의 아들이 생겼다고 한다.

현재『일본서기』에 표기된 가카라시마는 존재하지 않지만 요부코의 앞바다에는 표기는 다르고 발음은 동일한 가카라시마(加唐島)라는 섬이 있다. 이 섬에는 먼 옛날에 어떤 여인이 출산을 하고 샘물을 마셨다는 둥 귀한 분이 다녀갔다는 둥 이야기들이 전해지는데 이 전승이 무령왕 탄생 이야기와 결합되어 현재 한 해식동굴이 무령왕 탄생지로 주민들에 의해 관리되고 있다. 곤지와 그 일행이 기항하고 무령왕이 태어난 곳으로 이 섬을 지목하여도 큰 문제는 없다고 본다.

해상 실크로드와 동아시아 고대국가

곤지가 한성을 출발하여 취한 항로는 한강 하구-서해안-남해안임이 분명하므로 대략적인 항로는 복원된다. 그 경로에 포함되는 것이 부안 죽막동 주변 해역임은 분명하다. 무령왕을 낳은 개로왕의 부인이 귀국한 항로 역시 이 항로를 역으로 거슬러 올라가는 것으로 판단된다.

### 4) 금관가야의 항시국가적 성격

한반도와 일본열도를 잇는 고대 해상 교역로에서 가장 두각을 나타낸 정치체는 김해의 금관가야이다. 흔히 금관가야를 해상왕국이라고 표현하였지만 앞에서 살펴본 동남아시아 항시국가와 유사한 측면이 매우 많다. 따라서 여기에서는 김해의 항시적 속성, 그리고 금관가야의 항시국가적 속성을 관찰해 보고자 한다.

#### (1) 해양성

『삼국유사』 가락국기에 의하면 허황옥은 아유타국(阿踰陀國) 공주 출신으로서 기원후 48년 가락국에 도착하였다. 그녀가 출발한 지역에 대해서는 인도의 아유디아, 타이의 아유타야, 중국의 사천성 등 3개 지역이 거론되지만, 그 사실 자체를 후대에 부회한 것으로 보는 견해가 학계의 주류이다. 필자도 허황옥이란 인물이 실존인물이라는 점, 그녀가 먼 외국에서 왔다는 사실 자체를 선뜻 신빙하는 것은 아니다.

다만 현재의 부정론은 당시의 항해술과 조선술을 고려할 때, 먼 인도에서 출발하여 한반도의 동남쪽 김해까지 항해하여 왔을 리가 없다는 막연한 정황에 기초하고 있는 점이 문제이다.

앞에서 이미 언급하였듯이 유럽세계와 중국 연안을 연결하는 바닷길은 기원 전후한 시기에 이미 개통되어 있었다. 알렉산드리아에서 홍해와 아라비아반도를 거쳐 인도의 동부 해안지대에 이르는 바닷길은 『에리트라이해 안내기』에 잘 나타나 있고, 번우(광주)에서 인도 동부에 도달하는 바닷길은 『한서』에 잘 나타나 있다. 로마에서 알렉산드리아를 거쳐 홍해와 아라비아반도, 인도, 말레이반도, 베트남을 경유하여 번우로 연결되는 항로는 한대에 이미 개통되어 있었다. 인도와 중국의 교류는 이미 진행형이었으며 영남구군의 중심인 번우는 한반도의 낙랑과 간접적으로 연결되어 있었다.[379] 인도의 공주가 직접 김해를 향해 항해하여 왔을지는 알 수 없으나, 인도에 대한 정보, 인도행 항로에 관한 지식은 베트남과 중국을 통해 김해에 들어와 있었을 가능성이 있다. 바다를 통한 교류의 특징이 월경성(越境性)에 있다는 사실을[380] 고려하면 해역세계에서 원거리 교역과 혼인에 대한 이야기가 나오는 것은 지극히 자연스러운 현상이다.

수로왕이 하늘에서 강하하는 천손(天孫)의 속성을 지닌 데 비하여, 허황옥은 바다라는 속성을 지니고 있다. 그녀가 처음 육지에 도착하였을 때 비단바지를 벗어서 산신에게 제사 지낸 것은 성공적인 항해에 대한 답례였을 것이다. 그런데 항해의 안전을 보장하는 신격으로서 여성을 상정하는 것은 아시아 해역에서 일반적인 현상이다. 부안 죽막동 유적 수성당의 개양할미, 일본 무나카타의 세 여신, 중국 복건 출신의 여성이 해양신으로 승격된 마조가 모두 여기에 해당된다. 『삼국유사』 탑상 민장사조에는 바다로 장사하러 떠났다가 돌풍을 만나 표류하던 아들이 관음보살상 앞에서 기도한 어머니 덕분에 살아 돌아온 이야기가 전해진다. 관음보살이 항해의 안전을 보장한다는 믿음은 동북아시아에 널리 퍼져 있다.

영남지역에서 생산된 철이 한반도는 물론이고 일본열도까지 거래된 사실은 널리 알려져 있다. 그런데 철이나 구리와 같은 광물질은 그 무게로 인하여 육로 수송이 매우 어렵고 배를 이용하여 운송하는 것이 합리적이다. 이런 점에서 좋은 항구의 조건을 갖춘 김해가 철 자원의 출발지로 각광을 받을 수밖에 없게 되는 것이다. 즉 철이 많이 생산되는지 여부보다 더 중요한 것은 운송의 편리성이라고 할 수 있다. 이런 점에서 김해는 철 자원을 거래하는 항시로서는 최적의 조건을 갖춘 셈이다.


## ⑵ 항시적 속성

한반도와 일본열도의 연안과 도서에서는 근거리와 원거리 교섭이 이루어지던 흔적을 남긴 유적을 많이 찾을 수 있다. 인천의 영종도, 사천 늑도와 같이 그다지 규모가 크지 않고 인구도 적은 섬에서 원거리를 이동해 온 물품이 많이 발견될 경우 이 섬에서 이루어지던 원거리 교역의 모습을 상정할 수 있고 이 지역은 교역장으로 인정된다. 그런데 포구, 항구, 항만만이 아니라 내륙 쪽으로 농경, 금속기 등의 생산 기반이 이어질 경우에는 적극적인 의미의 항시로 규정할 수 있다. 해남 군곡리, 김해, 일본의 가라쓰, 후쿠오카, 오사카 등이 여기에 해당된다. 쓰시마와 이키의 경우, 자체적인 농경 기반을 갖춘 이키는 항시에, 그렇지 못한 쓰시마는 교역장에 가까울 것이다. 사서에 자주 등장하는 호시(互市)라는 개념을 세분하여 교역장과 항시에 비정할 수도 있을 것이다.

항시의 가장 큰 특징은 다양성과 개방성이라고 할 수 있다. 다양한 문화적, 종족적 전통을 가진 상인과 선원들이 모여들면서 항시에서는 이질적인 문화가 공존하고 때로는 융합되어 혼종문화가 나타나게 된다. 싱가포르와 말레이시아에 많이 거주하는 페라나칸과 그 문화가 대표적인 사례이다. 김해지역에서는 이미 알려진 것처럼 중국과 일본열도의 물품이 많이 수입되고 소비되었다. 김해 대성동 고분군 발굴조사 결과는 김해에 유입되는 외래 기성품의 산지가 중국 동북지방까지 포괄하였을 가능성을 보여 준다. 김해 양동리와 창원 다호리 분묘군에서 출토되는 유리는 유독 포타시계의 비중이 높은데[381] 그 산지는 중국 서남부의 양광(광동, 광서)지역에서부터 베트남 중부-인도에 이르는 다양한 유리 공방들일 것이다.[382]

김해지역의 이러한 양상은 이곳이 단순한 해촌(海村)이 아니라 본격적인 항시임을 보여 준다. 김해 일원에서 다수 발견되는 외래 기성품, 봉황동과 관동리의 선착장, 부산-김해 일원에서 확인되는 왜인의 집단 거주처, 창원 다호리 1호묘 출토 붓과 삭도, 저울용 환(環) 등은 김해를 중심으로 원거리 교역행위가 활발히 이루어졌음을 말한다. 이러한 측면을 종합할 때 김해야말로 동북아시아의 대표적인 항시라고 할 수 있다.

## 일본의 해촌과 신라의 해문

항시와 유사한 개념으로 해촌(海村)과 해문(海門)이 있다. 해촌은 일본 고고학계에서 사용되는 개념으로서 해안가에 입지한 일부 취락에서 출토되는 유물 중에 농구는 거의 없고 어로구가 대부분을 차지하는 경우이다. 이 마을에 거주하는 주민은 우수한 항해기술을 가지고 대외교역에 종사한다. 항시와 공통점이 많은데, 항시는 장거리 교역의 이미지가 좀 더 강하다.

일반적으로 원거리 항해에 동원된 선박이 정착하는 장소를 기착지항, 기항지 등으로 부르지만 단순한 정박이 아니라 육로와 연결되어 유통망의 결절점 역할을 할 경우, 이를 적극적으로 평가하여 해문이라고 부르자는 견해가 한국 고대사학계에서 제기된 바 있다. 즉 외국의 사신이 왔을 때 일정한 절차를 밟는 것을 육로의 경우는 관문(關門), 해로의 경우는 해문, 즉 바다의 관문으로 정의하는 것이다.[383] 아직 학계에서 널리 사용되는 용어는 아니지만 한 국가의 바다를 통한 관문이란 점에서 설득력 있는 용어로 판단된다. 항시가 나름의 독자적인 운동력을 갖고 있는 데에 비하여 해문은 국가 권력에 의해 관리된다는 측면에서 차이가 있다.

신라의 경우는 경주에 인접한 울산이 전통적인 해문의 역할을 하면서 일본과의 교섭에서 중요한 역할을 하였다. 그 흔적이 반구동 유적이다.[384] 통일신라기의 이중목책이 확인되었는데 선박의 접안, 항구의 보호 등과 관련된 시설로 여겨진다. 고려시대에 접어들면 목책을 대신하여 토성이 출현하는데 그 기능은 대동소이한 것으로 여겨진다. 이 유적에서는 중국제 백자 2점, 청자 3점이 출토되었는데 그중 일부는 9-10세기 무렵의 월주요 청자, 10-12세기 무렵의 경덕진요 백자로 볼 수 있다. 중국과 경주를 잇는 해문의 면모를 여실히 보여 준다.

일본의 경우는 후쿠오카의 다자이후(大宰府)에 설치된 고로칸(鴻臚

그림 56　견당선 모형 – 후쿠오카 시립박물관 (촬영: 필자)

　　　　　해상 실크로드와 동아시아 고대국가

館)과 오사카의 나니와(難波)가 해문에 해당된다. 이 시기 견당사와 견당선(그림 56)에 대한 연구가 매우 활발한데 그 이유는 일본이 한반도의 여러 국가에 대한 의존에서 벗어나서 중국의 문물을 직접 수입하는 계기로서 보고 있기 때문이다.

### (3) 정치구조

김해는 일종의 항시였을 가능성이 높다. 한반도와 일본열도를 잇는 해상 교통로에 위치하는 해남 군곡리, 사천 늑도, 이키, 후쿠오카, 가라쓰도 항시에 포함된다. 구야국(狗邪國)에서 금관국(金官國)으로의 전환은 항시에서 항시국가로 발전하는 과정을 의미한다. 항시국가의 운영이 복수의 항시가 연결된 네트워크를 기초로 하는 점을 고려하면 김해 주변의 여타 항구도 포괄적으로 고려하여야 할 것이다.

아울러 전형적인 항시는 항구만으로 완결되는 것이 아니라 배후에 생산 및 채집의 기지를 둔다는 점에서 철의 생산, 칠(漆)의 채집[385] 등 다양한 생산활동의 공간을 찾아야 할 것이다. 이런 점에서 김해의 위상을 관문지역사회로 규정한 견해는[386] 여러 가지로 음미할 부분이 많다.

동남아시아 항시국가 중 하나인 랑카수카에는 2개의 중요 항시가 있는데 하나는 야랑 일대이고 다른 하나는 크다 일대이다. 야랑 일대는 정치적 중심지로 여겨지므로 푸난의 앙코르 보레이에 대응된다. 앙코르 보레이는 내륙에 위치한 점에서 옥 에오와는 다른 기능, 예컨대 정치적인 중심, 농경 기반, 산악지대의 물산 집하 등을 담당하였을 것이다. 반면 메콩강 하구에 위치한 옥 에오, 말레이반도 서안의 크다는 변한 사회에서 김해가 지닌 관문과 같은 기능으로 특화되어 있다.[387] 이런 점에서 야랑은 앙코르 보레이를 닮았고, 크다와 옥 에오는 김해를 닮았다. 금관가야에서 야랑이나 앙코르 보레이와 같은 내륙 쪽의 또 다른 중심, 즉 농경과 산악지대의 물산을 모으던 정치체가 존재하였을까?

13세기에 원나라 사신으로 파견되어 앙코르에 1년 정도 머물던 주달관이 남긴 『진랍풍토기』에 의하면 크메르인들이 야만시하던 "야인(野人)"들이 산에서 두구(豆蔲)를 재배하고 상아를 수집하여 크메르인이나 중국인들에게 판매하였다고 한다. 크메르의 특산물이자 중요 수출품의 생산과 수집을 내륙 산지 주민이 맡았던 셈이다.[388] 비취새의 깃털, 코뿔소의 뿔, 황랍(누런색의 고급 밀랍), 침향 등도 모두 산에서 채취하고 생산된다. 이러한 양상은 동남아시아 항시에서는 일반적인 경우이다. 가야 사회에서 해안의 김해와 내륙의 고령, 합천의 역할분담을 다시 생각하게 된다.

아무리 좋은 항구라도 내륙의 토사가 퇴적되어 하구의 수심이 얕아지면 항구로서의 기능을 상실하게 된다. 이는 랑카수카의 크다 지역 항구들의 흥망성쇠에서 이미 확인하였다. 김해의 경우도 1-3세기에 김해지역에서 가장 우위에 있던 양동리 분묘군 조영집단의 헤게모니가 3세기 후반 이후 급격히 대성동 분묘군 조영집단에게 이전하는 현상은 고(古)김해만을 무대로 한 항만의 변화와 관련될 것이다. 금관 가야를 구성한 복수의 집단 사이에서도 우열의 양상이 바뀌는 모습을 보이는 것이다.

항시국가를 구성한 항시들은 농업에 기반을 둔 국가처럼 수직적 관계가 아니라 수평적인 관계를 맺는 경우가 많다. 따라서 항시국가 내에서 항시 간 주도권의 이동이 자주 일어나게 된다. 나아가 해안가 에 위치한 여러 항시국가 간에도 협조와 경쟁, 동맹과 반목이 빈발한 다. 탈해와 수로의 경쟁, 동해안에 위치한 음즙벌국(音汁伐國)과 실직곡 국(悉直谷國)의 분쟁을 신라(사로국)와 김해의 수로왕이 해결한 사건,[389] 남해안에 소재한 여러 소국 간의 분쟁을 기록한 이른바 "포상팔국(浦 上八國)의 난(亂)" 등은 모두 전형적인 항시국가 간 분쟁의 모습이다. 반 면 교역의 중계지가 아닌 물자의 종착지인 거대 도시들은[390] 이와는 다른 모습, 즉 제국의 유지를 위해 왕의 권위를 최대로 세우려는 상징 성과 의례성이 존립 기반이 된다.[391] 거대한 종교기념물의 축조가 국 가를 유지하는 데에 중요한 장치가 되는 셈인데 대표적인 예가 캄보 디아의 앙코르이다.

항시국가의 또 하나의 특징은 항시의 흥망성쇠가 매우 빠른 속도 로 진행된다는 점이다. 초기철기시대에 해당되는 시점에 번성하던 늑 도가 급속히 쇠퇴하고 이를 대신하여 김해와 하루노쓰지가 부각되는 것은 교역의 형태와 경로가 변화하였음을 의미한다.

## 5) 동남아시아 물품의 일본 유통

한반도를 경유하여 중국 남부와 동남아시아 물품이 일본열도에 유입된 시기는 야요이시대이고 대표적인 기물이 유리이다. 일본에서는 야요이시대 전기 말부터 유리가 나타나기 시작하고,[392] 중기 이후 증가하기 시작하며, 후기가 되면 외부에서 대량 유입되면서 석제 구슬을 대체하게 된다.[393] 일본 학계에서는 이 시기에 해당되는 유리제품은 화학조성의 차이를 불문하고 대부분 열도 외부에서 제작된 후 수입된 것으로 보고 있다. 가장 이른 단계의 유리구슬은 한반도 서남부와 마찬가지로 납-바륨유리인데, 북부 규슈에 집중되며, 대롱구슬과 곱은 구슬의 형태를 띠고 있다.[394]

납-바륨계 대롱구슬은 대부분 감기 기법으로 제작하였고, 배가 약간 부른 엔타시스 형태를 띠고 있다. 이미 일본 학계에서는 한반도 남부와 낙랑 토성에서 출토된 예와 유사함을 지적하며 그 산지로 중국 남부를 지목한 견해가 제기된 바 있다.[395]

동북아시아 전체를 시야에 넣을 때, 납-바륨유리 대롱구슬은 제작기법과 형태에 따라 Tubular(대롱) I, Tubular II, Tubular III로 세분된다(이하 TI, TII, TIII로 약칭함). TI은 중국 길림성(횡도하자)에서 1건, 한반도 서남부, 일본 북부 규슈에 한정 출토되며 기원전 3세기경에 해당된다. TII는 기원전 1세기 무렵부터 중국제 벽(璧: 옥)과 함께 등장하며 일본에서의 출토량이 월등히 많다. TIII는 TII와 함께 일본열도에 확산되

해상 실크로드와 동아시아 고대국가

는데 기원후 1세기에 단기간 나타날 뿐이다.[396] 여기에서 한반도 초기 철기시대의 유리제 대롱구슬과 직결되는 것은 TI인데 일본에서의 분포권이 북부 규슈에 한정되는 점이 주목된다. 이 부류는 중국 남부에서 제작된 후 중국 동북지방, 한반도를 경유하여 일본열도로 유입된 것으로 판단된다.

야요이 후기 전반-중반경이 되면 다량의 인도-태평양 유리구슬이 유통되는데 한반도와 마찬가지로 포타시유리가 압도적이다. 쓰시마와 이키의 유리구슬을 김해 양동리의 것과 비교하여 일본의 포타시유리가 한반도 남부를 경유하여 들어온 것으로 인정하고 있다.[397] 앞에서 이미 보았듯이 이 시기의 포타시유리는 양광(광동, 광서)지역과 베트남 북부에서 제작되었을 가능성이 높다.

한반도를 경유하여 일본열도에 확산된 유리제품의 경로를 잘 보여 주는 것이 유리 팔찌이다. 완주 갈동 및 신풍 유적에서는 납-바륨계의 푸른색 유리환이 출토되었는데 일본열도에서도 이와 유사한 유물이 발견되었다. 후쿠오카 마에바루(前原) 시 후타즈카(二塚) 유적 옹관묘(2개체분), 시마네(島根)현 니시타니(西谷) 분구묘(4개체분), 교토부 단고의 오부로미나미 유적(1점)과 비구니야시키(比丘尼屋敷) 유적 등 총 4개소에서 출토되었다(그림 57). 그 시기는 대롱구슬보다 조금 늦어서 모두 야요이시대 후기 후엽에 속한다. 형태의 차이에 따라 단면이 D형이면서 감아 만든 니시타니 유형, 단면 오각형에 주조품인 오부로미나미 유형으로 나뉜다.

그림 57  유리제 팔찌(❶ 니시타니, ❷ 비구니야시키, ❸ 오 부로미나미, ❹ 옥 에오) (출처: 필자 촬영 및 大阪府立彌生文化 博物館, 2002)

　화학조성은 후타즈카와 니시타니는 바륨이 없고 납 함유량이 70% 가 넘는 납유리로서 녹색, 비구니야시키는 녹색이고 화학조성 불명, 오부로미나미는 포타시유리로서[398] 푸른색이다. 납유리에서 포타시 유리로 변화하는 양상을 반영하고 있는 것이다. 이에 대해 일본 학계 에서는 오부로미나미 유형을 중국 남부-베트남 중부의 한대 유적에서 발견된 것과 화학조성이 동일하다고 하며, 반면 니시타니 유형은 베 트남 남부-남아시아에 분포하는 것과 비교하고 있다.[399]

　이 4개소의 유적은 모두 한반도와 동해를 사이에 두고 마주 보고 있다는 점에 공통점이 있으며 출토 양상이 분명치 않은 비구니야시키 를 제외하면 후타즈카와 니시타니, 오부로미나미 유적에서는 유리제 대롱구슬도 공반출토되고 있는 점 역시 동일하다. 한반도 남부-북부 규슈-산인-단고 경로를 통해 납-바륨계 대롱구슬과 팔찌, 철기가 함께 확산되었음을[400] 알 수 있다.

해상 실크로드와 동아시아 고대국가

단고 지역은 북부 규슈와 함께 유리구슬이 가장 많이 출토된 지역
이다. 모모다니(桃谷) 고분에서 옅은 감색의 유리제 이당(耳璫)이 출토
된 것을 비롯하여,[401] 다량의 유리제 대롱구슬과 곱은 구슬, 작은 구슬
이 분묘 부장품으로 사용되었다. 특징적인 점은 대롱구슬과 곱은 구
슬은 대부분 납-바륨유리, 작은 구슬은 포타시유리란 점이다. 한반도
서남부와 마찬가지로 대롱구슬이 납-바륨유리인 사실이 주목된다.

화학조성이 서로 다른 계통의 유리구슬이 공존하는 현상에 대해
서는 두 가지의 가능성을 상정할 수 있다. 첫째, 단고의 정치체가 복수
의 수입처, 입수 경로를 가지고 주체적으로 활동하였을 가능성이다.
둘째, 단고 이외의 지역에서 두 가지 계통의 유리구슬이 모인 후에 함
께 단고 지역으로 수입되었을 가능성이다. 이 경우 대상지는 북부 규
슈와 한반도 남부로 좁혀진다. 이 문제에 대한 검토는 뒤로 미룬다.

일본열도에서 소다유리는 야요이 후기 이후에 보급되는데, 후기
후반-종말기가 되면 새로이 고알루미나 유리가 증가하고, 고훈시대가
되면 다시 포타시유리 일색으로 변화한다. 이러한 변화는 대륙 측의
변동이 열도에 변동을 초래한 것으로 이해하고 있다.[402] 3세기 이후 고
알루미나 소다유리가 급증하는 현상은 한반도, 특히 마한-백제권역에
서도 동일하게 나타나며 그 배경에 대해서는 이미 손권의 동오정권과
푸난의 교섭 활성화를 지목한 바 있다. 푸난 등 동남아시아 광역에서
생산된 유리가 동오와 서진을 거쳐 한반도, 특히 마한으로 유입되고
그 일부가 일본열도로 들어간 것이다. 문제는 다시 포타시유리가 증

가하는 현상인데 한반도에서는 영남지방이 이와 유사하다. 일본 학계는 유리의 유통 및 유입을 "대륙문화의 영향"으로 규정하고 있지만,[403] 한반도의 상황 변화를 함께 고려해야만 하는 필요가 여기에 있다.

6-7세기가 되면 한반도의 정치체를 경유하여 동남아시아나 인도, 서아시아의 물품이 일본으로 유통되던 양상이 보다 선명해진다. 신라는 이미 진평왕 20년(598년)에 일본 천황에게 공작을 주었으며 진덕왕 1년(647년)에는 김춘추가 일본에 건너가 공작과 앵무를 주었다고 하므로 중국을 통하여 동남아 등 광범위한 외래 물품을 확보하였음을 보여 준다.[404] 이후 700년까지 공작, 앵무, 구관조, 물소, 낙타 등의 진귀한 동물과 침수향, 전단향 등 향약을 일본에 증여했다.[405] 삼국이 정립해 있을 때에는 백제와 신라가 경쟁적으로, 그리고 통일 이후에는 신라가 독점적으로 이러한 물품들을 일본에 공급한 것이다. 대부분의 경우는 중국을 경유하여 유입된 것으로 판단되지만 신라의 적극적인 의지가 작동하였을 것이다. 동남아시아 측의 주체는 분명치 않은데, 아직 아라비아 상인의 본격적인 활동이 시작되기 전 단계란 점을 고려하면 참파가 주역일 것으로 추측된다.

통일신라와 일본의 교역 양상을 통해서 동남아시아산 물품의 유통 양상을 엿볼 수 있다. 신라는 671년에는 수우와 산계(山鷄)를, 679년에는 낙타를, 685년에는 앵무를, 732년에는 앵무, 구욕(鴝鵒: 구관조), 촉구(蜀狗: 촉나라 개) 등을 일본에 보냈다. 법륭사(法隆寺)에 입고된 백단향과 침향, 향부자와 계심 등은 모두 8세기에 신라 사신들이 중국에서

입수하여 일본에 판매한 것들이다.[406]

법륭사 백단향에 소그드 문자가 새겨져 있는 사실을 통하여, 동남 아시아에서 생산된 이 향목이 일본으로 건너가는 과정에 천주, 광주 등에서 활동하던 소그드인의 관여가 있었을 것으로 보기도 한다.[407]

## 6) 서아시아와 동아시아의 연결

비교적 좁은 범위의 국지적인 유통망 내에서 이루어지던 해상 교류는 점점 확장되면서 마침내 서아시아와 동아시아가 연결되기에 이른다. 그 과정은 사료에 극적으로 표현되어 있다. 인도의 사절단이 중국에 들어온 것이 후한 때인 159년, 페르시아의 사절단이 양나라에 들어온 것이 533년, 대식(아라비아)이 당나라에 사절을 보낸 것이 681년이다. 원거리 교역의 주체가 인도에서 페르시아(소그드 포함), 아랍 상인으로 변화해 가는 것이다. 7세기 이후 소그드와 아라비아 상인들이 동북아시아에서 활동하기 시작하면서 서아시아-동남아시아-동북아시아 세계가 연결되었다.

신라가 삼국을 통일한 7세기 후반 이후는 이런 변화가 있던 시기였다. 유라시아 동부에 당이라고 하는 세계 제국이 등장하면서 육로와 해로를 통한 원거리 교섭과 이동이 크게 발달하였다. 신라의 삼국통일은 불완전한 것이었고, 고구려 고지에서는 발해가 홍기하였다. 신라와 발해 역시 이 원거리 교역망에 편입되었다. 특히 안사의 난

(755-763년)을 전후하여 토번이 서역을 점령하면서 동서 교섭은 바닷길을 통하여 이루어질 수밖에 없었다. 이러한 추세는 몽골에 의해 유라시아대륙이 하나의 유통망을 형성하게 되는 13세기까지 지속되었다.

한편 동남아시아와 동북아시아의 교역도 한층 활성화되었다. 동남아시아에서 생산된 후추, 정향, 육두구, 침향, 수지, 단향,[408] 육계(肉桂)[409] 등의 삼림작물은 아랍, 유럽과의 중요 교역품이었다.[410] 그런데 후추는 유럽인들의 아시아 진출 이전부터 이미 동남아시아에서 동북아시아로 유통되었으며 그 생산을 목적으로 한 노동력의 이동도 확인된다. 동북아시아에서 후추의 대표적 소비국은 중국으로서 그 경로는 류큐와 조선이었다. 류큐는 14세기 이후 자신에게서 생산되지 않는 후추와 소목(蘇木)을[411] 동남아시아에서 입수하여 조공의 형태로 중국에 수출하였으나[412] 이후 이익이 감소하자 중국과 일본 사이의 생사(生絲: 명주실) 무역으로 특화시켜 나갔다. 조선도 류큐와 규슈를 통해 후추를 입수해 조공품으로서 중국에 보냈다.[413]

일본에서는 전복, 해삼, 말린 오징어, 해조, 대구와 연근해 어류가 천황에게 바치는 토산물이자 주요 상납품이었고, 이 물품들은 중국과의 무역에서도 중요 수출품이었다.[414] 류큐는 한편으로는 사쓰마번(薩摩藩)과 연결되어 홋카이도의 다와라모노(俵物: 건해삼, 건전복, 상어지느러미)를 사쓰마번을 통해 들여온 후 중국의 생사를 결제 수단으로 사용하여 일본에 생사를 수출하였다.[415] 중국이 수입한 것은 해삼, 상어지느러미, 진주조개, 바다제비집 등이었다.[416] 이렇듯 동남아시아와 동북

그림 58   신안선에 실렸던 후추 - 목포해양유물전시관 (촬영: 필자)

아시아는 단절된 세계가 아니라 끊임없이 상호 교류하는 세계였다.

여기에 서아시아 교역망이 연결되는데 그 계기는 이슬람 네트워크의 확대와 동방 진출이다. 9세기 전반에 인도네시아 벨리퉁(Belitung)이란 섬 인근에서 침몰한 아랍의 다우선은 서아시아-동남아시아-동북아시아로 연결되는 교역망의 생생한 증거이다.

여기서 잠깐 이슬람 네트워크에 대해 보자. 7세기에 사우디에서 발흥한 이슬람교는 빠른 속도로 주변에 세력을 넓혀 나갔는데 그 길은 육로만이 아니라 해로도 포함하였다. 아라비안나이트의 신밧드 이야기는 9-10세기에 걸친 인도양 해역을 무대로 한 아랍계와 이란계 상인들의 활약상을 담고 있으며 그 범위는 중국 광동, 동남아시아, 인도, 서쪽으로는 동아프리카로 이어진다. 이 과정에서 인도의 강한 영향을 받았던 동남아시아의 도서부가 이슬람화되었으며 아랍어는 페

그림 59 양주시 일원에 묻힌 이슬람교도들 – 양주시박물관 (촬영: 필자)

르시아어와 함께 해상 공통어로서 운수, 거래, 계약, 금융 정보 등의
커뮤니케이션 수단으로 널리 사용되었다.[417]

이로써 서아시아-동남아시아-동북아시아 세계는 해상 실크로드를
통해 거대한 교역망을 이루게 되었다(그림 59). 한국사에서 이를 대표
하는 사건이 장보고의 등장이다.

## 벨리퉁 침몰선

벨리퉁은 자와해에 떠 있는 섬으로서 인도네시아 자와와 수마트
라, 보르네오의 사이에 있는 섬이다. 1998년 해삼을 채취하던 잠수부
가 우연히 중국 도자기를 발견하면서 세상에 알려졌다. 출토된 6만
5000점의 유물 중 5만 점이 우여곡절 끝에 싱가포르 아시아문명박물
관에 소장되어 일부가 전시되고 있다. 대부분의 유물이 내수용이 아닌
외국 수출용이어서 수중 고고학 최고의 성과로 일컬어지고 있다. 우리

해상 실크로드와 동아시아 고대국가

나라에서는 2018년 겨울부터 2019년 봄까지 목포의 국립해양유물전시관에서 특별전 형태로 일부 유물이 선보이기도 하였다.

선박은 아랍의 다우선이어서 아랍 지역의 어딘가에서 출항하여 중국 동해안에서 화물을 선적한 후 귀항하다가 벨리퉁 인근에서 암초에 좌초하면서 침몰한 것으로 추정된다. 당시 주 항로인 말라카 해협을 벗어나서 인도네시아 해역까지 온 이유는 향신료를 구매하기 위해서였을 것이다.

선박의 목재를 시료로 삼아 탄소연대를 측정한 결과 710-890년 사이에 벌채된 것으로 판단되었다. 도자기 중에 당 경종 재위기간(824-826년)의 연호인 "寶曆二年七月十六日"이란 글자가 새겨진 접시가 발견되어서 826년 가을에 생산된 자기가 포함되어 있으며, 배가 침몰한 시기도 이 시점에서 그리 멀지 않을 것으로 예상된다. 장보고가 청해진을 설치하고 본격적인 활동에 들어간 시기가 828년이므로 그의 활동시기와 겹친다.

유물의 압도적 다수는 도자기, 그중에서도 장사요에서 생산된 것이 대부분을 차지한다. 발굴 결과 커다란 항아리에 수십 점의 자기를 겹겹이 포개어서 선적한 모습이 그대로 드러났다. 장사요 자기는 한반도와 일본, 동남아시아, 중근동, 아프리카까지 널리 퍼진 무역 도자이다. 장사요 자기 이외에도 백자, 청화백자가 발견되었으며 금속기로는 당나라의 청동거울, 동전, 아랍인의 기호에 맞추어 특별히 제작한 금제 컵, 접시, 오이노코에(Oinochoe)를 모방한 청자 봉수병 등이 주목된다. 이 배가 출항한 곳은 아라비아반도의 동편 페르시아만에 점재하는 어느 항구, 화물을 선적한 곳은 항주나 양주였을 것으로 판단된다.

이 선박의 발견으로 인하여 9세기 전반에 아랍세계와 동북아시아의 교역이 대규모로 진행되었으며 중간의 동남아시아도 참여하였음을 알게 되었다. 동북아시아에서는 장보고 무역이 절정에 달하는 시점이기 때문에 아랍-동남아시아-중국-신라-일본으로 이어지는 원거리 교역의 실상을 그려 볼 수 있다.

## 7) 장보고 무역의 실체

남북국시대에 신라가 당, 일본과 전개한 해상 교섭에 대한 연구는 결코 적지 않다. 그런데 그 무대를 항상 중국과 한반도, 일본열도로 이루어진 동북아시아 안으로만 좁혀서 보는 것이 우리 학계의 현실이다. 해상 실크로드가 동북아시아로 어떻게 연결되고 작동하였는지를 규명하려는 문제의식이 없고 그 결과 발해에 대한 연구는 극히 부진하다.

그나마 가장 연구가 많이 축적된 분야는 장보고이다. 장보고의 활동을 이해하기 위해서는 몇 가지 전제가 있다. 우선 당시 동북아시아의 정세 변화와 이에 수반된 물자 유통망의 변화이다. 여기에 대해서는 한·중·일의 많은 연구가 있다.

동북아시아에서는 9세기 중반을 경계로 교역 형태에서 큰 변화가 일어난다. 조공과 회사의 형식을 띠고 정치적인 내용을 지닌 공무역에서 거대 상인들이 바다를 무대로 영리를 위해 뛰어드는 해상(海商)의 시대로 전환되는 것이다.[418] 이 과정에서 극적인 성공, 출세와 비극

해상 실크로드와 동아시아 고대국가

적인 최후를 맞은 인물이 바로 장보고이다.

장보고에 대한 역사학계의 평가는 한마디로 해양영웅(Maritime Hero)이다.[419] 인도의 고대 설화 속 주인공들이 대개 바다로 진출한 상인인 데 비하여 우리의 영웅들은 바다와 관련된 모습을 띤 경우가 드물다는 점을[420] 고려하면 장보고는 동아시아 해역사 연구에서 매우 중요한 의미를 지닌다. 그러나 해상왕 장보고에 대해서는 경영학, 해운, 수산업계에서 보여 주는 뜨거운 관심과 달리 의외로 역사학계와 고고학계의 관심은 저조한 편이다.

장보고의 행적은 분명치 않은데, 그는 전남 완도 근처에서 태어나서 810년 무렵 같은 고향 출신인 정년(鄭年)과 함께 당에 건너간다. 그곳에서 서주절도사 휘하의 무령군에 입대하고 30살쯤에 무령군 소장이라는 벼슬을 얻어 활동하다가 820년대 초에 실시된 감군정책의 여파로 군직을 버리고 828년에 귀국하였다.[421]

귀국 후에 장보고는 신라의 흥덕왕에게 건의하여 완도에 청해진을 건설하고 해상 무역활동을 시작하였다. 당에 머무는 동안 그는 번진세력의 발호와 해적들의 활동으로 당이 무너져 가는 모습을 목격하였을 것이다. 이 당시 그는 중국 해안가에 광범위하게 분포하면서 선박 제조, 소금 생산 등 다양한 활동을 하면서 유통망을 장악하던 신라 출신 인물들과 돈독한 관계를 맺은 것 같다. 그가 본국으로 돌아간 후 짧은 기간 동안 거대한 세력을 이루고 당과 신라, 일본을 연결하는 무역망을 건설할 수 있었던 힘은 재당신라인들의 지원, 그리고 그동안

축적해 놓은 인적 네트워크 덕분이었다. 그 기반은 선원, 군사집단, 상인들이었다.[422] 재당신라인들의 정신적 지주는 적산(赤山) 법화원(法華院)으로서 이곳에서 활동하던 신라인들의 양상은 일본 승려 엔닌(圓仁)의 『입당구법순례행기』에 상세하게 서술되어 있다.[423]

한편 청해진이 위치한 완도, 해남, 강진 일대는 한반도의 서남부에 위치하여 서해안과 남해안을 연결하는 연안 항로는 물론이고 중국과 일본을 잇는 원거리 항로에서도 지나칠 수 없는 요충지이다. 당연히 해상세력이 형성되어 있었을 터인데 장보고의 출신지임을 고려할 때 이들이 장보고와 결합하는 것은 용이하였을 것이다.

마지막 남은 규슈에 대해서는, 현재의 후쿠오카에 해당되는 다자이후와 지쿠젠(筑前)까지 우호적인 관계를 맺음으로써 당과 신라, 일본을 잇는 동북아시아 해상 교역체제가 완성되었다.

청해진-흑산도-산동반도 적산포를 잇는 사단항로가 활성화되면서 일본 규슈의 쓰쿠시(筑紫) 오쓰(大津)까지 잇는 동북아시아 기간 항로가 완성되었다. 이 항로를 장보고항로라고 부르기도 한다.[424] 이 항로를 따라서 무역선인 교관선(交關船)에 매물사(賣物使)와 회역사(廻易使)가 타고 동북아시아 바닷길을 왕래하였다.

그런데 실은 장보고가 활동하기 이전부터 이미 황해를 무대로 중국과 한반도, 일본열도를 잇는 해상 교통망은 형성되어 있었다. 삼국시대에 백제에 의해 그 단초가 이루어지고 통일신라 이후 당과 일본에 거점을 두고 활동한 재당신라인, 재일신라인의 활동이 본격화된

그림 60　동아시아의 해역세계에서 유통되던 해산물 – 후쿠오카 시립박물관 (촬영: 필자)

것이다.

　당나라의 해안가에 형성된 신라인 사회의 배경에 대해서는 고구려와 백제의 유민들과 연결 짓는 견해도 있으나 이보다는 신라 사회 내부의 정치사회적 변동, 기근, 경제적 목적 등 다양한 원인에 의해 이주해 간 신라인들이 기반을 놓았던 것으로 보인다. 특히 9세기 초반 헌덕왕대에 많은 신라인들이 당과 일본으로 건너간 사실이 확인되고 있다.[425] 이들은 소금과 목탄의 운송과 판매, 선박 제조와 수리, 무역, 상업 등의 업무에 종사하였고 지역사회의 경제권을 장악하게 되었다. 당으로 건너가서 활동한 신라인들은 동남아시아로 이주, 정착한 중국인들, 즉 중국계 페라나칸의 선구 격인 셈이다.

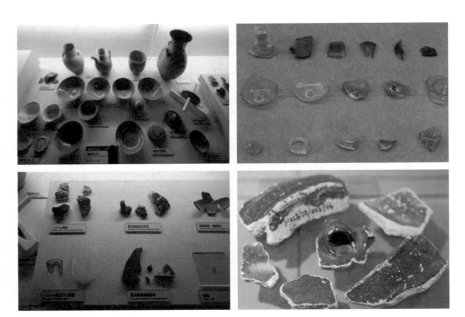

그림 61　후쿠오카 고로칸 및 부장 계곡의 이슬람 유리와 도자기 – 후쿠오카 시립박물관 (촬영: 필자)

　　해상왕, 해신이라고 칭송받는 장보고의 활동도 실은 재당신라인
들의 네트워크 없이는 불가능하였다. 재당신라인들을 마치 장보고에
게 예속된 수직관계로 보고 있으나 실상은 그렇지 않다. 이는 항시에
서 전개되는 교역행위의 일반적인 모습이기도 하다. 따라서 장보고
가 재당신라인 사회를 조직한 것이 아니라 반대로 재당신라인 사회의
활발한 해상 교역을 배경으로 장보고라는 인물이 출현할 수 있었으며
그의 활동은 어디까지나 중국 연안지역의 신라계 인물들의 협조 속에
서 이루어진 것이다.[426] 따라서 장보고의 역할은 분산적으로 기능하던
중국 연안지역의 신라인 사회를 묶어 내었다는 데에 있다.

　　일본 규슈의 쓰시마, 이키, 오도열도 등지에도 장보고의 본격적인

해상 실크로드와 동아시아 고대국가

활동 이전부터 이미 신라인들이 내항하여 오고 있었다.[427] 하카타진과 다자이후에는 신라 출신 인물들이 진출하여 당과의 교역에 종사하였다. 이들도 신라, 당과 연결되는 이른바 환동아시아해 무역권을[428] 무대로 활발한 활동을 전개하였으며 장보고의 시대가 열리자 그를 중심으로 한 대외교역의 한 축을 담당하게 되었다.[429]

환동아시아해 무역권이 동남아시아의 남해 무역권과 만나게 되는 계기도 장보고의 활동을 중대한 기점으로 삼을 수 있다. 당시 장보고가 구축한 동북아시아 해상 교역망은 동남아시아와도 연결되었을 가능성이 높다. 신라와 일본 사이의 교역에서 유통된 다양한 물품 중에는 중국을 벗어나 동남아시아나 서아시아, 남아시아산 물품이 적지 않기 때문이다.

# 5장
# 맺음말

우리 역사, 우리 문화를 제대로 알기 위해서 필요한 기초작업은 무엇일까? 그것은 주변의 이웃들을 살펴보는 일이다. 우리의 역사가 유라시아 동편에서 고립적으로 전개된 것이 아니라 주변의 수많은 집단들과 때로는 평화롭게, 때로는 갈등을 겪으며 발전해 온 것임을 인정한다면 이웃들에 대한 관심은 당연히 필요하다. 우리가 그들에게 준 영향도 많을 것이고, 반대로 우리가 그들의 영향을 받은 부분도 많을 것이다. 이 단순한 원리를 부정하고 우리 역사의 독창성과 순수성을 강조하면서 민족문화의 우수성을 주장하는 것이 무슨 의미가 있을까?

하지만 불행히도 주변의 민족, 국가에 의해 많은 침략을 받은 역사를 갖고 있는 우리에게는 일종의 트라우마가 있다. 한국과 함께 동북아시아의 일원인 중국과 일본은 친근한 이웃의 이미지보다는 우리를 괴롭힌 침략자의 이미지로 다가온다. 고려시대의 대몽항쟁을 생각한다면 몽골에 대해서도 비슷한 감정일 것이다.

그 결과 우리와 주변 이웃 사이에 진행된 교섭의 역사는 평화적인 교류보다는 전쟁과 살육, 정복 등으로 구성되어 있다. 한-일, 한-중 관계가 특히 심한 편이다. 그러다 보니 시야를 넓혀 다른 이웃들에 대한 관심을 쏟을 여유도 없다. 유럽과 미주의 다양한 국가들과 교섭을 시작한 근대 이전, 한국의 대외교섭 상대는 중국과 일본만은 아니었다. 앞에서 언급한 북아시아의 몽골만이 아니라 동남아시아에도 많은 이웃들이 있다. 이 단순한 사실을 무시하고 이루어지는 고대 한국의 대외교섭사는 출발부터 잘못된 것이다.

최근 대한민국의 경제적 성장과 외교적 위상의 고양에 힘입어 중앙아시아에 대한 관심이 높아지고 있다. 이른바 실크로드로 상징되는 중앙아시아에 대한 관심은 다분히 낭만적인 분위기 속에서 진행된다. 스키타이와 흉노의 무대인 북방의 초원길, 페르시아와 소그드가 활동하던 사막의 오아시스길이 그것이다. 여기에 대상(隊商: 카라반)과 낙타, 비단과 포도주, 로마와 장안 등의 이미지가 덧붙여진다. 1980년대에 대히트를 친 일본 NHK 특집 프로그램 "실크로드"를 본 사람들에게는 기타로가 작곡한 주제곡도 아련히 들릴 것이다. 정작 중앙아시아의 역사와 문화에 대한 본격적인 연구로 확산되지는 못하고 있으나 대중의 관심이 높아진 것만은 사실이다.

냉정히 말하자면 동남아시아에 대한 관심에 비해 고무적이라고 표현하는 것이 옳을 것이다. 동남아시아의 역사에 대해서는 이 정도의 관심마저 보이지 않기 때문이다. 중앙아시아를 통과하던 낙타 한 마리가 지고 가는 무게가 500kg 정도이지만 송나라의 300t 정도 규모의 선박으로는 낙타 600마리가 지고 가는 무게의 화물을 운반할 수 있었다고 한다.[430] 낭만적인 이미지에도 불구하고 낙타의 화물 운반량은 선박에 비할 바가 아니었다. 해상 실크로드의 중요성을 상징해 주는 비교인 셈이다.

오랜 세월 우리의 이웃으로 존재하였던 동남아시아에 대한 우리의 무관심은 세계에 대한 우리의 인식이 매우 좁음을 의미한다. 한국인이 가장 많이 방문한 해외여행지는 일본, 중국(홍콩, 마카오, 대만 포함)

해상 실크로드와 동아시아 고대국가

그림 62　신안선의 적재 양상 추정 – 목포해양유물전시관 (촬영: 필자)

다음으로 타이, 필리핀, 베트남의 순서이다. 여기에 캄보디아와 말레이시아까지 포함하면 매년 동남아시아를 방문하는 한국인의 수는 일본을 능가할 수준이다. 실제로 주변에서 캄보디아의 앙코르 와트를 여행한 사람을 쉽게 만날 수 있으며, 최근에는 라오스나 미얀마의 오지도 인기 관광지가 되고 있다.

　하지만 동남아시아 관광은 경치와 음식, 스포츠를 즐기는 것으로 특화되어 있을 뿐 역사와 문화를 주제로 한 상품은 많지 않다. 물론 캄보디아의 앙코르 와트, 미얀마의 바간, 인도네시아의 보로부두르를 방문하는 여행자도 많다. 하지만 딱 여기까지이다. 이곳은 모두 9세기 이후, 우리의 역사로 치면 통일신라 말부터 고려시대 이후에 해당

되는 유적들이다. 국민적인 관심이 지대한 고대, 즉 고조선이나 삼국
시대에 해당되는 유적은 우리의 관심 밖이다.

필자는 베트남 중부 다낭 인근의 미 썬 사원과 시내의 참 조각박물
관을 견학할 때마다 이곳을 방문하는 관람객 중에 한국인이 거의 없
는 사실에 놀라곤 한다. 미 썬 유적은 유네스코 세계문화유산에 등재
되어 있으며, 주로 유럽인으로 구성된 많은 관광객이 방문하는 명소
이지만 유독 한국인의 발길은 끊겨 있다. 관광상품으로 개발하지 않
은 여행사의 문제인지, 이러한 코스를 선호하지 않는 여행자의 문제
인지 알 수 없지만 너무도 아쉬운 일이다.

이렇다 보니 우리들이 동남아시아에 대해 가지고 있는 이미지는
매우 제한적이다. 눈부신 앙코르 와트와 대비되는 가난하고 초라한
모습의 어린이들, 후에(Hue) 궁궐을 가는 길목에서 "One Dollar"를 외
치는 젖먹이 딸린 아낙네 정도에 머물러 있는 것은 아닐까?

이명박정부 말기에 ODA(공적 개발지원사업)의 일환으로 동남아시아
3개국의 문화재 복원사업이 선정되었다는 소식을 듣고 큰 기대를 품
었다. 라오스의 홍낭시다, 미얀마의 바간, 캄보디아의 앙코르 톰 내에
있는 프레아 피투 사원이 선정되어 장기간에 걸친 복원사업이 진행된
다는 내용이었다. 내심 기대한 것은 복원에 선행한, 그리고 제대로 된
복원을 위한 조사와 연구, 그리고 일반 국민들의 동남아시아 역사와
문화에 대한 관심의 고조였다.

하지만 이 사업으로 인하여 동남아시아 연구의 붐은 바라지 않더

그림 63  중국의 일대일로 전략을 뒷받침하는 CCTV 특집 프로그램의 한 장면

라도 토대가 마련되었다는 소식조차 들려오지 않는다. 동남아시아 역사와 문화에 대한 붐을 조성할 수 있는 절호의 기회는 이렇게 끝나고 있다.

한국 고대사를 전공하는 필자가 동남아시아의 고대사에 관련된 책을 쓰기로 만용을 부린 데에는 이런 절박한 상황에 대한 안타까움이 깔려 있다. 동남아시아의 고대사나 고고학을 전공하는 연구자는 국내에 한 명도 없다. 동남아시아사학회는 물론이고 동남아시아고고학회까지 운영되는 이웃 일본을 마냥 부러워만 할 수는 없는 노릇이다. 앞으로도 한동안 동남아시아의 고대사와 고고학 전문 연구자가 나올 가능성은 보이지 않는다.

최근 중국의 "일대일로(一帶一路)" 전략에서 "일로(一路)"는 바닷길을 통해 동북아시아와 동남아시아, 나아가 서아시아와 아프리카를 하나의 경제권으로 묶자는 야심 찬 계획이다(그림 63). 동중국해와 남중국해의 영유권과 관련하여 동남아시아의 많은 국가와 갈등을 겪으면서 큰 어려움을 겪고 있지만, 장기적인 국가 전략으로 고대 해상 실크로드의 현재적 복원을 겨냥하고 있다는 점에서 중국 당국의 역사 인식에 새삼 놀라게 된다.

우리는 아직 이러한 관심을 표현하지도 못하고 있으나 급변하는 상황은 우리의 인식이 하루속히 바뀌어야 한다고 압박한다. 동남아시아의 아세안(ASEAN) 국가들과의 정치·경제·문화적 교류가 밀접해지고, 이 지역 출신 결혼 이주민의 수가 급증하는 현실에서 이 지역에 대한 연구가 미흡한 점은 정말로 반성할 점이다.

한·중·일의 역사분쟁 및 영토분쟁의 해결과 미래지향적인 역사교육을 위해 동북아시아 각국이 공통으로 사용할 수 있는『동아시아사』라는 역사교과서가 중등교육 과정에서 사용되고 있다. 하지만 그 내용에 동남아시아사가 매우 소략하기 때문에 진정한 의미의『동아시아사』라고 하기도 곤란하다. 동남아시아의 역사를 대폭 강화한 새로운 교과서가 필요하다.

우리 사회 일각에서는 중국의 동북공정에 대해 효과적으로 대처하지 못한다고 역사학계를 매섭게 비판하는 목소리가 들린다. 중국의 동북공정은 우리에게만 적용되는 것이 아니라 중국과 국경을 맞대고 있는 여러 민족, 국가가 관여된 사안이다. 이 점에서 우리와 베트남은 운명공동체이다.

중국 남부에 분포하던 백월이 자신들의 조상이고, 현재의 광동, 광서지역이 과거 자신들의 역사영역이었다고 간주하는 베트남인의 인식은 중국 동북지역을 한국사의 요람으로 믿는 우리와 너무도 흡사하기 때문이다. 황제를 칭한 남월국 문제의 무덤이 다민족통일국가론에 입각한 중국 학계의 해석에 의해 "남월왕릉(南越王陵)"이 아닌 "남월왕묘(南越王墓)"로 격하되는 현상을 볼 때 팽창주의적인 중국의 고대사 해석에 한국과 베트남이 공동 대응할 당위를 절감하게 된다.

그러기 위해서는 베트남을 비롯한 동남아시아의 역사와 문화에 대한 따뜻한 애정과 관심이 필요하다. 한민족의 형성 과정이나 주변 문화와의 비교에서 근거 없이 반복되고 있는 자민족 중심주의적 해석을 벗어나 한국인과 한국 전통문화의 형성이 선사시대 이후 주변 지역과의 끊임없는 교류의 결과임을 강조하여야 한다. 주변 민족과의 항쟁 못지않게 상호 교류의 가치가 강조되어야 하는 것이다. 이를 위해서는 이질적인 문화를 자기 것으로 소화하여 새로운 혼종문화를 창조한 경험을 여러 차례 치른 동남아시아 역사를 참고할 필요가 있다.

경제 규모의 확대, 내수시장의 포화 상태 등을 고려할 때 앞으로 한국과 동남아시아와의 통상과 문화 교류는 급증할 것이다. 그럼에도 불구하고 변변한 대중적 고대사 개설서조차 없는 현실에서 무리를 하며 이 책을 저술하였다. 고조선, 삼국시대에 동남아시아에는 어떤 이웃들이 살고 있었으며, 그들과 우리는 어떻게 연결되고 교섭하였는지를 추적한 이 시도가 우리의 세계에 대한 인식을 조금이라도 넓히는

그림 64   고려 벽란도 모형 – 목포해양유물전시관 (촬영: 필자)

작은 계기가 될 수 있다면 더 바랄 일이 없을 것이다. 게다가 바다의
역사는 국가의 범위를 상대화시키는 기능을 한다는 점을 고려할 때[431]
기존의 영토, 국경을 획정한 상태에서 이루어지던 동아시아사 연구는
바다를 통하여 많이 변용될 것이다.

해상 실크로드와 동아시아 고대국가

1 『세계일보』 2014.1.10. 기사.

2 http://kosis.kr/statisticsList/statisticsList_01List.jsp?vwcd=MT_ZTITLE&parentId=A.

3 한국인 여성과 혼인한 중국인 남성이 4,116명, 한국인 남성과 혼인한 중국인 여성이 3만 1024명이다.

4 한국인 여성과 혼인한 한국계 중국인 남성이 7,699명, 한국인 남성과 혼인한 한국계 중국인 여성이 2만 196명이다.

5 한국인 여성과 혼인한 베트남 남성이 284명, 한국인 남성과 혼인한 베트남 여성이 3만 9068명이다.

6 매리 하이듀즈, 『동남아의 역사와 문화』, 박장식 · 김동엽 역(솔과학, 2012), p. 14.

7 石澤良昭, 「總說」, 『東南アジア史2』(岩波書店, 2001), p. 1.

8 大野徹, 「パガンの歷史」, 『東南アジア史2』(岩波書店, 2001), p. 89.

9 이도학, 「백제의 교역망과 그 체계의 변천」, 『한국학보』 63(1991); 이인숙, 『한국의 고대 유리』(백산문화, 1993); 조흥국, 「한국과 동남아의 문화적 교류」, 『실크로드와 한국문화』(국제한국학회, 2000).

10 하마시타 다케시(濱下武志), 「동양에서 본 바다의 아시아사」, 『바다의 아시아 1 ―바다의 패러다임』(다리미디어, 2003), pp. 136–140.

11 하마시타 다케시, 「바다의 아시아가 열리는 세계」, 『바다의 아시아 1 ―바다의 패러다임』(다리미디어, 2003), p. 9.

12 Miriam T. Stark, "From Funan To Angkor ―Collapse and regeneration in Ancient Cambodia," *After Collapse ―The Regeneration of Complex Societies* (University of Arizona Press, 2010), p. 147.

13 ハ・ヴァン・タン 編著(菊池誠一 譯), 『ベトナムの考古文化』, 人類史叢書 12(六興出版, 1991), pp. 161–166.

14 Ian C. Glover, Mariko Yamagata and William Soutyworth, "THE CHAM, SA HUYNH AND

HAN IN EARLY VIETNAM: EXCAVATIONS AT BU CHAU HILL, TRA KIEU, 1993," *Indo—Pacific Prehistory Association Bulletin* 14(1996).

15  鈴木峻,『シュリヴィジャヤの歷史』(めこん, 2010), pp. 18–21.

16  이은구,「중세 인도의 해양무역」,『바다의 실크로드』(청아출판사, 2003), p. 183.

17  야지마 히코이치(家島彦一),「서양에서 본 바다의 아시아사」,『바다의 아시아 1 —바다의 패러다임』(다리미디어, 2003), p. 111.

18  石澤良昭,『東南アジア多文明世界の發見』, 興亡の世界史 11(講談社, 2009), p. 39.

19  가와구치 요헤이 · 무라오 스스무,「항시 사회론 —나가사키와 광주」,『해역 아시아사 연구 입문』, 최연식 역(민속원, 2012), p. 243.

20  매리 하이듀즈,『동남아의 역사와 문화』, 박장식 · 김동엽 역(솔과학, 2012), p. 34.

21  石澤良昭 · 生田滋,『東南アジアの傳統と發展』, 世界の歷史 13(中央公論社, 1998).

22  강희정,「해상 실크로드와 문명의 교차로 동남아시아」,『해상 실크로드와 문명의 교류』(사회평론아카데미, 2019), pp. 22–23.

23  기원후 60–70년대에 그리스 상인이 인도 무역의 경험을 저술한 기행기이다.

24  石澤良昭 · 生田滋,『東南アジアの傳統と發展』, 世界の歷史 13(中央公論社, 1998).

25  古代オリエント博物館,『中國 · 南越王の至寶 —前漢時代 廣州の王朝文化』(1996).

26  石澤良昭 · 生田滋,『東南アジアの傳統と發展』, 世界の歷史 13(中央公論社, 1998), pp. 67–78.

27  김상범,「중국, 해상 실크로드의 진원지」,『바다의 실크로드』(청아출판사, 2003), p. 34.

28  매리 하이듀즈,『동남아의 역사와 문화』, 박장식 · 김동엽 역(솔과학, 2012), pp. 36–37.

29  石澤良昭,『東南アジア多文明世界の發見』, 興亡の世界史 11(講談社, 2009), p. 44.

30  매리 하이듀즈,『동남아의 역사와 문화』, 박장식 · 김동엽 역(솔과학, 2012), pp. 39–44.

31  이은구,「중세 인도의 해양무역」,『바다의 실크로드』(청아출판사, 2003), pp. 247–252.

32  아키미치 도모야(秋道智彌),「바다와 인류」,『바다의 아시아 1 —바다의 패러다임』(다리미디어, 2003), pp. 44–45.

33  永正美嘉,「新羅의 對日香藥貿易」,『韓國史論』51(서울대학교 국사학과, 2005), pp. 7–83.

34  石澤良昭,『東南アジア多文明世界の發見』, 興亡の世界史 11(講談社, 2009), p. 39.

35  永正美嘉,「新羅의 對日香藥貿易」,『韓國史論』51(서울대학교 국사학과, 2005).

해상 실크로드와 동아시아 고대국가

36  주달관, 『진랍풍토기』, 최병욱 역(산인, 2013), pp. 180–181.

37  매리 하이듀즈, 『동남아의 역사와 문화』, 박장식 · 김동엽 역(솔과학, 2012), p. 34.

38  石澤良昭 · 生田滋, 『東南アジアの傳統と發展』, 世界の歷史 13(中央公論社, 1998), pp. 80–82.

39  야지마 히코이치, 「서양에서 본 바다의 아시아사」, 『바다의 아시아 1 —바다의 패러다임』(다리미디어, 2003), p. 117.

40  Jane Allen, "Trade And Site Distribution In Early Historic-Period Kedah: Geoarchaeological, Historic, And Locational Evidence," *Indo-Pacific Prehistory Association Bulletin* 10(1991), p. 315; 양승윤, 「동남아시아 무역거점으로의 말라카 왕국에 관한 연구」, 『동남아연구』 11(한국외국어대학교 동남아연구소, 2002), pp. 12–13.

41  아키미치 도모야, 「바다와 인류」, 『바다의 아시아 1 —바다의 패러다임』(다리미디어, 2003), p. 50.

42  Jane Allen, "Inland Angkor, Coastal Kedah: Landscapes, Subsistence System And State Development In Early Southeast Asia," *Indo-Pacific Prehistory Association Bulletin* 16(1997), p. 84.

43  하마시타 다케시, 「바다의 아시아가 열리는 세계」, 『바다의 아시아 1 —바다의 패러다임』(다리미디어, 2003), p. 13.

44  새로운 산지의 발견, 가격의 변화, 수요자와 공급자의 이해관계 등 다양한 변수가 있을 것이다.

45  몬순을 본격적으로 이용하는 항해는 바람의 방향에 맞추어 몇 개월씩 항구에서 체류하는 경우도 많다.

46  항해기간이 단축되면 중간의 기항지를 생략할 수도 있는데, 이때 항로 중도에 위치한 항시들의 운명은 뒤바뀔 수 있다.

47  양승윤, 「말라카 왕국, 해상 실크로드의 동아시아 무역 거점」, 『바다의 실크로드』(청아출판사, 2003), p. 137.

48  Jane Allen, "Trade And Site Distribution In Early Historic-Period Kedah: Geoarchaeological, Historic, And Locational Evidence," *Indo-Pacific Prehistory Association Bulletin* 10(1991), pp. 313–315.

49  Jane Allen, "Inland Angkor, Coastal Kedah: Landscapes, Subsistence System And State Development In Early Southeast Asia," *Indo-Pacific Prehistory Association Bulletin* 16(1997), p. 84.

50  Michel Jacq-Hergoualc'h, *The Malay Peninsula: Crossroads of the Maritime Silk-Road* (2002),

p. 169.

51　이유진, 「당 후기의 명주와 동아시아 해상」, 『동국사학』 50(동국사학회, 2011), p. 257.

52　모모키 시로 · 야마우치 신지 · 후지타 가요코 · 하스다 다카시, 「해역아시아사의 가능성」, 『해역 아시아사 연구 입문』, 최연식 역(민속원, 2012), p. 18.

53　石澤良昭 · 生田滋, 『東南アジアの傳統と發展』, 世界の歷史 13(中央公論社, 1998), p. 12; 모모키 시로 · 야마우치 신지 · 후지타 가요코 · 하스다 다카시, 「해역아시아사의 가능성」, 『해역 아시아사 연구 입문』, 최연식 역(민속원, 2012), p. 18.

54　무라마쓰 신(村松伸), 「아시아 도시의 쉼 없는 변천」, 『바다의 아시아 1 —바다의 패러다임』(다리미디어, 2003), p. 208.

55　무라마쓰 신, 「아시아 도시의 쉼 없는 변천」, 『바다의 아시아 1 —바다의 패러다임』(다리미디어, 2003), pp. 209-210.

56　항시국가는 항시가 발전한 형태이다. 항시는 항구도시, 항만도시, 항구성시에 해당되는데 원래 동남아시아의 경우 인도인과 현지인들의 교역활동에 의해 말레이반도를 비롯한 항로 연안에 건설된 교역중심에 대한 명칭이다. 최근에는 공간과 시대를 한정하지 않고 포괄적으로 사용되고 있다. 가와구치 요헤이 · 무라오 스스무, 「항시 사회론 —나가사키와 광주」, 『해역 아시아사 연구 입문』, 최연식 역(민속원, 2012), p. 243.

57　무라마쓰 신, 「아시아 도시의 쉼 없는 변천」, 『바다의 아시아 1 —바다의 패러다임』(다리미디어, 2003), p. 209.

58　Jane Allen, "Inland Angkor, Coastal Kedah: Landscapes, Subsistence System And State Development In Early Southeast Asia," *Indo-Pacific Prehistory Association Bulletin* 16(1997), p. 84; 매리 하이듀즈, 『동남아의 역사와 문화』, 박장식 · 김동엽 역(솔과학, 2012), pp. 41-42.

59　고정은, 「베트남 중부 호이안과 참파 유적을 찾아서」, 『수완나부미』 4(1)(부산외국어대학교 동남아시아연구소, 2012), p. 109.

60　매리 하이듀즈, 『동남아의 역사와 문화』, 박장식 · 김동엽 역(솔과학, 2012), p. 39; 후카미 스미오, 「송원대의 해역동남아시아」, 『해역 아시아사 연구 입문』, 최연식 역(민속원, 2012), p. 52.

61　송정남, 『베트남 역사 읽기』(한국외국어대학교 출판부, 2010), pp. 4-5.

62　西村昌也, 『ベトナムの考古 · 古代學』(同成社, 2011), pp. 89-91.

63  廣西壯族自治區博物館 · 廣西文物考古研究所, 『河地銅鼓』(廣西民族出版社, 2009).

64  동남아시아 문화의 특징 중 하나로 여성 우위의 사회제도를 들 수 있으며[石澤良昭, 『東南アジア多文明世界の發見』, 興亡の世界史 11(講談社, 2009), p. 38], 락 롱 꿘과 어우 꺼가 각기 50명의 아들을 데리고 간 것은 당시 사회에 부계제와 모계제가 공존하는 모습을 보여 주는 것으로 이해되고 있다[유인선, 『새로 쓴 베트남의 역사』(이산, 2002), p. 28]. 후대에 윤색된 것이지만 금관가야의 수로왕과 허왕후 사이에서 태어난 아들 중 일부가 어머니의 성을 따랐다는 전승과 비교된다.

65  유인선, 『새로 쓴 베트남의 역사』(이산, 2002), pp. 22~23.

66  Nam C. Kim, Lai Von Toi, Trinh Hoang Hiep, "Co Loa: an investigation of Vietnam's ancient capital," *Antiquity* 84(2010).

67  Nam C. Kim, Lai Von Toi, Trinh Hoang Hiep, 2010; Nam C. Kim, *The Origins of Ancient Vietnam* (Oxford Univ. Press, 2015).

68  西村昌也, 『ベトナムの考古 · 古代學』(同成社, 2011), p. 126.

68  안 즈엉 브엉은 조타의 침략을 금빛 거북의 발톱으로 만든 쇠뇌로 물리쳤는데 조타의 아들이 안 즈엉 브엉의 딸을 통해 쇠뇌를 망가뜨리고 그 틈을 이용하여 안 즈엉 브엉을 공격하자 쇠뇌만 믿었던 안 즈엉 브엉이 패배하였다고 한다.

70  유인선, 『새로 쓴 베트남의 역사』(이산, 2002), pp. 36~37.

71  송정남, 『베트남 역사 읽기』(한국외국어대학교 출판부, 2010), p. 31.

72  최병욱, 「베트남 역사 개관」, 『베트남』(한국외국어대학교 출판부, 2002), pp. 32~33.

73  예를 들어 고구려는 중국 왕조가 남북조로 분열되고 초원지대에는 유연이라는 또 하나의 강자가 존재하는 5-6세기에 스스로를 동북방의 천하를 다스리는 대왕국으로 인식하였다. 이때의 대왕은 단순한 미칭이 아니라 중국의 황제, 초원의 카간(혹은 대선우)과 대등한 "왕 중의 왕"이란 의미였다. 이 점에서 6세기에 리 본이 황제를 칭하게 되는 상황과 비교할 수 있다.

74  福建博物院 · 福建閩越王城博物館, 『武夷山城村漢城遺址發掘報告』(福建人民出版社, 2004).

75  廣州市文物管理委員會 · 中國社會科學院考古研究所 · 廣東省博物館, 『西漢南越王墓』上 · 下 (文物出版社, 1991).

76  廣州市文化局, 『廣州秦漢考古 三大發現』(廣州出版社, 1999).

77  廣州市文物考古研究所, 「廣州市農林東路南越國"人"字頂木槨墓」, 『羊城考古發現與研究(一)』(文

物出版社, 2005), pp. 35-48.

78 余天熾 외, 『古南越國史』(黃西人民出版社, 1988), p. 97.

79 南越王宮博物館籌建處·廣州市文物考古研究所, 『南越宮苑遺址』(文物出版社, 2008).

80 廣州市文物考古研究所·中國社會科學院考古研究所·南越王宮博物館籌建處, 「南越國宮署遺址出土木簡」, 『羊城考古發現與研究(一)』(文物出版社, 2005), pp. 31-32.

81 西村昌也, 「紅河デルタの城郭遺跡, Lũng Khê城址をめぐる新認識と問題」, 『東南アジア ─歴史と文化』30(2001); 西村昌也·グエン·ファン·ハオ, 「バックニン省バイノイ磚室墓の緊急發掘」, 『東南アジア考古學』25(2005).

82 이 내용은 다음 글을 토대로 정리한 것이다. 西村昌也, 『ベトナムの考古·古代學』(同成社, 2011), pp. 155-180; 黃曉芬 編著, 『交趾郡治·ルイロウ遺跡 I 』(2014).

83 宮本一夫·俵寛司, 「ベトナム漢墓ヤンセ資料の再檢討」, 『國立歷史民俗博物館研究報告』97(2002); 西村昌也, グエン·ファン·ハオ, 「バックニン省バイノイ磚室墓の緊急發掘」, 『東南アジア考古學』25(2005).

84 성의 정확한 규모에 대해서는 논자에 따라 약간씩 차이가 있으나 이 글에서는 가장 최근의 계측치인 黃曉芬의 견해를 취하였다.

85 송정남, 『베트남 역사 읽기』(한국외국어대학교 출판부, 2010), p. 34.

86 유인선, 『새로 쓴 베트남의 역사』(이산, 2002), pp. 46-47.

87 송정남, 『베트남 역사 읽기』(한국외국어대학교 출판부, 2010), pp. 36-40.

88 宮本一夫·俵寛司, 「ベトナム漢墓ヤンセ資料の再檢討」, 『國立歷史民俗博物館研究報告』97(國立歷史民俗博物館, 2002).

89 권오영, 「伯濟國에서 百濟로의 전환」, 『역사와 현실』 40(한국역사연구회, 2001).

90 韓芝守, 「百濟 風納土城 출토 施釉陶器 硏究」, 『백제연구』 51(충남대학교 백제연구소, 2010).

91 廣州市文物考古研究所 編, 『銖積寸累 ─廣州考古十年出土文物選萃』(文物出版社, 2005).

92 賀云鶴·馮慧·李浩, 「東亞地區出土早期錢文陶瓷器的研究」, 『東亞考古論壇』 2(忠淸文化財研究院, 2005).

93 廣州市文物考古研究所, 「廣州市先烈南路漢晉南朝墓葬」, 『羊城考古發現與研究(一)』(文物出版社, 2005), p. 69.

94  매리 하이듀즈, 『동남아의 역사와 문화』, 박장식 · 김동엽 역(솔과학, 2012), p. 37.

95  石澤良昭, 『東南アジア多文明世界の發見』, 興亡の世界史 11(講談社, 2009), p. 38.

96  Nancy Tingley, *Arts of Ancient Viet Nam —From River Plain to Open Sea*, Asia Society, The Museum of Fine Arts(Houston, 2009).

97  아키미치 도모야, 「바다와 인류」, 『바다의 아시아 1 —바다의 패러다임』(다리미디어, 2003), pp. 44–45.

98  유인선, 『새로 쓴 베트남의 역사』(이산, 2002), p. 61.

99  チャンパ王國の遺跡と文化展實行委員會, 『海のシルクロード チャンパ王國の遺跡と文化』(財團法人 トヨタ財團, 1994).

100  『晉書』卷9, 簡文帝紀. "二年春正月 辛丑, 百濟, 林邑王各遣使貢方物."

101  주달관, 『진랍풍토기』, 최병욱 역(산인, 2013), p. 28.

102  占城이란 국명은 877년 이후 등장한다. Emmanuel Guillon, *HINDU–BUDDHIST ART —Treasures from Champa* (2001), p. 16.

103  『고려사』卷6, 세가6, 정종 6년.

104  고정은, 「베트남 다낭시 참파조각박물관」, 『수완나부미』 2(1)(부산외국어대학교 동남아시아연구소, 2010), pp. 129–138; 「베트남 중부 호이안과 참파 유적을 찾아서」, 『수완나부미』 4(1)(부산외국어대학교 동남아시아연구소, 2012), pp. 107–117.

105  桃木至朗, 「唐宋變革とベトナム」, 『東南アジア史2』(岩波書店, 2001), pp. 33–34.

106  침향은 인도와 동남아시아에 분포된 상록 교목으로 수지가 향료에 쓰이고 줄기는 약재로 사용되었다[아키미치 도모야, 「바다와 인류」, 『바다의 아시아 1 —바다의 패러다임』(다리미디어, 2003), pp. 44–45].

107  桃木至朗, 「唐宋變革とベトナム」, 『東南アジア史2』(岩波書店, 2001), pp. 34–35.

108  櫻井由躬雄, 「南シナ海の世界 —林邑」, 『東南アジア史 II 島嶼部』, 新版 世界各國史 6(山川出版社, 1999).

109  石澤良昭, 「總說」, 『東南アジア史2』(岩波書店, 2001), pp. 11–12.

110  烏木은 黑檀의 다른 이름으로서 동남아시아와 아프리카에 걸쳐 서식한다. 가구, 불단, 악기, 세공물의 제작에 사용되는 고급 목재이다.

111  伽藍香은 kalambak의 표현으로서 말레이어로 침향에 해당된다.

112  높이 1–2m 정도의 야자과 식물이다.

113  柴藤香, 鷄骨香, 降香으로도 불린다. 영남지방, 베트남, 샴, 보르네오 등지에서 생산되며 여러
     향과 섞어 태우면 芳香이 나서 나쁜 기운을 없앤다고 한다.

114  『瀛涯勝覽』의 번역 및 참파의 특산물에 대한 설명은 아래의 글을 참고하였다. 小川博 編, 『中國
     人の南方見聞錄 —瀛涯勝覽』(吉川弘文館, 1998), pp. 7-13.

115  永正美嘉, 「新羅의 對日香藥貿易」, 『韓國史論』 51(서울대학교 국사학과, 2005), p. 16.

116  Ian C. Glover, "The Excavations Of J.-Y. Claeys At Tra Kieu, Central Vietnam, 1927-1928:
     From The Unpublished Archives Of The Efeo, Paris And Records In The Possessions Of
     The Claeys Family," Journal of The Siam Society (The Siam Society, 1997); Yamagata Mariko,
     "Trà Kiêu during the Second and Third Centuries CE: The Formation of Linyi from an
     Archaelogical Perspective," The Cham Of Vietnam —History, Society And Art (Nus Press,
     Singapore, 2011).

117  Guimet musée des ARTS ASIATIQUES, Champa (2005).

118  Nguyên Thê Thuc, Champa old towers (2010); Anne-Valérie Schweyer, Ancient Vietnam
     —History, Art and Archaeology (River Books, 2011).

119  서규석, 『잊혀진 문명, 참파』(리북, 2013).

120  Nguyên Thê Thuc, Champa Sculpture (Ha Nôi, 2007); NGUYÊN VĂN KƯ, Chăm (THÊ GIỚI
     PUBLISHERS, 2012).

121  西村昌也, 『ベトナムの考古・古代學』(同成社, 2011), p. 164.

122  Michael J. Walker, S. Santoso, "Romano-Indian Rouletted Pottery in Indonesia," Asian
     Perspectives XX(2)(1977), pp. 228-235.

123  Mariko Yamagata, Nguyên Kim Dung, "Ancient Rooftiles Found In Central Vietnam," 50
     Years of Archaeology in Southeast Asia —Essays in Honour of Ian Glover (Bangkok, 2010);
     山形眞理子, 「南境の漢・六朝系瓦 —ベトナム北部・中部における瓦の出現と展開」, 『古代』
     129・130(早稻田大學考古學會, 2012).

124  고정은, 「베트남 중부 호이안과 참파 유적을 찾아서」, 『수완나부미』 4(1)(부산외국어대학교 동남아시아
     연구소, 2012), p. 108.

125  최병욱, 「16-17세기 호이 안과 베트남의 대외무역」, 『바다의 실크로드』(청아출판사, 2003), p. 99.

126  최병욱, 「16-17세기 호이 안과 베트남의 대외무역」, 『바다의 실크로드』(청아출판사, 2003), p. 99.

127  후추는 유럽인들에게 가장 인기 있는 상품이었다. 추운 겨울에 가축을 도살하여 한겨울을 넘길 식료로 사용하던 북유럽에서는 고기의 방부를 위하여 후추가 사용되었다. 게다가 별다른 소스가 없던 당시에 고기의 맛을 높여 주는 후추는 대단히 고가로 판매되었다. 나아가 후추는 치료제나 소화제, 진통제, 방부제로 널리 사용되었고 지참금, 세금, 집세 등을 후추로 계산하였다고 한다[이은구, 「중세 인도의 해양무역」, 『바다의 실크로드』(청아출판사, 2003), p. 191]. 실로 후추야말로 유럽인들이 동남아시아로 몰려드는 대항해시대를 상징하는 물품이다.

128  최병욱, 「16-17세기 호이 안과 베트남의 대외무역」, 『바다의 실크로드』(청아출판사, 2003), p. 111.

129  침목은 침향목의 줄임말로서 매우 귀한 약재이며 가구 재료이고 불에 태워 향기를 맡으면 병을 치료하고 마음을 안정시킨다고 한다.

130  Miriam T. Stark, "From Funan To Angkor ─Collapse and regeneration in Ancient Cambodia," After Collapse ─The Regeneration of Complex Societies (University of Arizona Press, 2010), p. 147.

131  Miriam Stark, "Excavating The Delta," Humanities Sep/Oct(2001), p. 17.

132  천자목, 『밀림에 묻힌 신전들 앙코르』(두르가, 2009), p. 13.

133  Kenneth R. Hall, "The 'Indianization' of Funan: An Economic History of Southeast Asia's First State,"Journal of Southeast Asian Studies 13(1)(1982), p. 83.

134  石澤良昭 · 生田滋, 『東南アジアの傳統と發展』, 世界の歴史 13(中央公論社, 1998).

135  John N. Miksic, "The Beginning of Trade and in Ancient Southeast Asia: The Role of Oc Eo and the ower Mekong River," Art & Archaeology of Fu Nan (Edited by James C. M. Khoo, 2003), p. 3.

136  김상범, 「중국, 해상 실크로드의 진원지」, 『바다의 실크로드』(청아출판사, 2003), p. 35.

137  Anne-Valérie Schweyer, Ancient Vietnam ─History, Art and Archaeology (River Books, 2011).

138  김상범, 「중국, 해상 실크로드의 진원지」, 『바다의 실크로드』(청아출판사, 2003), pp. 38-39.

139  佐川英治, 新津健一郎, 「日本における古代嶺南社會に關する歴史學的關心について」, 『交趾郡治 · ルイロウ遺跡 I 』(黃曉芬 編著, 2014), p. 129.

140  『晉書』武帝紀 太康7年條.

141  『日本書紀』卷22 推古天皇 3年 夏四月條.

142 永正美嘉, 「新羅의 對日香藥貿易」, 『韓國史論』 51(서울대학교 국사학과, 2005), pp. 50–51.

143 石澤良昭, 『アンコール・ワット』(講談社現代新書, 1996), p. 39.

144 가토 마코토(加藤眞), 「아시아의 해양환경과 생태계」, 『바다의 아시아 1 —바다의 패러다임』(다리미 디어, 2003), p. 79.

145 石澤良昭, 『アンコール・ワット』(講談社現代新書, 1996), p. 179.

146 매리 하이듀즈, 『동남아의 역사와 문화』, 박장식 · 김동엽 역(솔과학, 2012), p. 58.

147 佐川英治 · 新津健一郎, 「日本における古代嶺南社會に關する歷史學的關心について」, 『交趾郡 治 · ルイロウ遺跡 I 』(黃曉芬 編著, 2014), p. 130.

148 Miriam Stark, "Excavating The Delta," *Humanities* Sep/Oct(2001), p. 18.

149 Miriam T. Stark, Bong Sovath, "Recent Research On Emergent Complexity In Cambodia's Mekong," *Indo–Pacific Prehistory Association Bulletin* 21(2001), p. 86.

150 Paul Bishop, David C. W. Sanderson, Miriam T. Stark, "OSL and radiocarbon dating of a pre–Angkorian canal in the Mekong delta, southern Cambodia," *Journal of Archaeological Science* 31(2004), p. 321.

151 M. T. Stark, D. Sanderson, R. G. Bingham, "Monumentality In The Mekong Delta: Luminescence Dating And Implications," *Indo–Pacific Prehistory Association Bulletin* 26(2006), pp. 110–120.

152 Miriam T. Stark, "The Transition to History in the Mekong Delta: A View from Cambodia," *International Journal of Historical Archaeology* 2(3)(1998), p. 191.

153 Miriam T. Stark, Griffin P. Bion, Church Phoeurn, "Results of the 1995–1996 archaeological field investigations at Angkor Borei, Cambodia," *Journal of Archaeology for Asia & the Pacific* 38(1)(1999), p. 5.

154 Miriam T. Stark, "The Transition to History in the Mekong Delta: A View from Cambodia," *International Journal of Historical Archaeology* 2(3)(1998), pp. 190–191.

155 David C. W. Sanderson, Paul Bishop, Miriam Stark, Sally Alexander, Dan Penny, "Luminescene dating of canal sediments from Angkor Borei, Mekong Delta, Southern Cambodia," *Quaternary Geochronology* 2(2007), p. 323.

해상 실크로드와 동아시아 고대국가

156 Miriam T. Stark, Bong Sovath, "Recent Research On Emergent Complexity In Cambodia's Mekong," *Indo-Pacific Prehistory Association Bulletin* 21(2001), p. 88; M. T. Stark, "Pre-Angkorian Settlement Trends In Cambodia's Mekong Delta And The Lower Mekong Archaeological Project," *Indo-Pacific Prehistory Association Bulletin* 26(2006), p. 99.

157 M. T. Stark, "Pre-Angkorian Settlement Trends In Cambodia's Mekong Delta And The Lower Mekong Archaeological Project," *Indo-Pacific Prehistory Association Bulletin* 26(2006), p. 98.

158 Paul Bishop, David C. W. Sanderson, Miriam T. Stark, "OSL and radiocarbon dating of a pre-Angkorian canal in the Mekong delta, southern Cambodia," *Journal of Archaeological Science* 31(2004), p. 333.

159 Miriam T. Stark, Griffin P. Bion, Church Phoeurn, "Results of the 1995-1996 archaeological field investigations at Angkor Borei, Cambodia," *Journal of Archaeology for Asia & the Pacific* 38(1)(1999), p. 18.

160 Miriam T. Stark, Bong Sovath, "Recent Research On Emergent Complexity In Cambodia's Mekong," *Indo-Pacific Prehistory Association Bulletin* 21(2001), p. 89.

161 減水期稻라고 불리는 稻作法으로서 13세기 말에 중국인 周達觀이 淡水洋(소금기 없는 바다라는 의미로서 톤레삽 호수를 지칭) 수위의 변화를 활용한 앙코르의 도작법을 소개하고 있다. 福井捷朗·星川圭介, 『タムノップ-タイ·カンボジアの消えつつある灌漑法』(めこん, 2009), pp. 22-23.

162 Jeff Fox, Judy Ledgerwood, "Dry-Srason Flood-Recession Rice in the Mekong Delta: Two Thousand Years of Sustainable Agriculture?" *Asian Perspectives* 38(1)(1999), p. 47.

163 Paul Bishop, David C. W. Sanderson, Miriam T. Stark, "OSL and radiocarbon dating of a pre-Angkorian canal in the Mekong delta, southern Cambodia," *Journal of Archaeological Science* 31(2004), p. 323의 Fig.3 참조.

164 D. C. W. Sanderson, P. Bishop, M. T. Stark, J. Q. Spencer, "Luminescene dating of anthropogenically reset canal sediments from Angkor Borei, Mekong Delta, Cambodia," *Quaternary Science Reviews* 22(2003), p. 1120.

165 동바라이의 용도는 물고기 양식만 이루어질 뿐 수상 교통에 이용되지 않은 것으로 보고 있다. David C. W. Sanderson, Paul Bishop, Miriam Stark, Sally Alexander, Dan Penny,

"Luminescene dating of canal sediments from Angkor Borei, Mekong Delta, Southern Cambodia," *Quaternary Geochronology* 2(2007), p. 324.

166  David C. W. Sanderson, Paul Bishop, Miriam Stark, Sally Alexander, Dan Penny, "Luminescene dating of canal sediments from Angkor Borei, Mekong Delta, Southern Cambodia," *Quaternary Geochronology* 2(2007), pp. 323, 329.

167  Paul Bishop, David C. W. Sanderson, Miriam T. Stark, "OSL and radiocarbon dating of a pre-Angkorian canal in the Mekong delta, southern Cambodia," *Journal of Archaeological Science* 31(2004), p. 333.

168  C. Higham, *The Archaeology of Mainland Southeast Asia* (Cambridge Univ. Press, 1989), p. 315.

169  Oc Eo Cultural Sites Management, *Oc Eo Culture —Sites And Artefacts* (2015), p. 2.

170  그의 일련의 연구 성과는 1959, 1960, 1962년에 연이어 발표되었다. Miriam T. Stark and Bong Sovath, "Recent Research On Emergent Complexity In Cambodia's Mekong," *Indo-Pacific Prehistory Association Bulletin* 21(2001), p. 85.

171  Kenneth R. Hall, "The 'Indianization' of Funan: An Economic History of Southeast Asia's First State," *Journal of Southeast Asian Studies* 13(1)(1982), p. 87.

172  Tong Trung Tin, "Twentieth-Century Achievements In The Archaeology Of Vietnam," *Vietnam Archaeology* 2(2007), pp. 20-21.

173  Luong Ninh, "The Funan state —A Century of Tong Trung Tin, Twentieth-Century Achievements In The Archaeology Of Vietnam," *Vietnam Archaeology* 2(2007), pp. 90-100.

174  Vo Si Khai, "The Kingdom of Fu Nan and the Culture of Oc Eo," *Art & Archaeology of Fu Nan* (Edited by James C. M. Khoo, 2003), p. 49.

175  장변의 길이는 1,500m에 달한다.

176  Pierre-Yves Manguin, "Funan and the Archaeology of the Mekong River Delta," *Việt Nam —From Myth To Modernity* (Asian Civilisations Museum, Singapore, 2008), p. 27.

177  Miriam T. Stark and Bong Sovath, "Recent Research On Emergent Complexity In Cambodia's Mekong," *Indo-Pacific Prehistory Association Bulletin* 21(2001), pp. 86-89; M. T. Stark, "Pre-Angkorian Settlement Trends In Cambodia's Mekong Delta And The Lower

Mekong Archaeological Project," *Indo—Pacific Prehistory Association Bulletin* 26(2006), p. 100.

178  Charles Higham, *Early Cultures of Mainland South Asia* (River Books, 2002), p. 238.

179  Pierre—Yves Manguin, "Funan and the Archaeology of the Mekong River Delta," *Viêt Nam —From Myth To Modernity* (Asian Civilisations Museum, Singapore, 2008), p. 28.

180  Paul Bishop, David C. W. Sanderson, Miriam T. Stark, "OSL and radiocarbon dating of a pre—Angkorian canal in the Mekong delta, southern Cambodia," *Journal of Archaeological Science* 31(2004), p. 334.

181  Miriam T. Stark, "The Transition to History in the Mekong Delta: A View from Cambodia," *International Journal of Historical Archaeology* 2(3)(1998), p. 195.

182  권오영, 「동남아시아 고대국가의 수리시설과 수자원 관리체계 —메콩강유역을 중심으로」, 『한국 상고사학보』 92(한국상고사학회, 2016), p. 14.

183  Pierre—Yves Manguin, "Funan and the Archaeology of the Mekong River Delta," *Viêt Nam —From Myth To Modernity* (Asian Civilisations Museum, Singapore, 2008), pp. 25—27.

184  Paul Bishop, David C. W. Sanderson, Miriam T. Stark, "OSL and radiocarbon dating of a pre—Angkorian canal in the Mekong delta, southern Cambodi," *Journal of Archaeological Science* 31(2004), p. 333.

185  Anne—Valérie Schweyer, *Ancient Vietnam —History, Art and Archaeology* (River Books, 2011).

186  Kang Heejung, "The Spread of Sarnath—Styla Buddha Images in Southeast Asia amd Shandong China, by the Sea Route," *Kemanuslaan* 20(2)(USM, Malaysia, 2013), pp. 56—57.

187  하마시타 다케시, 「동양에서 본 바다의 아시아사」, 『바다의 아시아 1 —바다의 패러다임』(다리미디어, 2003), pp. 147—149.

188  春成秀爾 編, 『世界のなかの沖ノ島』(雄山閣, 2018), p. 2.

189  〈梁職貢圖〉에서는 "狼牙修"로, 『梁書』에서는 "狼牙脩"로 표기되나 현지 발음을 한자로 옮긴 것에 불과하므로 이하 한자 표기에서는 『梁書』의 "狼牙脩"로 통일한다.

190  河上麻由子, 「梁職貢圖とその世界觀」, 『東洋史研究』 74(1)(東洋史研究會, 2015), p. 28.

191  윤용구, 「梁職貢圖의 流轉과 摹本」, 『목간과 문자』 9(한국목간학회, 2012), pp. 126—128.

192  金子修一, 「まえがき」, 『梁職貢圖そ東部ユーラシア世界』(鈴木靖民・金子修一 編 勉誠出版, 2014), pp. 1—2.

193  金子ひろみ, 「南朝梁の外交とその特質」, 『梁職貢圖そ東部ユーラシア世界』(鈴木靖民・金子修一 編, 勉誠出版, 2014), p. 150.

194  Paul Wheatley, "Langkasuka," T'oung Pao 44(1956), pp. 407-408.

195  주수완, 「중국문헌을 통해 본 중세 동남아의 불교문화 (I)」, 『수완나부미』 2(1)(부산외국어대학교 동남 아시아연구소), 2010, p. 72.

196  Funayama Toru, "The work of Paramārtha —An example of Sino-Indian cross-cultural exchange," JIABS 31(1-2)(2008,2010).

197  Paul Wheatley, "Langkasuka" T'oung Pao 44(1956), p. 412.

198  이경규, 「宋代 泉州의 번영과 媽祖信仰」, 『인문과학연구』 13(대구가톨릭대학교 인문과학연구소, 2010), p. 110.

199  藤田豊八, 「狼牙脩國考」, 『東洋學報』 3(1913), pp. 121-131; Paul Wheatley, "Langkasuka," T'oung Pao 44(1956), pp. 406-408; Michel Jacq-Hergoualc'h, The Malay Peninsula: Crossroads of the Maritime Silk-Road (2002), p. 164.

200  Michel Jacq-Hergoualc'h, The Malay Peninsula: Crossroads of the Maritime Silk-Road (2002), pp. 164-165.

201  주수완, 「중국 문헌을 통해 본 중세 동남아의 불교문화 (II)」, 『수완나부미』 4(1)(부산외국어대학교 동 남아시아연구소, 2012), p. 58.

202  鈴木峻, 『扶南・眞臘・チャンパの歷史』(めこん, 2016), p. 22.

203  Paul Wheatley, "Langkasuka," T'oung Pao 44(1956), p. 407; Mokhtar Saidin, Jaffrey Abdullah, Jalil Osman & Azman Abdullah, "Issues And Problems Of Previous Studies In The Bujang Valley And The Discovery Of Sungai Batu," Bujang Valley And Early Civilisations In Southeast Asia (Edited by Stephen Chia, Barbara Watson Andya, 2011), p. 17.

204  鈴木峻, 『シュリヴィジャヤの歷史』(めこん, 2010), p. 19.

205  주수완, 「중국문헌을 통해 본 중세 동남아의 불교문화 (I)」, 『수완나부미』 2(1)(부산외국어대학교 동남 아시아연구소, 2010), p. 73.

206  石澤良昭・生田滋, 『東南アジアの傳統と發展』, 世界の歷史 13(中央公論社, 1998), pp. 87-88.

207  Paul Wheatley, "Langkasuka," T'oung Pao 44(1956), pp. 399-400.

208 Sunil Gupta, "The Bay Of Bengal Interaction Sphere(1000BC–AD500)," *Indo–Pacific Prehistory Association Bulletin* 25(2005), p. 28.

209 Jane Allen, "Inland Angkor, Coastal Kedah: Landscapes, Subsistence System And State Development In Early Southeast Asia," *Indo–Pacific Prehistory Association Bulletin* 16(1997), p. 84.

210 石澤良昭・生田滋, 『東南アジアの傳統と發展』, 世界の歴史 13(中央公論社, 1998), p. 88.

211 Jane Allen, "Inland Angkor, Coastal Kedah: Landscapes, Subsistence System And State Development In Early Southeast Asia," *Indo–Pacific Prehistory Association Bulletin* 16(1997), p. 84; 매리 하이듀즈, 『동남아의 역사와 문화』, 박장식・김동엽 역(솔과학, 2012), pp. 41–42.

212 Michel Jacq–Hergoualc'h, *The Malay Peninsula: Crossroads of the Maritime Silk–Road* (2002), p. 164.

213 동북아역사재단, 『新唐書 外國傳 譯註 下』(2011), p. 933의 각주 50.

214 이하 야랑 유적에 대한 설명은 아래의 글을 정리한 것이다. Michel Jacq–Hergoualc'h, *The Malay Peninsula: Crossroads of the Maritime Silk–Road* (2002), pp. 166–191.

215 Jane Allen, "Trade And Site Distribution In Early Historic–Period Kedah: Geoarchaeological, Historic, And Locational Evidence," *Indo–Pacific Prehistory Association Bulletin* 10(1991), p. 307.

216 Himanshu Prabha Ray, "In Search Of Suvarnabhum: Early Sailing Networks In The Bay Of Bengal," *Indo–Pacific Prehistory Association Bulletin* 10(1991), p. 364.

217 종교적 건축물로서 사원과 무덤의 기능을 겸한 것으로 보인다.

218 Jane Allen, "Trade And Site Distribution In Early Historic–Period Kedah: Geoarchaeological, Historic, And Locational Evidence," *Indo–Pacific Prehistory Association Bulletin* 10(1991), p. 310.

219 『삼국사기』 권33, 雜志 色服條에 의하면 흥덕왕 9년에 진골여인이 玳瑁를 사용한 빗을 사용하는 것을 금지하는 기사가 보인다. 따라서 동남아시아산 대모의 사용이 한반도에서 장기간 계속되었을 가능성을 엿볼 수 있다.

220 Jane Allen, "Inland Angkor, Coastal Kedah: Landscapes, Subsistence System And State Development In Early Southeast Asia," *Indo–Pacific Prehistory Association Bulletin* 16(1997), p. 83.

221 Mokhtar Saidin, Jaffrey Abdullah, Jalil Osman & Azman Abdullah, "Issues And Problems Of Previous Studies In The Bujang Valley And The Discovery Of Sungai Batu," *Bujang Valley*

*And Early Civilisations In Southeast Asia* (Edited by Stephen Chia, Barbara Watson Andya, 2011), p. 20.

222  Mokhtar Saidin, Jaffrey Abdullah, Jalil Osman & Azman Abdullah, "Issues And Problems Of Previous Studies In The Bujang Valley And The Discovery Of Sungai Batu," *Bujang Valley And Early Civilisations In Southeast Asia* (Edited by Stephen Chia, Barbara Watson Andya, 2011), pp. 23-24.

223  Jane Allen, "Inland Angkor, Coastal Kedah: Landscapes, Subsistence System And State Development In Early Southeast Asia," *Indo-Pacific Prehistory Association Bulletin* 16(1997), p. 84.

224  권오영, 「동남아시아 고대국가의 수리시설과 수자원 관리체계 ―메콩강유역을 중심으로」, 「한국상고사학보」 92(한국상고사학회, 2016), p. 12.

225  이현혜, 「4세기 加耶社會의 交易體系의 변천」, 「한국고대사연구」 1(한국고대사연구회, 1988), p. 166.

226  Elizabeth Howard Moore, *The Pyu Landscape* (2012); Aung Thaw, *Historical Sites In Myanmar*(출간연도 불명).

227  Elizabeth Howard Moore, "Myanmar Bronzes And The Dian Cultures Of Yunnan," *Indo-Pacific Prehistory Association Bulletin* 30(2010), pp. 122-132.

228  Sunil Gupta, "The Bay Of Bengal Interaction Sphere(1000BC-AD500)," *Indo-Pacific Prehistory Association Bulletin* 25(2005), p. 28.

229  Elizabeth Howard Moore, *The Pyu Landscape* (2012), pp. 1-389.

230  Nyunt Han, "Early Hindu-Buddhist Kingdoms In Myanmar: A Study In Archaeological Perspective," *Bujang Valley And Early Civilisation In Southeast Asia* (Department of National Heritage · Ministry of Information, Communication and Culture, Malaysia, 2011), pp. 158-159.

231  이하의 글은 Aung Thaw, *Historical Sites In Myanmar*(출간연도 불명)에서 인용하였음.

232  Dow Jones, "The archaeology of Dian: trends and tradition(Bronze Age culture of eastern Yunnan in southwest China),"*Antiquity* 73(279)(1999), pp. 2-8.

233  Terry Lustig, Li Kunsheng, Jiang Zhilong, Chen Guo, "Varying Levels Of The Dian Lakes And The Dian Lakes Culture," *Indo-Pacific Prehistory Association Bulletin* 31(2011), pp. 50-63.

234  張增祺, 「晉寧石寨山」(云南美術出版社, 1998).

235  云南省博物館, 「云南江川李家山古墓群發掘報告」, 「考古學報」 1975-2(1975); 云南省文物考古

해상 실크로드와 동아시아 고대국가

研究所 · 玉溪市文物管理所 · 江川縣文化局 編著, 『江川李家山 —第二次發掘報告』(文物出版社, 2007).

236 김병준, 『중국고대 지역문화와 군현지배』(일조각, 1996), pp. 246–255.

237 TzeHuey Chiou-Peng, "Dian Bronze Art: Its Source And Formation," *Indo-Pacific Prehistory Association Bulletin* 28(2008), pp. 34–43.

238 鈴木峻, 『シュリヴィジャヤの歷史』(めこん, 2010), p. 137.

239 鈴木峻, 『シュリヴィジャヤの歷史』(めこん, 2010), pp. 27–28.

240 매리 하이듀즈, 『동남아의 역사와 문화』, 박장식 · 김동엽 역(솔과학, 2012), p. 39.

241 김상범, 「중국, 해상 실크로드의 진원지」, 『바다의 실크로드』(청아출판사, 2003), pp. 43–46.

242 坂井隆 · 西村正雄 · 新田榮治, 『東南アジアの考古學』, 世界の考古學 8(同成社, 1998), p. 215.

243 매리 하이듀즈, 『동남아의 역사와 문화』, 박장식 · 김동엽 역(솔과학, 2012), p. 39.

244 매리 하이듀즈, 『동남아의 역사와 문화』, 박장식 · 김동엽 역(솔과학, 2012), pp. 42–43.

245 坂井隆 · 西村正雄 · 新田榮治, 『東南アジアの考古學』, 世界の考古學 8(同成社, 1998), p. 217.

246 石澤良昭, 「總說」, 『東南アジア史』 2, 東南アジア古代國家の成立と展開(岩波書店, 2001), p. 5.

247 매리 하이듀즈, 『동남아의 역사와 문화』, 박장식 · 김동엽 역(솔과학, 2012), p. 46.

248 이건무, 「부여 합송리유적 출토 일괄유물」, 『考古學誌』 2(한국고고미술연구소, 1990).

249 안승주, 「공주 봉안출토 동검 · 동과」, 『考古美術』 136 · 137(한국미술사학회, 1978).

250 지건길, 「장수 남양리 출토 청동기 · 철기 일괄유물」, 『考古學誌』 2(한국고고미술연구소, 1990).

251 이건무, 「당진 소소리유적 출토 일괄유물」, 『考古學誌』 3(한국고고미술연구소, 1991).

252 Insook Lee, "Characteristics of Early Glasses in Ancient Korea with Respect to Asia's Maritime Bead Trade," *Ancient Glass Research along the Silk Road* (2009), pp. 184–185.

253 肥塚隆保, 「古代硅酸塩ガラスの硏究 —飛鳥—奈良時代のガラス材質の變遷」, 『文化財論叢 II』, 奈良國立文化財硏究所創立40周年記念論文集(同朋舍, 1995), p. 929.

254 肥塚隆保, 「古代硅酸塩ガラスの硏究 —飛鳥—奈良時代のガラス材質の變遷」, 『文化財論叢 II』, 奈良國立文化財硏究所創立40周年記念論文集(同朋舍, 1995), p. 954.

255 吉林省博物館 編, 『吉林省博物館』, 中國の博物館 第2期 第3卷(講談社, 1988).

256 Robert H. Brill, Hiroshi Shirahata, "The Second Kazuo Yamasaki TC-17 Lecture on Asian

Glass," *Ancient Glass Research along the Silk Road* (2009), p. 155.

257　黃啓善, 「中國南方古代玻璃的研究」, 『廣西博物館文集』 1(廣西博物館 編, 2004), p. 87의 표 2.

258　조대연, 「초기철기시대 납-바륨유리에 관한 고찰」, 『한국고고학보』 63(한국고고학회, 2007), p. 37.

259　關善明, 『中國古代玻璃』(2001), pp. 124-127; Gan Fuxi, "Origin and Evolution of Ancient Glass," *Ancient Glass Research along the Silk Road* (2009), p. 21.

260　關善明, 『中國古代玻璃』(2001), p. 212.

261　張桂霞·田立坤, 「遼寧地區出土的古代玻璃器」, 『絲綢之路上的古代玻璃研究』(干福熹 主 編, 復旦大學出版社, 2007), pp. 192-193.

262　南京博物院·江蘇省考古研究所·無錫市錫山區文物管理委員會 編, 『邱承墩』(2007).

263　Tamura Tomomi, OGA Katsuhiko, "Distribution of Lead-barium Glasses in Ancient Japan," *Crossroads* 9, 2016.

264　조대연, 「초기철기시대 납-바륨유리에 관한 고찰」, 『한국고고학보』 63(한국고고학회, 2007), p. 56.

265　권오영, 「한반도에 수입된 유리구슬의 변화과정과 경로」, 『湖西考古學』 37(호서고고학회, 2017).

266　Peter Francis Jr., "Glass beads in Asia: Part Two. Indo-Pacific Beads," *Asian Perspectives* 29(1)(2009), p. 1.

267　廣州市文物管理委員會·廣州市博物館, 『廣州漢墓』(中國社會科學院考古研究所 編輯, 1981), pp. 454-456; Li Qinghui, Wang Weizhao, Xiong Zhaoming, Gan Fuxi, Cheng Huansheng, "PIXE Study on the Ancient Glasses of Han Dynasty Unearthed in Hepu County, Guangxi," *Ancient Glass Research along the Silk Road* (2009), pp. 397-398; 廣州市文物考古研究所·廣州市番禺區文管會辦公室 編, 『番禺漢墓』(科學出版社, 2006), pp. 340-341.

268　黃啓善, 「中國南方古代玻璃的研究」, 『廣西博物館文集』 1(廣西博物館編, 2004), pp. 88-93.

269　黃啓善, 「中國南方古代玻璃的研究」, 『廣西博物館文集』 1(廣西博物館編, 2004), pp. 88-93.

270　黃啓善, 「廣西古代玻璃研究槪說」, 『廣西考古文集』 2(廣西壯族自治區文物工作隊 編, 2006), p. 91.

271　干福熹, 「中國古代玻璃和古代絲綢之路」, 『絲綢之路上的古代玻璃研究』(干福熹 主 編, 復旦大學出版社, 2007), p. 7의 표4.

272　關善明, 『中國古代玻璃』(2001), pp. 45-46; Lankton and Dussubieux, "Early Glass in Asian Maritime Trade: A Review and an Interpretation of Compositional Analyses," *Journal Of*

해상 실크로드와 동아시아 고대국가

Glass Studies 48(The Corning Museum of Glass, 2006), p. 124.

273  Insook Lee, "Glass and Bead Trade on the Asian Sea," *Ancient Glass Research along the Silk Road*(2009), p. 177.

274  黃啓善,「試論廣西與越南出土的古代玻璃器」,『廣西博物館文集』4(廣西博物館 編, 2007), pp. 117-130.

275  關善明,『中國古代玻璃』(2001), pp. 46-49.

276  趙春燕,「合浦縣風門嶺漢墓出土玻璃珠的化學組成分析」,『合浦風門嶺漢墓 —2003-2005年 發掘報告』(科學出版社, 2006), pp. 182-184.

277  Kishor K. Basa, Ian Glover and Julian Henderson, "The Relationship Between Early Southeast Asian And Indian Glass," *Indo-Pacific Prehistory Association Bulletin* 10(1991), pp. 380-381.

278  Lankton, "How does a bead mean? An archaeologist's perspective," *International Bead & Beadwork Conference* (2007).

279  김규호,「연천 학곡리 적석총 출토 구슬의 과학적 연구 보고서」,『漣川 鶴谷里 積石塚』(기전문화 재연구원, 2004).

280  한국문화유산연구원,『平澤 馬頭里 遺蹟』, 2011.

281  김나영,『三國時代 알칼리 유리구슬의 化學的 特性 考察』(공주대학교 박사학위논문, 2013), p. 17.

282  谷澤亞里,「古墳時代開始期前後における玉類の舶載」,『物質文化』95(物質文化研究會, 2015), pp. 54-58.

283  박준영,「한국 고대 유리구슬의 특징과 전개양상」,『중앙고고연구』19(중앙문화재연구원, 2016), pp. 83, 90.

284  Lankton and Lee,「Treasures from the Southern Sea: Glass Ornaments from Gimhae-Yangdong and Bokcheondong —Compositional Analysis and Interpretation」,『고고학 —시 간과 공간의 흔적. 如古金秉模先生停年退任紀念論文集』(2006), pp. 334-336; Lankton and Dussubieux, "Early Glass in Southeast Asia," *Modern Methods for Analysing Archaeological and Historic Glass* (Edited by Koen Jassens, 2013), p. 19.

285  李仁淑,「亞洲海上的玻璃和珠子的貿易」,『絲綢之路上的古代玻璃研究』(于福熹主 編, 復旦大學出版

社, 2007), p. 43.

286 野島永,「鐵からみた彌生・古墳時代の日本海交流」,『考古學からみた日本海沿岸の地域性と
交流』(富山大學人文學部考古學研究室, 2005), p. 3.

287 小寺智津子,「彌生時代のガラス釧とその副葬」,『東京大學考古學研究室研究紀要』24(東京大學
考古學研究室, 2010), pp. 59-60.

288 Takayasu Koezuka, Kazuo Yamasak, "Scientific Study of the Glass Objects Found in Japan
from the Third Century to the Third Century AD," *Ancient Glass Research along the Silk
Road* (2009), p. 226.

289 肥後弘幸,「丹後のガラス」,『京都府埋藏文化財論集』7(京都府埋藏文化財調査研究センター, 2016), p. 27.

290 소다(Na₂O)를 융제로, 높은 레벨의 알루미나(Al₂O₃)를 안정제(stabilizer)로 사용한 부류로서 동남아시
아에서 가장 일반적인 부류이다.

291 Lankton and Dussubieux, "Early Glass in Southeast Asia," *Modern Methods for Analysing
Archaeological and Historic Glass* (Edited by Koen Jassens, 2013), p. 14.

292 Alison Kyra Carter, "Trade, Exchange, and, Sociopolitical Development in Iron Age (500BC-
AD500) Mainland Southeast Asia: An Examination of Stone and Glass Beads from Cambodia
and Thailand"(PhD diss., Univ. of Wisconsin-Madison, 2013), pp. 291-292, 415-417.

293 Insook Lee, "Characteristics of Early Glasses in Ancient Korea with Respect to Asia's
Maritime Bead Trade," *Ancient Glass Research along the Silk Road* (2009), p. 184.

294 김나영,『三國時代 알칼리 유리구슬의 化學的 特性 考察』(공주대학교 박사학위논문, 2013), p. 147.

295 谷澤亞里,「古墳時代開始期前後における玉類の舶載」,『物質文化』95(物質文化研究會, 2015),
pp. 54-58.

296 정인성,「燕系 鐵器문화의 擴散과 그 背景」,『영남고고학』74(영남고고학회, 2016), pp. 18-19.

297 조대연,「초기철기시대 납-바륨유리에 관한 고찰」,『한국고고학보』63(한국고고학회, 2007), p. 56.

298 周長山,「考古學中的嶺南漢文化 一以墓葬爲中心」,『中國史研究』51(2007).

299 韋佳媚,「中國西南地區與越南紅河流域銅鼓文化關係探討」,『廣西博物館文集』10(2014), p. 268.

300 南越 침공 과정에서 불거진 伏波將軍과 樓船將軍의 대립은 조선 침공에서는 左將軍과 樓船將
軍의 대립으로 재현된다.

301 김병준, 「漢이 구성한 고조선 멸망과정 ―사기 조선열전의 재검토」, 『한국고대사연구』 50(2008), pp. 31–37.

302 廣西壯族自治區文物工作隊, 「廣西西林縣普馱銅鼓墓葬」, 『文物』 1978–9(1978), pp. 43–51.

303 국립중앙박물관 편, 『낙랑』(솔, 2001), pp. 66–67.

304 강인욱, 「중국 서남부 고원지역 차마고도 일대와 북방초원지역 유목문화의 교류」, 『중앙아시아연구』 18(2)(중앙아시아학회, 2013), pp. 100–105.

305 周長山, 「考古學中的嶺南漢文化 ―以墓葬爲中心」, 『中國史研究』 51(2007), p. 127.

306 오영찬, 『낙랑군연구』(사계절, 2006), pp. 148–153.

307 이송란, 「南越王墓의 파르티아(Parthia)系 水滴文銀盒과 前漢代 東西交涉」, 『동악미술사학』 7(동악미술사학회, 2006).

308 Lankton and Dussubieux, "Early Glass in Southeast Asia," *Modern Methods for Analysing Archaeological and Historic Glass* (Edited by Koen Jassens, 2013), p. 13.

309 梁旭達, 「論廣西秦漢時期的交通和商務經濟」, 『廣西考古文集』 2(廣西壯族自治區文物工作隊 編, 2006), p. 503.

310 張玉艶, 「試析漢武帝設立的交趾三郡」, 『廣西博物館文集』 10(2014), p. 168.

311 廣西壯族自治區文物考古寫作小組, 「廣西合浦西漢木槨墓」, 『考古』 1972–5(1972), pp. 20–30.

312 王克榮, 「建國以來廣西文物考古工作的主要收穫」, 『文物』 1978–9(1978), p. 11.

313 廣西壯族自治區文物工作隊 · 合浦縣博物館, 「廣西合浦縣九只嶺東漢墓」, 『考古』 2003–10(2003), p. 74.

314 朱曉麗, 『中國古代珠子』 修訂版(廣西美術出版社, 2013), p. 178.

315 關善明, 『中國古代玻璃』(2001), p. 50.

316 Brigitte Borell, "The Han Period Glass Dish From Lao Cai, Northern Vietnam," *Journal Of Indo-Pacific Archaeology* 32(2012), pp. 70–77.

317 熊昭明 · 李青會, 『廣西出土漢代琉璃器的考古學與技術研究』, 廣西文物考古研究所學術叢刊之五(2011).

318 廣西文物考古研究所 · 合浦縣博物館 · 廣西師範大學文旅學院, 「廣西合浦寮尾東漢三國墓發掘報告」, 『考古學報』 2012–4(2012), pp. 489–539.

319  趙春燕, 「廣西合浦寮尾東漢墓出土釉陶壺殘片檢測」, 『考古學報』 2012-4(2012), pp. 539-544.

320  黃珊 · 熊昭明 · 趙春燕, 「廣西合浦縣寮尾東漢墓出土靑綠釉陶壺研究」, 『考古』 2013-8(2013), pp. 89-91.

321  谷澤亞里, 「彌生時代後期におけるガラス小玉の流通」, 『九州考古學』 86(九州考古學會, 2011).

322  Bilige Siqin, Qinghui Li, Fuxi Gan, "Investigation of Ancient Chinese Potash Glass by Laser Ablation Inductively Coupled Plasma Atomic Emission Spectroscopy," *Spectroscopy Letters* 47(2014), p. 427.

323  한성백제박물관 · 산동박물관, 『한중교류의 관문 산동』(국제교류전, 2018), p. 77.

324  大阪府立彌生文化博物館, 『靑いガラスの燦き ―丹後王國が見えてきた』(2002).

325  Lankton, "How does a bead mean? An archaeologist's perspective," *International Bead & Beadwork Conference* (2007); Lankton and Dussubieux, "Early Glass in Southeast Asia," *Modern Methods for Analysing Archaeological and Historic Glass* (Edited by Koen Jassens, 2013), pp. 13-14, 19.

326  Alison Kyra Carter, "Trade, Exchange, and, Sociopolitical Development in Iron Age (500BC-AD500) Mainland Southeast Asia: An Examination of Stone and Glass Beads from Cambodia and Thailand" (PhD diss., Univ. of Wisconsin-Madison, 2013), pp. 291-292, 415-417.

327  Peter Francis Jr., "Glass beads in Asia: Part Two. Indo-Pacific Beads," *Asian Perspectives* 29(1)(2009), pp. 5-6; 박준영, 「한국 고대 유리구슬의 특징과 전개양상」, 『중앙고고연구』 19(중앙문화재연구원, 2016).

328  關善明, 『中國古代玻璃』(2001), pp. 56-57.

329  廣西文物考古研究所 · 合浦縣博物館 · 廣西師範大學文旅學院, 「廣西合浦寮尾東漢三國墓發掘報告」, 『考古學報』 2012-4(2012), pp. 538-539.

330  Peter Francis Jr., "Glass beads in Asia: Part Two. Indo-Pacific Beads," *Asian Perspectives* 29(1)(2009), pp. 5-6.

331  Lankton and Dussubieux, "Early Glass in Asian Maritime Trade: A Review and an Interpretation of Compositional Analyses," *Journal Of Glass Studies* 48(The Corning Museum of Glass, 2006), p. 132.

332  김규호 · 윤지현 · 권오영 · 박준영 · Nguyen Thi Ha, 「베트남 옥 에오(Oc Eo) 유적 출토 유리구
    슬의 재질 및 특성 연구」, 『文化財』 49(2)(국립문화재연구소, 2016), pp. 168–169.

333  이후석, 「요동─서북한지역의 세형동검문화와 고조선 ─위만조선 물질문화의 형성과정과 관련
    하여」, 『동북아역사논총』 44(동북아역사재단, 2014), pp. 157–183.

334  이인숙, 「한국 고대유리의 분석적 연구 (Ⅰ)」, 『고문화』 34(한국대학박물관협회, 1989); 「한국 고대유리
    의 고고학적 연구」(한양대학교 박사학위논문, 1990).

335  Robert H. Brill, Hiroshi Shirahata, "The Second Kazuo Yamasaki TC-17 Lecture on Asian
    Glass," Ancient Glass Research along the Silk Road (2009), pp. 156–157.

336  Lam Thi My Dzung, "Sa Huyun Regional And Inter-Regional Interactions In The Thu Bon
    Valley, Quang Nam Province, Central Vietnam," Indo-Pacific Prehistory Association Bulletin
    29(2009), p. 73.

337  Yamagata Mariko, Pham Duc Manh and Bui Chi Hoang, "Western Han Bronze Mirrors
    Recently Discovered In Centralland Southern Vietnam," Indo-Pacific Prehistory Association
    Bulletin 21(2001), pp. 99–105; Bui Chi Hoang, "The Phu Chanh Site: Cultural Evolution And
    Interaction In The Later Prehistory Of Southern Vietnam," Indo-Pacific Prehistory Association
    Bulletin 28(2008), pp. 67–72.

338  박준영, 「한국 고대 유리구슬의 특징과 전개양상」, 『중앙고고연구』 19(중앙문화재연구원, 2016),
    pp. 96–97.

339  大阪府立彌生文化博物館, 『青いガラスの燦き ─丹後王國ガ見えてきた』(2002), p. 18.

340  野島永, 「鐵からみた彌生 · 古墳時代の日本海交流」, 『考古學からみた日本海沿岸の地域性と
    交流』(富山大學人文學部考古學研究室, 2005), pp. 8–9.

341  高野陽子, 「丹波の土器と地域間交流」, 『邪馬台國時代の丹波 · 丹後 · 但馬と大和』(二上山博物館
    編, 學生社, 2011), pp. 17–19.

342  박준영, 「한국 고대 유리구슬의 특징과 전개양상」, 『중앙고고연구』 19(중앙문화재연구원, 2016), p. 83.

343  肥塚隆保, 「古代硅酸塩ガラスの研究 ─飛鳥─奈良時代のガラス材質の變遷」, 『文化財論叢Ⅱ』
    (奈良國立文化財研究所創立40周年記念論文集, 同朋舍, 1995), p. 942.

344  이인숙, 「한국 고대유리의 분석적 연구 (Ⅰ)」, 『고문화』 34(한국대학박물관협회, 1989); Lankton

and Dussubieux, "Early Glass in Asian Maritime Trade: A Review and an Interpretation of Compositional Analyses," *Journal Of Glass Studies* 48(The Corning Museum of Glass, 2006).

345　김규호 · 김나영, 「오산 수청동 분묘군 출토 구슬 제품의 제작 기법과 화학 조성」, 『烏山 水淸洞 百濟 墳墓群 Ⅴ』(京畿文化財硏究院 · 韓國土地住宅公社, 2012).

346　姜志遠, 『原三國期 中西部地域 土壙墓 硏究』(공주대학교 석사학위논문, 2012).

347　중앙문화재연구원 · 한국토지주택공사, 『烏山 厥洞遺蹟』(2013).

348　김나영 · 김규호, 「아산 명암리 밖지므레 유적 출토 유리구슬의 화학적 특성」, 『보존과학회지』 28(한국문화재보존과학회, 2012), pp. 206–208.

349　가와구치 요헤이 · 무라오 스스무, 「항시사회론 ―나가사키와 광주」, 『해역아시아사 연구 입문』, 최연식 역(민속원, 2012).

350　강희정, 「해상 실크로드와 불교 물질문화의 전래: 동남아와 동북아」, 『해상 실크로드와 문명의 교류』(사회평론아카데미, 2019), p. 87.

351　강희정, 「푸난(扶南) 불교조각의 연원과 전개」, 『미술사와 시각문화』 8(미술사와 시각문화학회, 2009), p. 43.

352　강희정, 「해상 실크로드와 불교 물질문화의 전래: 동남아와 동북아」, 『해상 실크로드와 문명의 교류』(사회평론아카데미, 2019), pp. 98–100.

353　김규호 · 윤지현 · 권오영 · 박준영 · Nguyen Thi Ha, 「베트남 옥 에오(Oc Eo) 유적 출토 유리구 슬의 재질 및 특성 연구」, 『文化財』 49(2)(국립문화재연구소, 2016), pp. 168–169.

354　소다유리군은 안정제인 산화칼슘(CaO)과 산화알루미늄(Al₂O₃) 5%를 기준으로 CaO와 Al₂O₃의 함 량이 모두 5% 미만은 LCA(Low CaO, Al₂O₃), CaO 함량 5% 미만, Al₂O₃ 함량 5% 이상은 LCHA(Low CaO, High Al₂O₃), CaO 함량 5% 이상, Al₂O₃ 함량 5% 미만은 HCLA(High CaO, Low Al₂O₃), CaO와 Al₂O₃의 함량이 모두 5% 이상은 HCA(High CaO, Al₂O₃)로 구분하고 LCA계는 다시 CaO와 Al₂O₃의 상대적 함량에 따라 LCA-A계(CaO<Al₂O₃)와 LCA-B계(CaO>Al₂O₃)로 세분된다.
　　　9점의 시료 중 LCA-A계인 벽색 유리편 1점(OE-09)을 제외하고 구슬류는 모두 LCHA계로 판명 되었다. CaO의 함량보다 Al₂O₃의 함량이 높은 LCHA계는 고알루미나 유리(High Alumina glass)로 불리는데, 지중해와 서남아시아에서 출토되는 유리와는 달리 남아시아, 동남아시아, 동북아시 아에서 집중적으로 출토되는 특징을 갖는다. 김규호, 「한국에서 출토된 고대유리의 고고화학적 연구』(중앙대학교 박사학위논문, 2001).

355 아마라 스리수챗, 「바다로 전해진 태국 불교 미술과 용품의 혁신」, 『해상 실크로드와 문명의 교류』(사회평론아카데미, 2019), pp. 127-128.

356 강희정, 「해상 실크로드와 불교 물질문화의 전래: 동남아와 동북아」, 『해상 실크로드와 문명의 교류』(사회평론아카데미, 2019), pp. 113-116.

357 서역, 서역인이라는 용어는 엄정한 개념이 아니며, 정확한 표현이 아니다. 중앙아시아, 서아시아, 남아시아, 동남아시아 등을 모두 포괄하기도 하고 때로는 유럽을 의미하는 포괄적인 개념이다. 이 글에서는 중국과 일본, 북아시아, 동남아시아를 제외한 중앙아시아, 서아시아, 남아시아, 유럽을 지칭하는 의미로 사용하고자 한다.

358 강희정, 「해상 실크로드와 불교 물질문화의 전래: 동남아와 동북아」, 『해상 실크로드와 문명의 교류』(사회평론아카데미, 2019), p. 97.

359 강희정, 「해상 실크로드와 불교 물질문화의 전래: 동남아와 동북아」, 『해상 실크로드와 문명의 교류』(사회평론아카데미, 2019), pp. 101-106.

360 이희수, 「걸프 해에서 경주까지, 천 년의 만남」, 『바다의 실크로드』(청아출판사, 2003), pp. 257-290.

361 노중국, 「신라의 海門 唐城과 실크로드」, 『동아시아 실크로드와 당성』(화성시·신라사학회, 2017), p. 33.

362 이인숙, 「한국 고대유리의 고고학적 연구」(한양대학교 박사학위논문, 1990); 김규호, 「한국에서 출토된 고대유리의 고고화학적 연구」(중앙대학교 박사학위논문, 2001); 김나영, 「三國時代 알칼리 유리구슬의 化學的 特性 考察」(공주대학교 박사학위논문, 2013), p. 147; 김나영·김규호, 「한국 포타시 유리구슬의 조성 분류에 따른 특성 비교」, 『보존과학회지』 31(3)(한국문화재보존과학회, 2015).

363 박준영, 「한국 고대 유리구슬의 생산과 유통에 나타난 정치사회적 맥락」, 『한국고고학보』 100(한국고고학회, 2016); 권오영, 「한반도에 수입된 유리구슬의 변화과정과 경로」, 『湖西考古學』 37(호서고고학회, 2017), pp. 54-56, 61.

364 권오영, 「고대 한반도에 들어온 유리의 고고, 역사학적 배경」, 『한국상고사학보』 85(한국상고사학회, 2014); 박준영, 「한국 고대 유리구슬의 특징과 전개양상」, 『중앙고고연구』 19(중앙문화재연구원, 2016), pp. 83, 96-98.

365 김나영·김규호, 「아산 명암리 밖지므레 유적 출토 유리구슬의 화학적 특성」, 『보존과학회지』

28(한국문화재보존과학회, 2012), pp. 206-208.

366 금학동의 21기 석실묘에서 출토된 유물 중 유리구슬은 24호묘 출토 남색 유리구슬 단 1점에 불
과하다(柳基正・梁美玉, 2002, pp. 144-145).

367 김미령, 「韓半島 西南部地域의 玉 研究 ─3-5世紀 墳墓遺蹟 出土 玉을 中心으로」(전북대학교 석
사학위논문, 2007).

368 박준영, 「한국 고대 유리구슬의 특징과 전개양상」, 『중앙고고연구』 19(중앙문화재연구원, 2016), p. 93.

369 고창지역은 엄밀하게는 영산강유역에 포함시킬 수 없으나 삼국시대에는 대형 고총과 전방후원
형 고분의 존재 등이 영산강유역과 공통적이어서 이에 포함시켰다.

370 김나영, 「三國時代 알칼리 유리구슬의 化學的 特性 考察」(공주대학교 박사학위논문, 2013), p. 18.

371 박준영, 「한국 고대 유리구슬의 생산과 유통에 나타난 정치사회적 맥락」, 『한국고고학보』 100(한
국고고학회, 2016), pp. 158-159; 권오영, 「한반도에 수입된 유리구슬의 변화과정과 경로」, 『湖西考
古學』 37(호서고고학회, 2017).

372 박준영, 「한국 고대 유리구슬의 생산과 유통에 나타난 정치사회적 맥락」, 『한국고고학보』 100(한
국고고학회, 2016), p. 162.

373 그 종류는 작은 원판에 1-2개의 구멍을 뚫은 유공원판, 곱은 구슬, 거울 모양, 손칼 모양, 검 모
양, 단갑 등을 모방한 미니어처 석제품들인데 일본에서 제작된 후 유입된 것으로 판단된다.

374 노중국, 「신라의 海門 唐城과 실크로드」, 『동아시아 실크로드와 당성』(화성시・신라사학회, 2017),
pp. 10-12.

375 권덕영, 「당은포를 통한 나당간 인적 왕래」, 『동아시아 실크로드와 당성』(화성시・신라사학회, 2017),
pp. 46-50.

376 박남수, 「新羅의 東西文物 交流와 唐城」, 『동아시아 실크로드와 당성』(화성시・신라사학회, 2017), p. 247.

377 이하 대표적인 항시에 대한 소개는 아래의 글을 기초로 삼아 작성하였다. 高田貫太, 『海の向こ
うから見た倭國』(講談社現代新書, 2017), pp. 40-61.

378 一支國의 오기로 보인다.

379 권오영, 「한반도에 수입된 유리구슬의 변화과정과 경로」, 『湖西考古學』 37(호서고고학회, 2017),
pp. 54-56.

380 아키미치 도모야, 「바다와 인류」, 『바다의 아시아 1 ─바다의 패러다임』(다리미디어, 2003), p. 51.

381  박준영, 「한국 고대 유리구슬의 특징과 전개양상」, 『중앙고고연구』 19(중앙문화재연구원, 2016), p. 98.

382  권오영, 「한반도에 수입된 유리구슬의 변화과정과 경로」, 『湖西考古學』 37(호서고고학회, 2017), p. 61.

383  노중국, 「신라의 海門 唐城과 실크로드」, 『동아시아 실크로드와 당성』(화성시 · 신라사학회, 2017), p. 3.

384  김현철 · 지윤미 · 김민경 · 윤상덕, 『울산 반구동유적』(울산발전연구원 문화재센터, 2009).

385  창원 다호리 분묘군에서 자주 발견되는 칠기의 존재를 고려할 때 김해 인근에서 칠의 채취와
     칠기 제작이 이루어졌음을 알 수 있다.

386  이현혜, 「4세기 加耶社會의 交易體系의 變遷」, 『한국고대사연구』 1(한국고대사연구회, 1988), p. 164.

387  권오영, 「狼牙脩國과 海南諸國의 세계」, 『百濟學報』 20(백제학회, 2017), p. 232.

388  주달관, 『진랍풍토기』, 최병욱 역(산인, 2013), pp. 128–129.

389  『三國史記』 新羅本紀 第一 婆娑尼師今 23年條.

390  이스탄불, 이스파한, 델리, 베이징, 에도 등을 들 수 있다.

391  무라마쓰 신, 「아시아 도시의 쉼 없는 변천」, 『바다의 아시아 1 ─바다의 패러다임』(다리미디어,
     2003), pp. 216–220.

392  肥塚隆保, 「古代硅酸塩ガラスの研究 ─飛鳥─奈良時代のガラス材質の變遷」, 『文化財論叢 II』,
     奈良國立文化財研究所創立40周年記念論文集(同朋舎, 1995), p. 929.

393  大賀克彦, 「彌生 · 古墳時代の玉」, 『考古資料大觀』 9(小學館, 2002).

394  肥塚隆保, 「古代硅酸塩ガラスの研究 ─飛鳥─奈良時代のガラス材質の變遷」, 『文化財論叢 II』,
     奈良國立文化財研究所創立40周年記念論文集(同朋舎, 1995), p. 954.

395  大賀克彦, 「彌生時代におけるガラス製管玉の分類的檢討」, 『小羽山墳墓群の研究 ─研究篇』(福
     井市郷土歴史資料館 · 小羽山墳墓群研究會, 2010).

396  Tamura Tomomi, OGA Katsuhiko, "Distribution of Lead–barium Glasses in Ancient Japan,"
     *Crossroads* 9(2016), pp. 66–68.

397  谷澤亞里, 「古墳時代開始期前後における玉類の舶載」, 『物質文化』 95(物質文化研究會, 2015),
     pp. 54–58.

398  與謝野町教育委員會, 「國重要文化財 京都府大風呂南1號墓出土品 ─平成28年度特別循環展
     示ガラス釧」(與謝野町, 2016).

399  小寺智津子, 「彌生時代のガラス釧とその副葬」, 『東京大學考古學研究室研究紀要』 24(東京大學

考古學研究室, 2010), p. 61.

400  野島永, 「鐵からみた彌生・古墳時代の日本海交流」, 『考古學からみた日本海沿岸の地域性と
　　　交流』(富山大學人文學部考古學研究室, 2005), p. 3.

401  이 고분은 후기 고분이지만 해당 유물은 야요이시대의 것이 전세된 것으로 이해되고 있다(肥後
　　　弘幸, 2016, pp. 15-16).

402  谷澤亞里, 「古墳時代開始期前後における玉類の舶載」, 『物質文化』 95(物質文化研究會, 2015),
　　　pp. 54-58.

403  大阪府立彌生文化博物館, 『靑いガラスの燦き —丹後王國ガ見えてきた』(2002), p. 18.

404  박남수, 「新羅의 東西文物 交流와 唐城」, 『동아시아 실크로드와 당성』(화성시・신라사학회, 2017),
　　　p. 248.

405  김창석, 「8세기 신라・일본 간 외교관계의 추이 —752년 교역의 성격 검토를 중심으로」, 『역사
　　　학보』 184(역사학회, 2004).

406  박남수, 「8세기 新羅의 동아시아 交易과 法隆寺 白檀香」, 『한국사학보』 42(고려사학회, 2011), p. 58.

407  박남수, 「8세기 新羅의 동아시아 交易과 法隆寺 白檀香」, 『한국사학보』 42(고려사학회, 2011), p. 60.

408  단향은 자와가 원산으로서 목재의 가운데와 뿌리 부분을 수증기로 증류하여 단향유를 추출한다.

409  육계는 중국이 원산으로서 줄기와 뿌리의 껍질이 맵고 향기가 있어 약용이나 향료로 사용된다.

410  아키미치 도모야, 「바다와 인류」, 『바다의 아시아 1 —바다의 패러다임』(다리미디어, 2003), p. 49.

411  동남아시아가 원산인 콩과식물로서 심재는 한방의 약재로 사용되며 붉은 부분은 붉은 염료로,
　　　뿌리는 황색 염료로 사용된다. 조선 세종대에는 9년간 7만여 근이 수입되어 홍의의 염료로 사용
　　　되었다고 한다.

412  하마시타 다케시, 「동양에서 본 바다의 아시아사」, 『바다의 아시아 1 —바다의 패러다임』(다리미디
　　　어, 2003), pp. 143-144.

413  하마시타 다케시, 「동양에서 본 바다의 아시아사」, 『바다의 아시아 1 —바다의 패러다임』(다리미디
　　　어, 2003), pp. 151-152.

414  아키미치 도모야, 「바다와 인류」, 『바다의 아시아 1 —바다의 패러다임』(다리미디어, 2003), pp. 49-50.

415  하마시타 다케시, 「동양에서 본 바다의 아시아사」, 『바다의 아시아 1 —바다의 패러다임』(다리미디
　　　어, 2003), p. 145.

　　　　　　　　　　　　　　　　　　　해상 실크로드와 동아시아 고대국가

416 아키미치 도모야, 「바다와 인류」, 『바다의 아시아 1 —바다의 패러다임』(다리미디어, 2003), p. 49.

417 야지마 히코이치, 「서양에서 본 바다의 아시아사」, 『바다의 아시아 1 —바다의 패러다임』(다리미디어, 2003), p. 119.

418 이유진, 「당 후기, 금은과 동아세아교역」, 『중국학논총』 27(고려대학교 중국학연구소, 2010), p. 411.

419 강봉룡, 「이사부와 장보고의 해양활동과 국가발전」, 『이사부와 동해』 3(한국이사부학회, 2011), p. 7.

420 금관가야의 허왕후, 신라의 탈해와 이사부, 제주도 시조 고·양·부 씨의 배필이 된 여인 정도가 해양성을 강하게 보여 준다.

421 권덕영, 「재당 신라인의 종합적 고찰 —9세기를 중심으로」, 『역사와 경계』 48(부산경남사학회, 2003), p. 25.

422 권덕영, 「재당 신라인의 종합적 고찰 —9세기를 중심으로」, 『역사와 경계』 48(부산경남사학회, 2003), p. 28.

423 강봉룡, 「이사부와 장보고의 해양활동과 국가발전」, 『이사부와 동해』 3(한국이사부학회, 2011), pp. 34-42.

424 강봉룡, 「이사부와 장보고의 해양활동과 국가발전」, 『이사부와 동해』 3(한국이사부학회, 2011), p. 30.

425 고경석, 「재당 신라인 사회의 형성과 발전」, 『한국사연구』 140(한국사연구회, 2008), p. 11.

426 고경석, 「재당 신라인 사회의 형성과 발전」, 『한국사연구』 140(한국사연구회, 2008), pp. 25-29.

427 이병로, 「일본열도의 동아시아 세계에 관한 일고찰 —주로 9세기의 규슈지방을 중심으로」, 『일본학지』 17(계명대학교 국제학연구소, 1997), pp. 51-56.

428 이병로, 「일본열도의 동아시아 세계에 관한 일고찰 —주로 9세기의 규슈지방을 중심으로」, 『일본학지』 17(계명대학교 국제학연구소, 1997), p. 49.

429 권덕영, 「재당 신라인의 대일본 무역활동」, 『한국고대사연구』 31(한국고대사학회, 2003), p. 288.

430 강희정, 「해상 실크로드와 문명의 교차로 동남아시아」, 『해상 실크로드와 문명의 교류』(사회평론아카데미, 2019), p. 33.

431 하마시타 다케시, 「바다의 아시아가 열리는 세계」, 『바다의 아시아 1 —바다의 패러다임』(다리미디어, 2003), p. 12.

참고문헌

**국문**

가와구치 요헤이·무라오 스스무, 「항시 사회론 ―나가사키와 광주」, 『해역 아시아사 연구 입문』, 최연식 역, 민속원, 2012, p. 243.

강봉룡, 「이사부와 장보고의 해양활동과 국가발전」, 『이사부와 동해』 3, 한국이사부학회, 2011, pp. 5-54.

강인욱, 「중국 서남부 고원지역 차마고도 일대와 북방초원지역 유목문화의 교류」, 『중앙아시아연구』 18(2), 중앙아시아학회, 2013, pp. 100-105.

姜志遠, 「原三國期 中西部地域 土壙墓 研究」, 공주대학교 석사학위논문, 2012.

강희정, 「미술을 통해 본 唐 帝國의 南海諸國 인식」, 『中國史研究』 72, 중국사학회, 2011.

_____, 「푸난(扶南) 불교조각의 연원과 전개」, 『미술사와 시각문화』 8, 미술사와 시각문화학회, 2009.

_____ 엮음, 『해상 실크로드와 문명의 교류』, 사회평론아카데미, 2019, pp. 127-128.

건설컨설턴츠협회, 『사진과 함께하는 세계의 토목유산 ―아시아편 II』, 김정환 역, 시그마북스, 2007.

고정은, 「베트남 중부 호이안과 참파 유적을 찾아서」, 『수완나부미』 4(1), 부산외국어대학교 동남아시아연구소, 2012, pp. 108-109.

구라쿠 요시유키, 「동아시아 관개유산의 사적 의의」, 『고대 동북아시아의 水利와 祭祀』, 학연문화사, 2011.

국립문화재연구소 문화재보존처리센터, 「고창 봉덕리 1호분 출토 유리구슬의 성분분석」, 『高敞 鳳德里 1號墳 종합보고서』, 馬韓百濟文化研究所·高敞郡, 2016.

국립중앙박물관 편, 『낙랑』, 솔, 2001, pp. 66-67.

권오병,「앙코르 와트 문명의 붕괴」,『한국조경』219, 한국조경학회, 2012.

권오영,「伯濟國에서 百濟로의 전환」,『역사와 현실』40, 한국역사연구회, 2001.

_____,「백제와 동남아시아의 교섭에 대한 검토」,『충청학과 충청문화』19, 충청남도역사문화연구원, 2014.

_____,「한국고대사 연구를 위한 베트남 자료의 활용」,『한국고대사연구의 시각과 방법』, 사계절, 2014.

_____,「고대 한반도에 들어온 유리의 고고, 역사학적 배경」,『한국상고사학보』85, 한국상고사학회, 2014.

_____,「동남아시아 고대국가의 수리시설과 수자원 관리체계 —메콩강유역을 중심으로」,『한국상고사학보』92, 한국상고사학회, 2016, pp. 12, 14.

_____,「한반도에 수입된 유리구슬의 변화과정과 경로」,『湖西考古學』37, 호서고고학회, 2017, pp. 54-56, 61.

_____,「狼牙脩國과 海南諸國의 세계」,『百濟學報』20, 백제학회, 2017, p. 232.

김규호,「SEM-EDS를 이용한 마하리 출토 유리질구슬의 재질분석」,『화성 마하리 고분군』, 호암미술관, 1998.

_____,「한국에서 출토된 고대유리의 고고화학적 연구」, 중앙대학교 박사학위논문, 2001.

_____,「연천 학곡리 적석총 출토 구슬의 과학적 연구 보고서」,『漣川 鶴谷里 積石塚』, 기전문화재연구원, 2004.

_____,「한국 고대유리의 화학 조성에 따른 역사적 변천」,『양동리, 가야를 보다 —2012기획특별전』, 국립김해박물관, 2012.

김규호·윤지현·권오영·박준영·Nguyen Thi Ha,「베트남 옥 에오(Oc Eo) 유적 출토 유리구슬의 재질 및 특성 연구」,『文化財』49(2), 국립문화재연구소, 2016, pp. 168-169.

김규호·송유나·김나영,「완주 갈동유적 출토 유리환의 고고화학적 고찰」,『완주 갈동유적』, 호남문화재연구원, 2005.

김규호·강형태·이윤희,「유리제품의 특성 분석 (Ⅰ)」,『무령왕릉 출토 유물 분석 보고서 (Ⅰ)』, 국립공주박물관, 2005.

_____,「유리제품의 특성 분석 (Ⅱ)」,『무령왕릉 출토 유물 분석 보고서 (Ⅱ)』, 국립공주박물관, 2007.

김규호·김나영,「유리구슬의 제작 기법과 화학 조성」,『華城 旺林里 노리재골 II 百濟遺蹟』,
　　한신대학교 박물관, 2011.

　　　　　　　，「오산 수청동 분묘군 출토 구슬 제품의 제작 기법과 화학 조성」,『烏山 水淸洞
　　百濟 墳墓群 V』, 京畿文化財研究院·韓國土地住宅公社, 2012.

김나영,「三國時代 알칼리 유리구슬의 化學的 特性 考察」, 공주대학교 박사학위논문, 2013, p.
　　147.

김나영·김규호,「아산 명암리 밖지므레 유적 출토 유리구슬의 화학적 특성」,『보존과학회지』
　　28(3), 한국문화재보존과학회, 2012.

　　　　　　　，「한반도에서 출토된 적갈색 유리구슬의 특성 및 유형 분류」,『보존과학회지』
　　29(3), 한국문화재보존과학회, 2013.

　　　　　　　，「한국 포타시 유리구슬의 조성 분류에 따른 특성 비교」,『보존과학회지』31(3),
　　한국문화재보존과학회, 2015.

김나영·이윤희·김규호,「무령왕릉 출토 황색 및 녹색과 박 유리구슬의 고고화학적 고찰」,『백
　　제문화』44, 공주대학교 백제문화연구소, 2011.

김미령,「韓半島 西南部地域의 玉 研究 —3-5世紀 墳墓遺蹟 出土 玉을 中心으로」, 전북대학교
　　석사학위논문, 2007.

김상범,「중국, 해상 실크로드의 진원지」,『바다의 실크로드』, 청아출판사, 2003, pp. 34-35.

깐수, 무함마드,『新羅·西域交流史』, 단국대학교 출판부, 1992.

노지현 외,「백제유적 출토 유리제품의 납동위원소비 분석 고찰」,『고고학 발굴과 연구, 50년
　　의 성찰』, 주류성, 2011.

동북아역사재단,『新唐書 外國傳 譯註 下』, 2011.

柳基正·梁美玉,『公州 金鶴洞 古墳群』, 忠淸埋藏文化財研究院, 2002.

Lankton, James W. and Lee, Insook,「Treasures from the Southern Sea: Glass Ornaments from
　　Gimhae-Yangdong and Bokcheondong —Compositional Analysis and Interpretation」,
　　『고고학 —시간과 공간의 흔적. 如古金秉模先生停年退任紀念論文集』, 학연문화사,
　　2006, pp. 334-336.

Lee, Insook and James W. Lankton,「풍납토성 출토 유리구슬과 석제구슬에 대한 SEM-EDS,
　　XRF 성분분석」,『風納土城 VII』, 한신대학교 박물관, 2006.

모모키 시로·야마우치 신지·후지타 가요코·하스다 다카시, 「해역아시아사의 가능성」, 『해역 아시아사 연구 입문』, 최연식 역, 민속원, 2012, p. 18.

박선미, 「교역품의 양적 분석을 통한 위만조선의 緩衝交易 연구」, 『東洋學』 50, 단국대학교 동 양학연구소, 2011.

박준영, 「한국 고대 유리구슬의 특징과 전개양상」, 『중앙고고연구』 19, 중앙문화재연구원, 2016, pp. 83, 96-98.

_____, 「한국 고대 유리구슬의 생산과 유통에 나타난 정치사회적 맥락」, 『한국고고학보』 100, 한국고고학회, 2016.

박천수·임동미, 「新羅·加耶의 玉 ―硬玉製 曲玉을 중심으로」, 복천박물관 편, 『한국 선사·고 대의 옥문화 연구』, 2013.

비토리오, 로베다, 『앙코르와트』, 윤길순 역, 문학동네, 1997.

서규석, 『신화가 만든 문명 앙코르 와트』, 리북, 2003.

_____, 『신이 만든 영혼의 도시 앙코르』, 수막새, 2007.

_____, 『잊혀진 문명, 참파』, 리북, 2013.

송유나·김규호, 「천안 두정동 출토 유리구슬의 고고화학적 분석 고찰」, 『보존과학회지』 18, 한 국문화재보존과학회, 2006.

송정남, 『베트남 역사 읽기』, 한국외국어대학교 출판부, 2010.

안승주, 「공주 봉안출토 동검·동과」, 『考古美術』 136·137, 한국미술사학회, 1978.

양승윤, 「동남아시아 무역거점으로의 말라카 왕국에 관한 연구」, 『동남아연구』 11, 한국외국어 대학교 동남아연구소, 2002, pp. 12-13.

_____, 「말라카 왕국, 해상 실크로드의 동아시아 무역 거점」, 『바다의 실크로드』, 청아출판사, 2003, pp. 135-137.

엄은희, 「티베트고원에서 발원한 '어머니의 강', 미-중 갈등에 가린 메콩의 목소리를 들어야」, 『친디아플러스』 11월호, 2015.

永正美嘉, 「新羅의 對日香藥貿易」, 『韓國史論』 51, 서울대학교 국사학과, 2005, pp. 7-83.

오영찬, 『낙랑군연구』, 사계절, 2006, pp. 148-153.

_____, 「기원전 2세기대 서북한 고고 자료와 위만조선」, 『한국고대사연구』 76, 한국고대사학 회, 2014.

유목민루트, 『앙코르 인 캄보디아』, 두르가, 2005.

유인선, 『새로 쓴 베트남의 역사』, 이산, 2002.

윤용구, 「梁職貢圖의 流轉과 摹本」, 『목간과 문자』 9, 한국목간학회, 2012, pp. 126-128.

이건무, 「부여 합송리유적 출토 일괄유물」, 『考古學誌』 2, 한국고고미술연구소, 1990.

_____, 「당진 소소리유적 출토 일괄유물」, 『考古學誌』 3, 한국고고미술연구소, 1991.

이경규, 「宋代 泉州의 번영과 媽祖信仰」, 『인문과학연구』 13, 대구가톨릭대학교 인문과학연구소, 2010, p. 110.

이도학, 「백제의 교역망과 그 체계의 변천」, 『한국학보』 63, 1991.

이송란, 「南越王墓의 파르티아(Parthia)系 水滴文銀盒과 前漢代 東西交涉」, 『동악미술사학』 7, 동악미술사학회, 2006.

이은구, 「중세 인도의 해양무역」, 『바다의 실크로드』, 청아출판사, 2003, pp. 183, 191.

이인숙, 「한국 고대유리의 분석적 연구(Ⅰ)」, 『고문화』 34, 한국대학박물관협회, 1989.

_____, 「한국 고대유리의 고고학적 연구」, 한양대학교 박사학위논문, 1990.

_____, 『한국의 고대 유리』, 백산문화, 1993.

이현혜, 「4세기 加耶社會의 交易體系의 변천」, 『한국고대사연구』 1, 한국고대사연구회, 1988, p. 166.

이후석, 「요동-서북한지역의 세형동검문화와 고조선 —위만조선 물질문화의 형성과정과 관련하여」, 『동북아역사논총』 44, 동북아역사재단, 2014, pp. 157-183.

이희수, 「걸프 해에서 경주까지, 천 년의 만남」, 『바다의 실크로드』, 청아출판사, 2003, pp. 257-290.

정인성, 「燕系 鐵器문화의 擴散과 그 背景」, 『영남고고학』 74, 영남고고학회, 2016, pp. 18-19.

정인성·양아림, 「원삼국시대의 수정제 다면옥」, 복천박물관 편, 『한국 선사·고대의 옥문화 연구』, 2013.

조대연, 「초기철기시대 납-바륨유리에 관한 고찰」, 『한국고고학보』 63, 한국고고학회, 2007, pp. 37, 52, 56.

조연지, 「韓半島 出土 重層琉璃玉 研究」, 충북대학교 석사학위논문, 2013.

조흥국, 「한국과 동남아의 문화적 교류」, 『실크로드와 한국문화』, 국제한국학회, 2000.

주달관, 『진랍풍토기』, 최병욱 역, 산인, 2013, p. 28.

주수완, 「중국문헌을 통해 본 중세 동남아의 불교문화 (Ⅰ)」, 『수완나부미』 2(1), 부산외국어대학교 동남아시아연구소, 2010, pp. 72-73.

_____, 「중국 문헌을 통해 본 중세 동남아의 불교문화 (Ⅱ)」, 『수완나부미』 4(1), 부산외국어대학교 동남아시아연구소, 2012, p. 58.

중앙문화재연구원·한국토지주택공사, 『烏山 厥洞遺蹟』, 2013.

지건길, 「장수 남양리 출토 청동기·철기 일괄유물」, 『考古學誌』 2, 한국고고미술연구소, 1990.

차장섭, 『인간이 만든 신의 나라 앙코르』, 역사공간, 2010.

천자목, 『밀림에 묻힌 신전들 앙코르』, 두르가, 2009.

최병욱, 「베트남 역사 개관」, 『베트남』, 한국외국어대학교 출판부, 2002, pp. 32-33.

_____, 「16-17세기 호이 안과 베트남의 대외무역」, 『바다의 실크로드』, 청아출판사, 2003, pp. 99-111.

춤싸이, 쑤멧, 『물의 신 나가 ─태국과 서태평양의 문화적 기원』, 노장서·김인아 역, 솔과학, 2014.

하이듀즈, 매러, 『동남아의 역사와 문화』, 박장식·김동엽 역, 솔과학, 2012.

한국문화유산연구원, 『平澤 馬頭里 遺蹟』, 2011.

한성백제박물관·산동박물관, 『한중교류의 관문 산동』, 2018, p. 77.

韓芝守, 「百濟 風納土城 출토 施釉陶器 硏究」, 『백제연구』 51, 충남대학교 백제연구소, 2010.

후카미 스미오, 「송원대의 해역동남아시아」, 『해역 아시아사 연구 입문』, 최연식 역, 민속원, 2012, p. 52.


**영문**


Allen, Jane, "Inland Angkor, Coastal Kedah: Landscapes, Subsistence System And State Development In Early Southeast Asia," *Indo-Pacific Prehistory Association Bulletin* 16, 1997, pp. 83-84.

_____, "Trade And Site Distribution In Early Historic-Period Kedah: Geoarchaeological,

Historic, And Locational Evidence," *Indo-Pacific Prehistory Association Bulletin* 10, 1991, pp. 307, 310, 313-315.

Basa, Kishor K., Ian Glover and Julian Henderson, "The Relationship Between Early Southeast Asian And Indian Glass," *Indo-Pacific Prehistory Association Bulletin* 10, 1991, pp. 380-381.

Bishop, Paul, David C. W. Sanderson and Miriam T. Stark, "OSL and radiocarbon dating of a pre-Angkorian canal in the Mekong delta, southern Cambodia," *Journal of Archaeological Science* 31, 2004, pp. 321, 323, 333-334.

Borell, Brigitte, "The Han Period Glass Dish From Lao Cai, Northern Vietnam," *Journal Of Indo-Pacific Archaeology* 32, 2012, pp. 70-77.

Brill, Robert H. and Hiroshi Shirahata,"The Second Kazuo Yamasaki TC-17 Lecture on Asian Glass," *Ancient Glass Research along the Silk Road*, 2009, pp. 155-157.

Carter, Alison Kyra, "Trade, Exchange, and, Sociopolitical Development in Iron Age(500BC-AD500) Mainland Southeast Asia: An Examination of Stone and Glass Beads from Cambodia and Thailand," PhD diss., Univ. of Wisconsin-Madison, 2013, pp. 282-283, 291-292, 415-417.

Cremin, AeDeen, "Seeing Dian Through Barbarian Eyes," *Indo-Pacific Prehistory Association Bulletin* 30, 2010.

Dzung, Lam Thi My, "Sa Huyun Regional And Inter-Regional Interactions In The Thu Bon Valley, Quang Nam Province, Central Vietnam," *Indo-Pacific Prehistory Association Bulletin* 29, 2009, p. 73.

Engelhaedt, Richard A., "New Directions For Archaeological Research On The Angkor Plain: The Use Of Remote Sensing Technology For Research Into Ancient Khmer Environmental Engineering," *Indo-Pacific Prehistory Assotiation Bulletin* 14, 1996.

Fletcher, Roland, Christophe Pottier, Damian Evans and Matti Kummu, "The Development Of The Water Management System Of Angkor: A Provisional Model," *Indo-Pacific Prehistory Association Bulletin* 28, 2008.

Fletcher, Ronald, Damian Evans, Ian Tapley and Anthony Milne, "Angkor: Extent, Settlement

Pattern And Ecology —Preliminary Results Of An Airsar Survey In September 2000," *Indo-Pacific Prehistory Association Bulletin* 24, 2004.

Fox, Jeff and Judy Ledgerwood, "Dry-Srason Flood-Recession Rice in the Mekong Delta: Two Thousand Years of Sustainable Agriculture?," *Asian Perspectives* 38(1), 1999, p. 47.

Francis, Peter, Jr., "Glass beads in Asia: Part Two. Indo-Pacific Beads," *Asian Perspectives* 29(1), 2009, pp. 1, 5-6.

Fuxi, Gan, "Origin and Evolution of Ancient Glass," *Ancient Glass Research along the Silk Road*, 2009, pp. 21-24.

Glover, Ian C., "The Excavations Of J.-Y. Claeys At Tra Kieu, Central Vietnam, 1927-1928: From The Unpublished Archives Of The Efeo, Paris And Records In The Possessions Of The Claeys Family," *Journal of The Siam Society*, 1997.

Glover, Ian C., Mariko Yamagata and William Soutyworth, "The Cham, Sa Huynh And Han In Early Vietnam: Excavations At Buu Chau Hill, Tra Kieu, 1993," *Indo-Pacific Prehistory Association Bulletin* 14, 1996.

Groslier, Bernard Philippe, "La Cité Hydraulique Angkorienne: Exploitation ou Surexploitation du Sol?," *BEFEO* 66, 1979.

Guillon, Emmanuel, *Hindu-Buddhist Art —Treasures From Champa*, 2001.

Guimet musée des Arts Asiatiques, *Champa*, 2005.

Gupta, Sunil, "The Bay Of Bengal Interaction Sphere(1000BC-AD500)," *Indo-Pacific Prehistory Association Bulletin* 25, 2005, p. 28.

Hall, Kenneth R., "The 'Indianization' of Funan: An Economic History of Southeast Asia's First State," *Journal of Southeast Asian Studies* 13(1), 1982, pp. 83, 87.

Higham, Charles, *The Archaeology of Mainland Southeast Asia*, Cambridge Univ. Press, 1989.

_____, *Early Cultures of Mainland South Asia*, River Books, 2002.

Hoang, Bui Chi, "The Phu Chanh Site: Cultural Evolution And Interaction In The Later Prehistory Of Southern Vietnam," *Indo-Pacific Prehistory Association Bulletin* 28, 2008, pp. 67-72.

Jacq-Hergoualc'h, Michel, *The Malay Peninsula: Crossroads of the Maritime Silk-Road*, 2002.

Kang, Heejung, "The Spread of Sarnath-Styla Buddha Images in Southeast Asia amd Shandong China, by the Sea Route," *Kemanuslaan* 20(2), 2013, pp. 56-57.

Khai, Vo Si, "The Kingdom of Fu Nan and the Culture of Oc Eo," *Art & Archaeology of Fu Nan*, Edited by James C. M. Khoo, 2003, p. 49.

Kim, Nam and Alison Carter(Conveners), "Session 4 A Roundtable discussion on the phenomenon of moated sites in Mainland Southeast Asia," *Conference Program and Abstracts*, 2014.

Kim, Nam C., Lai Von Toi and Trinh Hoang Hiep, "Co Loa: an investigation of Vietnam's ancient capital," *Antiquity* 84, 2010.

Koezuka, Takayasu, Kazuo Yamasak, "Scientific Study of the Glass Objects Found in Japan from the Third Century to the Third Century AD," *Ancient Glass Research along the Silk Road*, 2009, p. 226.

Kư, Nguyên Văn, *Chăm*, 2012.

Kummu, Matti, "Water management in Angkor: Human impacts on hydrology and sediment transportation," *Journal of Environmental Management* 90, 2009.

Lankton, James W., "How does a bead mean? An archaeologist's perspective," *International Bead & Beadwork Conference*, 2007.

Lankton, James W. and Dussubieux, "Early Glass in Asian Maritime Trade: A Review and an Interpretation of Compositional Analyses," *Journal Of Glass Studies* 48, 2006, pp. 124, 132.

_____, "Early Glass in Southeast Asia," *Modern Methods for Analysing Archaeological and Historic Glass*, Edited by Koen Jassens, 2013, pp. 13-14, 19.

Lankton, James W., In-sook Lee, Jamey D. Allen, "Javanese(Jatim) Beads In Late Fifth To Early Sixth Century Korean(Silla) Tombs," *Beads and Other Ornaments*, 2003.

Lankton, James W., Laure Dussubieux and Bernald Gratuze, "Glass from Kao Sam Kaeo: Transfered technology," *Bulletin de l'Ecole française d'Extrême-Orient* 93, 2006.

Lee, Insook, "Characteristics of Early Glasses in Ancient Korea with Respect to Asia's Maritime Bead Trade," *Ancient Glass Research along the Silk Road*, 2009, pp. 184-185.

_____, "Glass and Bead Trade on the Asian Sea," *Ancient Glass Research along the Silk*

해상 실크로드와 동아시아 고대국가

*Road*, 2009, p. 177.

Manguin, Pierre-Yves, "Funan and the Archaeology of the Mekong River Delta," *Việt Nam —From Myth To Modernity*, 2008, pp. 25-28.

Mariko, Yamagata, "Trà Kiêu during the Second and Third Centuries CE: The Formation of Linyi from an Archaelogical Perspective," *The Cham Of Vietnam —History, Society And Art*, 2011.

Mariko, Yamagata, Pham Duc Manh and Bui Chi Hoang, "Western Han Bronze Mirrors Recently Discovered In Centralland Southern Vietnam," *Indo-Pacific Prehistory Association Bulletin* 21, 2001, pp. 99-105.

Masanari, Nishimura, "Settlement Patterns On The Red River Plain From The Late Prehistoric Period To The 10Th Century AD," *Indo-Pacific Prehistory Association Bulletin* 25, 2005.

Miksic, John N., "The Beginning of Trade and in Ancient Southeast Asia: The Role of Oc Eo and the ower Mekong River," *Art & Archaeology of Fu Nan*, Edited by James C. M. Khoo, 2003, p. 3.

Moore, Elizabeth Howard, "Myanmar Bronzes And The Dian Cultures Of Yunnan," *Indo-Pacific Prehistory Association Bulletin* 30, 2010, pp. 122-132.

_____, *The Pyu Landscape*, 2012.

Munan, Heidi, *Beads Of Borneo*, 2004.

Ninh, Luong, "The Funan state —A Century of RTong Trung Tin, Twentiety-Century Achievements In The Archaeology Of Vietnam," *Vietnam Archaeology* 2, 2007.

Peng, TzuHuey Chiou, "Dian Bronze Art," *Indo-Pacific Prehistory Association Bulletin* 28, 2008.

Penny, Dan, "The Holocene history and development of the Tonle Sap, Cambodia," *Quaternary Science Reviews* 25, 2006.

Qinghui, Li, Wang Weizhao, Xiong Zhaoming, Gan Fuxi and Cheng Huansheng, "PIXE Study on the Ancient Glasses of Han Dynasty Unearthed in Hepu County, Guangxi," *Ancient Glass Research along the Silk Road*, 2009.

Ray, Himanshu Prabha, "In Search Of Suvarnabhum: Early Sailing Networks In The Bay Of

Bengal," *Indo-Pacific Prehistory Association Bulletin* 10, 1991, p. 364.

Saidin, Mokhtar, Jaffrey Abdullah, Jalil Osman and Azman Abdullah, "Issues And Problems Of Previous Studies In The Bujang Valley And The Discovery Of Sungai Batu," *Bujang Valley And Early Civilisations In Southeast Asia*, Edited by Stephen Chia and Barbara Watson Andya, 2011, pp. 17, 20, 23-24.

Sanderson, D. C. W., P. Bishop, M. T. Stark and J. Q. Spencer, "Luminescene dating of anthropogenically reset canal sediments from Angkor Borei, Mekong Delta, Cambodia," *Quaternary Science Reviews* 22, 2003, p. 1120.

Sanderson, David C. W., Paul Bishop, Miriam Stark, Sally Alexander and Dan Penny, "Luminescene dating of canal sediments from Angkor Borei, Mekong Delta, Southern Cambodia," *Quaternary Geochronology* 2, 2007, pp. 323, 329.

Schweyer, Anne-Valérie, *Ancient Vietnam —History, Art and Archaeology*, 2011.

Siqin, Bilige, Qinghui Li and Fuxi Gan, "Investigation of Ancient Chinese Potash Glass by Laser Ablation Inductively Coupled Plasma Atomic Emission Spectroscopy," *Spectroscopy Letters* 47, 2014.

Stark, Miriam T., "The Transition to History in the Mekong Delta: A View from Cambodia," *International Journal of Historical Archaeology* 2(3), 1998, pp. 190-191, 195.

_____, "Excavating The Delta," *Humanities*, 2001, pp. 17-18.

_____, "Pre-Angkorian Settlement Trends In Cambodia'S Mekong Delta And The Lower Mekong Archaeological Project," *Indo-Pacific Prehistory Association Bulletin* 26, 2006, pp. 98-100.

_____, "From Funan To Angkor —Collapse and regeneration in Ancient Cambodia," *After Collapse —The Regeneration of Complex Societies*, 2010, p. 147.

Stark, Miriam T., Griffin P. Bion and Church Phoeurn, "Results of the 1995-1996 archaeological field investigations at Angkor Borei, Cambodia," *Journal of Archaeology for Asia & the Pacific* 38(1), 1999, pp. 5, 18.

Stark, Miriam T. and Bong Sovath, "Recent Research On Emergent Complexity In Cambodia's Mekong," *Indo-Pacific Prehistory Association Bulletin* 21, 2001, pp. 85-89.

해상 실크로드와 동아시아 고대국가

Stark, M. T., D. Sanderson and R. G. Bingham, "Monumentality In The Mekong Delta: Luminescence Dating And Implications," *Indo-Pacific Prehistory Association Bulletin* 26, 2006, pp. 110-120.

Thom, Derrick J. And John C. Wells, "Farming Systems In The Niger Inland Delta, Mali," *Geographical Review* 77(3), 1987.

Thuc, Nguyên Thê, *Champa old towers*, 2010.

Thuc, Nguyên Thê, *Champa Sculpture*, 2007.

Tin, Tong Trung, "Twentieth-Century Achievements In The Archaeology Of Vietnam," *Vietnam Archaeology* 2, 2007, pp. 20-21.

Tingley, Nancy, *Arts of Ancient Viet Nam —From River Plain to Open Sea*, 2009.

Tomomi, Tamura, OGA Katsuhiko, "Distribution of Lead-barium Glasses in Ancient Japan," *Crossroads* 9, 2016.

Toru, Funayama, "The work of Paramārtha —An example of Sino-Indian cross-cultural exchange," *JIABS* 31(1-2), 2008(2010).

Walker, Michael J. and S. Santoso, "Romano-Indian Rouletted Pottery in Indonesia," *Asian Perspectives* XX(2), 1977, pp. 228-235.

Wheatley, Paul, "Langkasuka," *T'oung Pao* 44, 1956, pp. 399-400, 406-408, 412.

Xiufeng, Fu and Gan Fuxi, "Multivariate Statistical Analysis of Some Ancient Glasses Unearthed in Southern and Southwestern China," *Ancient Glass Research along the Silk Road*, 2009.

Yamagata, Mariko and Nguyên Kim Dung, "Ancient Rooftiles Found In Central Vietnam," *50 Years of Archaeology in Southeast Asia —Essays in Honour of Ian Glover*, 2010.

Zhilong, Jiang, New excavations at the bronze age site of shizhaishan, yunnan and implications for the archaeology of the ancient dian kingdom, *Indo-Pacific Prehistory Association Bulletin* 18, 1999.

일문

藤田豊八,「狼牙脩國考」,『東洋學報』3, 1913, pp. 121-131.

吉林省博物館 編,『吉林省博物館』, 中國の博物館 第2期 第3卷, 講談社, 1988.

チャンパ王國の遺跡と文化展實行委員會,『海のシルクロード チャンパ王國の遺跡と文化』, 財團法人 トヨタ財團, 1994.

肥塚隆保,「古代硅酸塩ガラスの研究 ―飛鳥-奈良時代のガラス材質の變遷」,『文化財論叢Ⅱ』, 奈良國立文化財研究所創立40周年記念論文集, 同朋舍, 1995, pp. 929, 942, 954.

石澤良昭,『アンコール・ワット』, 講談社現代新書, 1996, p. 39.

古代オリエント博物館,『中國・南越王の至寶 ―前漢時代 廣州の王朝文化』, 1996.

坂井隆・西村正雄・新田榮治,『東南アジアの考古學』, 世界の考古學⑧, 同成社, 1998.

石澤良昭・生田滋,『東南アジアの傳統と發展』, 世界の歷史 13, 中央公論社, 1998, pp. 12, 67-78, 80-82, 87-88.

櫻井由躬雄,「南シナ海の世界 ―林邑」,『東南アジア史Ⅱ 島嶼部』, 新版 世界各國史 6, 山川出版社, 1999.

石澤良昭,「總說」,『東南アジア史2』, 岩波書店, 2001, pp. 11-12.

大野徹,「パガンの歷史」,『東南アジア史2』, 岩波書店, 2001, p. 89.

西村昌也,「紅河デルタの城郭遺跡, Lũng Khê城址をめぐる新認識と問題」,『東南アジア ―歷史と文化』30, 2001.

桃木至朗,「唐宋變革とベトナム」,『東南アジア史2』, 岩波書店, 2001, pp. 33-35.

大阪府立彌生文化博物館,『青いガラスの燦き ―丹後王國が見えてきた』, 2002.

宮本一夫・俵寛司,「ベトナム漢墓ヤンセ資料の再檢討」,『國立歷史民俗博物館研究報告』97, 2002.

大賀克彦,「彌生・古墳時代の玉」,『考古資料大觀』9, 小學館, 2002.

ラオ・キム・リアン,「アンコール都城を取り囲む自然環境」,『季刊 文化遺産 ―特輯 アンコール文明を科學する』秋冬號(18), 2004.

西村昌也・グエン・ブアン・ハオ,「バックニン省バイノイ磚室墓の緊急發掘」,『東南アジア考古學』25, 2005.

ブイ・チー・ホアン ベトナム南部社會科學院考古研究所,「カッテイエン遺跡群 ―新出資料とその考察から」,『東南アジア考古學』25, 2005.

野島永,「鐵からみた彌生・古墳時代の日本海交流」,『考古學からみた日本海沿岸の地域性と交流』, 富山大學人文學部考古學研究室, 2005, pp. 3, 8-9.

石澤良昭,『東南アジア多文明世界の發見』, 興亡の世界史11, 講談社, 2009.

福井捷朗・星川圭介,『タムノップ ―タイ・カンボジアの消えつつある灌漑法』, めこん, 2009.

島根縣立古代出雲歷史博物館,『輝く出雲ブランド ―古代出雲の玉作り』, 2009.

鈴木峻,『シュリヴィジャヤの歷史』, めこん, 2010.

大賀克彦,「彌生時代におけるガラス製管玉の分類的檢討」,『小羽山墳墓群の研究 ―研究篇』, 福井市鄉土歷史資料館・小羽山墳墓群研究會, 2010.

小寺智津子,「彌生時代のガラス釧とその副葬」,『東京大學考古學研究室研究紀要』24, 東京大學考古學研究室, 2010, pp. 59-60.

高野陽子,「丹波の土器と地域間交流」,『邪馬台國時代の丹波・丹後・但馬と大和』, 二上山博物館 編, 學生社, 2011, pp. 17-19.

谷澤亞里,「彌生時代後期におけるガラス小玉の流通」,『九州考古學』86, 九州考古學會, 2011.

山形眞理子,「南境の漢・六朝系瓦 ―ベトナム北部・中部における瓦の出現と展開」,『古代』129・130, 早稻田大學考古學會, 2012.

Fagan, Brian,『水と人類の1萬年社』, 東鄉えりか 訳, 河出書房新社, 2012.

黃曉芬 編著,『交趾郡治・ルイロウ遺跡Ⅰ』, 2014.

佐川英治・新津健一郎,「日本における古代嶺南社會に關する歷史學的關心について」,『交趾郡治・ルイロウ遺跡Ⅰ』(黃曉芬 編著), 2014, pp. 129-130.

金子修一,「まえがき」,『梁職貢圖そ東部ユーラシア世界』(鈴木靖民・金子修一 編), 勉誠出版, 2014, p. 102.

金子ひろみ,「南朝梁の外交とその特質」,『梁職貢圖そ東部ユーラシア世界』(鈴木靖民・金子修一 編), 勉誠出版, 2014, p. 150.

谷澤亞里,「古墳時代開始期前後における玉類の舶載」,『物質文化』95, 物質文化研究會, 2015, pp. 54-58.

河上麻由子,「梁職貢圖とその世界觀」,『東洋史研究』74(1), 東洋史研究會, 2015, p. 28.

田村朋美,「考古學的手法による日本列島出土カリガラスの分類と生産地推定」, 韓日玉文化研
      究會, 2015.

鈴木峻,『扶南・眞臘・チャンパの歷史』, めこん, 2016.

肥後弘幸,「丹後のガラス」,『京都府埋藏文化財論集』7, 京都府埋藏文化財調査研究センター,
      2016, p. 27.

與謝野町教育委員會,「國重要文化財京都府大風呂南1號墓出土品 —平成28年度特別循環展示
      ガラス釧」, 與謝野町, 2016.

高田貫太,『海の向こうから見た倭國』, 講談社現代新書, 2017, pp. 40-61.

## 중문

廣西壯族自治區文物考古寫作小組,「廣西合浦西漢木槨墓」,『考古』1972-5, 1972, pp. 20-30.

廣西壯族自治區文物工作隊,「廣西西林縣普馱銅鼓墓葬」,『文物』1978-9, 1978, pp. 43-51.

王克榮,「建國以來廣西文物考古工作的主要收穫」,『文物』1978-9, 1978, p. 11.

廣州市文物管理委員會・廣州市博物館,『廣州漢墓』, 中國社會科學院考古研究所 編輯, 1981.

廣西壯族自治區博物館,『廣西貴縣羅泊灣漢墓』, 1987.

廣州市文物管理委員會・中國社會科學院考古研究所・廣東省博物館,『西漢南越王墓』上・下, 文
      物出版社, 1991.

廣東省博物館 編,『南海絲綢之路文物圖集』, 廣東科技出版, 1991.

張增祺,『晉寧 石寨山』, 云南美術出版社, 1998.

廣州市文化局,『廣州秦漢考古 三大發現』, 廣州出版社, 1999.

陳佳榮,「西漢南海遠航之始發點」,『海上絲綢之路研究 2 中國與東南亞』, 福建教育出版社,
      1999.

關善明,『中國古代玻璃』, 2001.

廣西壯族自治區文物工作隊・合浦縣博物館,「廣西合浦縣九只嶺東漢墓」,『考古』2003-10, 2003,
      p. 74.

福建博物院·福建閩越王城博物館,『武夷山城村漢城遺址發掘報告』, 福建人民出版社, 2004.

黃啓善,「中國南方古代玻璃的研究」,『廣西博物館文集』1, 廣西博物館編, 2004, pp. 87-93.

廣州市文物考古研究所 編,『銖積寸累 ―廣州考古十年出土文物選萃』, 文物出版社, 2005.

賀云鶴·馮慧·李浩,「東亞地區出土早期錢文陶瓷器的研究」,『東亞考古論壇』2, 忠清文化財研究院, 2005.

廣州市文物考古研究所·中國社會科學院考古研究所·南越王宮博物館籌建處,「南越國宮署遺址出土木簡」,『羊城考古發現與研究(一)』, 文物出版社, 2005, pp. 31-32.

廣州市文物考古研究所,「廣州市農林東路南越國"人"字頂木槨墓」,『羊城考古發現與研究(一)』, 文物出版社, 2005, pp. 35-48.

_____,「廣州市先烈南路漢晉南朝墓葬」,『羊城考古發現與研究(一)』, 文物出版社, 2005, p. 69.

廣州市文物考古研究所·廣州市番禺區文管會辦公室 編,『番禺漢墓』, 科學出版社, 2006.

梁旭達,「論廣西秦漢時期的交通和商務經濟」,『廣西考古文集』2, 廣西壯族自治區文物工作隊 編, 2006, p. 503.

趙春燕,「合浦縣風門嶺漢墓出土玻璃珠的化學組成分析」,『合浦風門嶺漢墓 ―2003-2005年發掘報告』, 科學出版社, 2006, pp. 182-184.

黃啓善,「廣西古代玻璃研究概說」,『廣西考古文集』2, 廣西壯族自治區文物工作隊 編, 2006, p. 91.

_____,「試論廣西與越南出土的古代玻璃器」,『廣西博物館文集』4, 廣西博物館 編, 2007, pp. 117-130.

周長山,「考古學中的嶺南漢文化 ―以墓葬爲中心」,『中國史研究』51, 2007, p. 127.

干福熹,「中國古代玻璃和古代絲綢之路」,『絲綢之路上的古代玻璃研究』, 干福熹主 編, 復旦大學出版社, 2007, pp. 7, 12.

李仁淑,「亞洲海上的玻璃和珠子的貿易」,『絲綢之路上的古代玻璃研究』, 干福熹主 編, 復旦大學出版社, 2007, p. 53.

張桂霞·田立坤,「遼寧地區出土的古代玻璃器」,『絲綢之路上的古代玻璃研究』, 干福熹主 編, 復旦大學出版社, 2007, pp. 192-193.

南越王宮博物館籌建處·廣州市文物考古研究所,『南越宮苑遺址』, 文物出版社, 2008.

廣西壯族自治區博物館·廣西文物考古研究所,『河地銅鼓』, 廣西民族出版社, 2009.

熊昭明·李靑會,『廣西出土漢代琉璃器的考古學與技術研究』, 廣西文物考古硏究所學術叢刊之
    五, 2011.

廣西文物考古硏究所·合浦縣博物館·廣西師範大學文旅學院,「廣西合浦寮尾東漢三國墓發掘
    報告」,『考古學報』2012-4, 2012, pp. 489-539.

趙春燕,「廣西合浦寮尾東漢墓出土釉陶壺殘片檢測」,『考古學報』2012-4, 2012, pp. 539-544.

朱曉麗,『中國古代珠子』修訂版, 廣西美術出版社, 2013.

黃珊·熊昭明·趙春燕,「廣西合浦縣寮尾東漢墓出土靑綠釉陶壺硏究」,『考古』2013-8, 2013, pp.
    89-91.

韋佳媚,「中國西南地區與越南紅河流域銅鼓文化關係探討」,『廣西博物館文集』10, 2014, p.
    268.

張玉艶,「試析漢武帝設立的交趾三郡」,『廣西博物館文集』10, 2014, p. 168.

廣西文物保護與考古硏究所·合浦縣文物管理局,『2009-2013年 合浦漢晉墓發掘報告』上冊·下
    冊, 文物出版社, 2016.